롬바르드 꽃길의
수국

롬바르드 꽃길의 수국

발행일	2025년 8월 15일		
지은이	김덕환		
펴낸이	손형국		
펴낸곳	(주)북랩		
편집인	선일영	편집	김현아, 배진용, 김다빈, 김부경
디자인	이현수, 김민하, 임진형, 안유경, 신혜림	제작	박기성, 구성우, 이창영, 배상진
마케팅	김회란, 박진관		
출판등록	2004. 12. 1(제2012-000051호)		
주소	서울특별시 금천구 가산디지털 1로 168, 우림라이온스밸리 B동 B111호, B113~115호		
홈페이지	www.book.co.kr		
전화번호	(02)2026-5777	팩스	(02)3159-9637
ISBN	979-11-7224-734-8 03810(종이책)		979-11-7224-735-5 05810(전자책)

잘못된 책은 구입한 곳에서 교환해드립니다.
이 책은 저작권법에 따라 보호받는 저작물이므로 무단 전재와 복제를 금합니다.
이 책은 (주)북랩이 보유한 리코 장비로 인쇄되었습니다.

(주)북랩 성공출판의 파트너

북랩 홈페이지와 패밀리 사이트에서 다양한 출판 솔루션을 만나 보세요!

홈페이지 book.co.kr • **블로그** blog.naver.com/essaybook • **출판문의** text@book.co.kr

---

작가 연락처 문의 ▶ ask.book.co.kr

작가 연락처는 개인정보이므로 북랩에서 알려드릴 수 없습니다.

사랑하는 나의 누이들에게

⋮
⋮

차례

프롤로그　　　　　　　　　　　　　　　11

제1장　꿈을 저 하늘 높이

이 아침에…	17
조용한 도시의 총성	21
30초면 될 일	24
가난했던 시절의 좋은 이웃들	27
나의 '불타는 금요일'	31
나의 고독한 기도	35
2016년을 보내며	39
꿈을 저 하늘 높이	43

제2장　도반을 찾아서

"모두 모여 그곳으로!"	49
도반을 찾아서	53
사모곡	57
샌프란시스코의 그림엽서	61
우정의 스쿼시	65
"여보세요~"	69
슬픈 오비추어리	73
연말을 맞는 감회	77

제3장 우리 모두 파잇 온!

우리 모두 "파잇 온!"	83
만남과 화해로 시작한 새해	87
아들과의 재회	91
상하이 트위스트	95
미안해, 빅터	99
을지 포커스 렌즈	103
"아, 샌디에이고!"	107
가을을 맞으며	111

제4장 저 장미꽃 위에 이슬

제리의 비망록	117
'저 장미꽃 위에 이슬…'	121
"안녕, 아미르!"	125
재두루미	129
따스한 수프와 잠발라야	133
"아이구 저런, 톨레도!"	137
미국을 다시 위대하게!	141
도라 도라 도라!	145

제5장 소중한 순간, 소중한 사람들

그대여, 나머지 설움은	151
베트남계 친구들을 보며	155
깨우침의 아침	159
에델바이스	163
이 새벽에도 설렘을 안고	168
사랑하는 나의 누이들에게	172
소중한 순간, 소중한 사람들	176
하늘이 우리를 부를 때까지	180

제6장 별이 빛나는 밤에

켈로우나의 포스터	187
람블라에서 온 손님	191
즐거운 소리	195
별이 빛나는 밤에	200
금잔디 광장의 추억	204
헬로, 미스터 하아그로브!	209
쇼얼라인의 올빼미	213
슬픔만 남아	217

제7장 흐르는 강물처럼

갈등 속에 취임한 바이든	223
흐르는 강물처럼	227
목련은 지고 벚꽃이 피니	231
5월의 콜리플라워 사랑	235
에루화, 병가지상사!	239
롬바르드 꽃길의 수국	243
그리운 아줌마	247
꽃 중의 꽃, 복 중의 복	252
사랑이 흐르는 실리콘 밸리	256
삼삼오오 토랜스	21

제8장 하프문 베이의 도베르만

보고픈 작은엄마	268
샌프란시스코에 핀 에델바이스	272
은하철도 999	276
아, 그랜드 캐니언!	281
하프문 베이의 도베르만	286
영원한 것은 없나니	290
실리콘 밸리 동포 사회의 거인들	294
밴쿠버… 달리기	297
한글날에 한글을 생각하며	300

제9장 맨발의 이사도라

라스베이거스의 조선 다람쥐	307
폭우 속에 찾아온 토끼	310
맨발의 이사도라	313
이웅평 대위와의 짧았던 만남	317
해피 홀리데이, 치앙마이!	321
씨스뿜빠!	325
공군 학사장교 78기 임관 40주년에 부쳐	329
포트 리 아리랑	335

프롤로그

∶

'수선화? 아닌데… 아, 이토록 소담하게 활짝 핀 이 꽃이 뭐였더라….'

　팬데믹이 오기 전 해인 2019년 봄이니 어느새 5년이 흘렀나 보다. 벌써 오십여 년 전 초딩 시절 이야기이다. 여학생 중에서는 제일 공부도 잘하고 앞에 나가 발표도 어찌 그리 잘하던지 사춘기가 올 둥 말 둥 하던 우리 남학생들 사이에서 선망의 대상이었던 채식이가 인터넷 동창회 밴드에서 소통 끝에 생애 첫 미국 여행길에 나서 이곳 샌프란시스코엘 찾아와 근 반세기 만에 반가운 재회를 했다. 유학생으로 이민 오셔서 인텔리 할아버지가 되신 남가주 가든그로브의 숙부댁에 짐을 끌러 놓고는 바로 다음 날 내가 사는 샌프란시스코로 렌터카를 빌려 두 살 위 터울의, 그러니까 내게도 2년 선배가 되는 역시 우등생 출신 언니분과 함께 다니러 왔었다. 당시는 4월 초라 꽃들이 이렇게 활짝 피기 전이어서 꼬불꼬불 아기자기 내려가는 언덕길 외에는 별다른 감흥이 없었는데 이번 일요일에 모처럼 달린 샌프란시스코의 롬바르드 꽃길에는 이렇게 수국이 화려하게 만개해 아름다운 장관을 이루고 있다. 혼자 보기엔 너무 아까워 서행해 내려가는 차에서 찍은 스마트 폰 영상을 초딩 동창 밴드에 올렸더니 친구들의 탄성이 환청인 듯 내게 들려오는 듯하다. 주말에 이렇게 타운에서 벗어나 보기도 얼마 만인지….

'샌프란시스코에 가면 꼭 머리에 꽃을 꽂으세요. 멋진 이들이 당신을 기다리고 있어요.'

철없는 초딩 2학년 시절인 1967년 발표된 스콧 맥켄지의 그 유명한 노래 '샌프란시스코'를 콧노래로 흥얼거려본다. 프란시스코 성인이 무슨 거룩한 일을 했는지까지는 잘 모르는 문외한이지만 샌프란시스코는 그 이름만으로도 뭇 지구촌 사람들의 버킷리스트에 생애 꼭 한번은 가보고 싶어 하는 선망의 도시로 자리 잡은 것이다. 조국을 떠나 아득히 멀리 태평양 건너 이 아름다운 샌프란시스코 베이에 이민 와 살게 된 지도 어언 23년째. 처음엔 낯설고 물설었던 이곳에 이렇게 오래 살게 될 줄은 정말 몰랐었다. 지나온 23년간의 샌프란시스코 이민 세월은 뒤돌아보면 아등바등 사느라 이렇다 할 삶의 여유조차 찾을 수 없었던 힘든 삶의 연속이었다. 오죽하면 수년간 찾아뵙지도 못한 어머니가 밀양 천왕산 기슭의 통나무집에서 외로이 혼자 사시다 돌아가실 때 임종도 못 지키고 뒤늦게 장례식에 참석하느라 황망히 서러운 한국행 비행기를 타야 했을까. 그 누구로부터 아무런 보장도 받을 길 없는 오롯이 혼자만의 이민자의 삶을 이어오는 동안 웃지 못할 시행착오도 많았고 '이렇게 해야 하는 거야'라고 따뜻이 말해주는 누군가 좋은 길잡이가 내게 있었으면… 하면서 아쉬움의 한숨을 쉬는 동안 세월은 어느새 날 코스모스가 한들한들한 초로의 인생 간이역으로 내려놓았다. 외롭고 쓸쓸한 이민 생활 속에 나를 다잡아 준 것은 뜻밖에도 나 자신조차 그 깊이와 문학적 수준을 가늠할 수 없었던 나의 글쓰기 취미였다. 지난 8년간 마음속에 담아 놓은 이야기를 정성껏 적어 매월 한 편꼴로 미주 한국일보에 보낸 글들이 뜻밖에 데스크와 독자들로부터 잔잔한 호응을 받고 이렇게 책으로 엮을 만큼의 분량이 돼 출간할 수 있게 되었다. 이것은 특별히 내세울 거 없는 내 이민 역사 속에 정말 전혀 기대하지 않았던 뜻밖의 선물과도 같은 백미 중의 백미라 말할 수 있다.

이 책의 출간으로 수천 년 조상의 씨를 이어받아 대대로 살아온 조선 반도를 떠나 세계 각지에 흩어져 잡초와 같은 끈질긴 생명력으로 한인 디아스포라 역사를 함께 써 내려가고 있는 7백만 한인 동포들과 함께 그리고 새로이 그 길을 이제 막 떠나려 하는 이들과 함께 작게나마 애환과 영감을 나누고 길잡이가 될 수 있다면 그보다 더 기쁜 일이 어디 있을까.

제1장

꿈을 저 하늘 높이

이 아침에…
2006-09-28 (목)

여름이 어느새 끝났나 보다.

난생처음 겪어보는 104도(℉)의 고온에 어찌할 바를 모른 채 흐르는 땀을 닦으며 우왕좌왕했던 7월 중순 주말의 어느 하루만 내게 진한 기억으로 남겨둔 채 여름은 이렇게 흘러간다.

미국에 정착한 지난 4년 반 동안 거의 매일 아침 외롭고 매운 이민 생활의 하루를 힘차고 깨끗하게 시작할 수 있도록 좋은 시설을 제공해 주는 실리콘 밸리의 조용한 도시, 팔로 알토의 YMCA에서 만나는 미국 친구들도 "Summer has gone!"이라며 역시 지나간 여름을 못내 아쉬워하는 표정들이다.

새벽마다 스파에 몸을 담근 채 뿜어 나오는 제트 물줄기로 등허리의 여기저기 맺힌 부위를 풀어줄 땐 힘들었던 순간이 떠오르며 한숨을 쉬기도 하고, 때로는 다짐의 어퍼컷을 물속으로 슬쩍 날리면서 새로운 모색을 하기도 하고, 우연히 만날 때마다 언제나 자상한 관심과 조언을 아끼지 않는 60대 미국 아저씨 Scott과 매끄럽지 못한 영어나마 꽤 긴 대화를 할 수 있는 이곳은 내게 일상의 작은 행복과 평온을 주는 정말 소중한 곳이다.

처음 미국에 와서는 이곳 헬스클럽은 어떻게 운영이 되는지 궁금하기도 하고, 사람들은 샤워실에서 어떻게 하는지… 수건을 어떻게 두르고 다니는지… 수영장에서는 또 어떻게 하는지 모든 게 낯설고, 신기하고 조심스럽기만 했었다. 매일 만나는 이 사람들은 그야말로 생김새와 피부도 너무 달라, 진정 내가 미국에 오긴 온 모양이네 하며 실감을 하곤 했었는데, 이제는 백인이나 흑인이나 아는 사람 누구를 봐도 정다운 이웃으로 여겨지니 4년 반이란 세월이 날 조금씩 이 사회에 동화시켜 주는가 보다.

YMCA까지 약 3마일 정도의 거리를 자전거로 달리면 습기 없는 북가주의 상쾌한 아침 바람이 온몸에 부딪히고 지나며 내게 인사한다. 초등학교 3학년이나 되었을까 한 남자아이가 자전거를 타고 가다 넘어졌는지 집으로 전화하면서 눈물을 글썽이던 어제의 그 길을 조금 지났을 무렵이다.

폴짝폴짝 길을 건너다 꼭 도로 한가운데에 멈춰 서서 주위를 살피는 바람에 보는 사람의 마음을 졸이게 하던 다람쥐가 오늘은 뭔가 큼지막한 걸 입에 물고 둔한 걸음을 옮기고 있다. 도토리나 주울 것이지 욕심을 부렸니 하며 돌아보니, 아직 어둠의 흔적이 발치에 남아있는 길 위에서 다람쥐의 인영이 마치 여우 목

도리를 걸친 것 같기도 하고, 암수 두 마리가 깊은 포옹을 하는 것 같기도 하여 실소를 머금으려던 찰나였다. 두세 발 앞에서 잠시 숨을 고르더니 날 본체만체 나무 위로 오르는 녀석을 보는 순간 가슴이 저릿해진다.

물고 있는 것은 아직도 숨을 할딱이고 있는 새끼 다람쥐였다. 첫 도로 보행 연습에 나섰다 지나는 차에 살짝 부딪혔는지 의식을 잃어가고 있는데 어미는 필사적으로 다친 자식을 살려보겠다고 입에 물고 나무 위에 있는 둥지로 힘들게 힘들게 올라가는 것이었다. 안타까운 한편으로 다람쥐나 미물들에 대해 가졌던 그동안의 하찮았던 관념이 작은 그 친구들을 전부 대변하는 게 아니었구나 하는 걸 새삼 느낀다.

탐스럽고 부숭한 꼬리의 작은 몸뚱어리로 쫑긋 서서 주위를 살피다 후다닥 나무로 오를 뿐인 그네들에게 희로애락의 감정이 있을 리야 했었는데, 눈물을 삼키며 새끼를 물고 10미터 나무 위 둥지로 힘겹게 오르던 오늘 아침의 그 애처로운 모습을 보니, 그들이 미물의 몸으로 태어나도록 내세의 심지를 잘못 뽑은 우리 인간의 모습일지도 모른다는 생각이 잠시 흐른다.

미국에 와서 부쩍 커버린 아이들이 가끔 기대에 어긋나 속이 상하더라도 오늘 아침에 만난 다람쥐를 떠올리며 좀 더 너그럽게 보듬어 줘야지 다짐해 본다.

아울러, 살아가면서 불함산 솟아나는 기상을 잃어서도 비굴하지도 않아야 하겠지만, 반대로 미물이라고 속단하지도 말고 그 누구에게도 겸손으로 임해야겠다는 소중한 교훈도 되새긴 의미 있는 아침이었다.

조용한 도시의 총성
2014-11-29 (토)

"아니야! … 내 동생이 얼마나 가정적이고 좋은 아이였는데…"

놀란 눈으로 펼쳐 든 신문에서는 슬픔을 가누지 못하는 누이의 통곡 소리가 들려오는 듯하다.

샌프란시스코 베이 남단에 있는 인구 3만의 조용한 실리콘 밸리의 도시인 멘로파크에서 근 몇 년 만인지 모를 십여 발의 총성이 대낮에 울렸다. 며칠이 지난 후에도 사람들이 충격에 몸서리를 치는 그 안타까운 사건은 내가 적어도 일주일에 서너 번은 지나가는 도로에서 벌어졌다.

사무실 전문 절도범으로 알려진 50대 초반의 백인 용의자가 회사 직원의 신고를 받고 출동한 경찰을 피해 달아나던 중, 총기를 꺼내 추격 경관들을 겨누다가 집중사격을 받고 현장에서 사망한 것이다. 경찰관 3명이 집중사격을 했다고 하니 아마도 거의 벌집이 되어 마지막 숨을 거두었을 것이다.

용의자 누이의 절규는, 경찰관에게 총을 겨눈 위험한 범죄자를 제거할 수밖에 없었다는 관할 경찰서의 공식 발표에 대해 쏟아붓는, 애끓는 항변인 것이다. 도대체 어떤 인생이길래, 리버사이드 카운티에 살던 이가 여기까지 올라와 사무실에 침입하려다 열대여섯 발이나 되는 총탄 세례를 받고 죽어야 했을까?

YMCA에서 아침 수영을 마친 나는, 풀 사이드의 자쿠지에서 쉬면서 잠시 상념에 잠겨본다. 생각할수록 모골이 송연해진다.

옆에 앉은 형사소송 전문 변호사 엘리너 할머니는 희생자가 코너에 몰려 절망 끝에 총을 꺼낸 것은 큰 실수였지만, 경찰이 1발 정도 생명에 지장이 없는 곳을 쐈으면 범인은 바로 포기하고 체포에 응했을 텐데, 집중사격을 해서 불필요한 희생자를 만든 것은 공권력 남용의 측면이 있다고 말한다.

어설프게 쏴서 부상당하게 하는 것보다 차라리 죽을 때까지 쏘도록 권장하는 것이 혹시 미국 경찰의 불편한 진실은 아닌지 조심스레 물어보니 확언하건대 그렇지 않단다.

변호사 할머니는 형사 법정을 자주 출입하면서 경관들 간의 무선 통화도 가끔 듣는데, 어떤 사건 현장에서 범인과 대치 중인 경관이 총을 쏘라는 본부의 지시에, 사건 보고서 작성 시 엄청난 스트레스를 겪을 수도 있으므로 말로 설득해 보겠다고 한 뒤 결국 순순히 자수를 끌어내더라는 것이다.

실리콘 밸리는 첨단 테크놀로지를 이끌어가는 두뇌 같은 역할을 하는 곳으로 폭력과는 관련 없을 것 같지만, 이곳에서도 가끔 총기 관련 사고가 발생한다. 방심한 채 행동하다가는 낭패를 당할 수도 있다.

한국에서는 적어도 총기로 사상에 이르게 될 가능성은 희박하지만, 미국은 어떤 의미에서 공권력의 집행이 매우 살벌한 나라이다.

경찰의 요구에 "민주 경찰이 이래도 되냐!"고 토를 달거나 핏대를 올리다간 그 길로 세상과 하직할 가능성이 높다. 경찰의 지시에 절대복종해야 하는 경찰국가인 것이다.

30초면 될 일
2015-06-27 (토)

　이어령 전 문화부 장관이 신간, 『딸에게 보내는 굿나잇 키스』를 펴냈다고 한다. 이에 관한 저자와의 대화를 읽어보니, 치열하게 살다 3년 전 지병으로 세상을 먼저 떠난 따님 (고) 이민아 목사에 대한 회한이 깊다. 부녀간에 못다 나눈 정에 대한 아픔이 절절히 묻어난다.

　78년 1월 고교 졸업을 앞두고 당진의 친구 집에 간 적이 있었다. 부산에 계신 조모께 인사드리러 갔다가 서울로 돌아오는 길이었다. 천안역에서 흔들거리는 완행버스를 타고 4시간 가까이 지루하게 달린 끝에 언덕 위 예배당 종소리가 은은한 친구네 시골집에 도착했다.

　친구가 다닌 초등학교도 둘러보고 파장 무렵 장터에서 호떡도 사 먹으면서 동네 구경을 했다. 그러면서 머뭇거리는 듯, 그러나 성큼성큼 다가오는 우리들의 불확실한 미래에 대한 이런저런 청춘의 고민을 나누었다.

저녁을 먹고 친구와의 이야기도 잦아들 무렵, 나는 그 시골집 서가에서 당대의 지성인으로 알려진 이어령 교수의 책을 한 권 발견했다. 책을 집어 들고 침침한 형광등 아래에 누워서 책장을 넘겼다.

제목은 아련하지만, 당시 젊은이들 사이에 번지던 비트 리듬, 디스코 등과 같은 새로운 문화에 관한 단상을 담은 수필집이었다. "지성인 대열에 들어가려면 꼭 읽어 두어야지" 하는 마음으로 집중하며 읽긴 했지만, 덜 익은 풋 청춘에 불과했던 나에겐 어려운 내용들이었다. 그래서 "참 박식한 교수님이시구나" 느꼈던 기억이 난다.

그러니까 이번의 신간은 이 전 장관이 약 40년 전 한적한 충청도 시골에서 내가 읽었던 바로 그런 책들을 열심히 쓰느라 딸과 시간을 보내지 못했던 데 대한 회한을 담은 것이다. 부정에 목말라하던 어린 딸에게 겨우 30초면 될 짧은 굿나잇 키스도 못 해 줄 정도로 매정하고 못난 아비였음을 가슴 아프게 후회하는 내용을 담고 있다.

인생은 연습이 없어 누구나 저마다의 역할에 서투른 채 한평생 살기 마련이라는 대목에는 퍽 공감이 된다. 맞다. 우리는 모두 서투른 부모, 서투른 배우자, 서투른 자녀로 살고 있다.

애플의 스티브 잡스도 자신의 고집대로 열심히 살면서 세상을 바꾸느라 바빴는지, 이곳 실리콘 밸리에서 차로 불과 2시간 거리인 새크라멘토에 살고 있던 시리아계 생부를 끝내 만나지 않고 세상을 떴다. 미국에서 많이 듣는 말 중에 '생물학적 아버지/어머니'가 있는데, 그 사람과는 생물학적으로 부자(모자) 관계일 뿐, 아무런 영혼의 교류는 없는 사람이라고 격하하는 표현이다.

생부가 아무리 자신을 버렸다 해도 그래서 생물학적인 아버지일 뿐이었다 해도, 잡스가 최소한 죽기 전에는 한번 만나야 하지 않았을까? 범부인 나는 그를 속으로 나무라 본다.

언젠가 죽음이 우리를 영원히 갈라놓기 전에, 존경과 사랑과 화해를 표해야 할 사람이 있다면 꼭 그렇게 했으면 한다. 지금 하던 일 잠시 멈추고 전화라도 한번 걸어보는 것이 어떨까.

가난했던 시절의 좋은 이웃들

2016-09-17 (토)

"애야~" 어머니의 말끝이 흐려지며 힘이 없다. "경철이네 집에 가서 쌀 한 말만 외상으로 받아 오너라." 순간 한줄기 식은땀이 흐른다. "엄마가 이야기 잘해놓았으니 주실 거야, 얼른 다녀오너라."

70년대 초 이웃 동네에 시골서 올라온 총각 형제가 석유 가게를 열었다. 땅에다 묻은 큰 독에 석유를 채워놓고 손님들이 직접 됫박으로 퍼 담아가는 방식으로 석유 장사를 시작했는데, 얼마 지나지 않아 가게 한구석에서 쌀도 함께 팔기 시작했다. 쌀과 석유는 함께 팔기에 썩 어울리는 조합은 아니었다.

불을 붙일 때마다 매캐한 냄새로 얼굴을 찌푸려야 했던 석유 곤로에 마침 석유가 떨어져 어머니가 한 되 사러 갔을 때, 가게 주인이 석유 한 방울밖에 안 떨어진 쌀을 반값에 판다고 하는 것이 아닌가. 어머니는 그 쌀 한 말을 사와 밥을 지으셨다. 그러나다 된 밥에서는 석유 냄새가 역하게 나서 도저히 먹을 수가 없었다. 밥 한 솥과 남은 쌀을 다 버리고 더 이상 양식이 없게 된 어머니가 궁여지책으로 내게 말씀하신 거였다.

"아, 정말! 경철이는 우리 반 친군데 어떻게 창피하게 그 집에 가서 외상으로 쌀을 달라고 그래요? 내는 못 갑니더."

볼멘소리로 투덜거려 보지만 어머니의 말씀을 거역할 수는 없는 일. 거절당할 것을 상상하면서 친구네 쌀집으로 가는 것은 무척 고통스러운 일이었다.

산동네에 있던 우리 집은 군용 더플 백을 쌀자루로 썼었다. 두 말 정도를 가득 담아 팽팽하게 서 있는 쌀자루를 보면 흐뭇했다가도, 매일 조금씩 줄어들다가 어머니가 얼마 안 남은 쌀을, 바닥을 긁으며 푸실 때면 온갖 걱정을 혼자 짊어진 듯 시무룩해지곤 했었다.

집에서 언덕길을 한참 내려가면 큰길가에 쓰레기 집하장이 있고 그 길 건너에 경철이네 쌀집이 있었다. 나는 기어들어 가는 모기만 한 소리로 땅바닥만 내려 보며 경철이 아버지에게 엄마의 부탁을 전했다.

친구 아버님은 아무런 말씀도 없이 멍석에 가득 쌓여 있던 쌀을 듬뿍 퍼서는 한 말짜리 둥근 말 통에 쌀을 수북이 담는다. 그러고는 나무 봉으로 넘치게 쌓인 쌀을 쓱 깎아내시다가 인정스레 중간에서 그대로 멈췄다.

쌀을 노란색 종이봉투에 담고서는 아무 말도 안 하시고 그냥 건네주시면, 잔뜩 기가 죽어있던 나는 마치 세상을 다 얻은 듯 발걸음도 가볍게 집으로 돌아오면서 안도의 숨을 내쉬었다. 경철이네 집은 동네 유일의 쌀집으로, 없는 집들에 외상 인심도 좋았고, 제때 갚지 못하는 집에 찾아가서 인상 찌푸리는 일도 없이 늘 이웃들을 친절하게 대해 주어 지금도 그 친구네 집을 생각하면 흐뭇한 미소가 번진다.

15년 전 9·11 사태 직후 북가주 한인 은행에 취업하기 위해 태평양 건너 이민을 왔다. 지금은 부동산과 금융 전문인으로 일하면서 지구촌 정보혁명의 최고 중심지인 실리콘 밸리에 정착해 살고 있다. 어릴 적 살던 고국의 산동네와는 비교 자체가 불가능한, 미국 최고의 부촌이다. 이따금 글로벌 IT 기업 총수나 고위임원, 고소득 엔지니어, 벤처 투자가 등 부자들이 소유하고 있는 수천만 달러 저택, 심지어는 1억 달러를 호가하는 초호화 주택들의 내부를 직업상 둘러보기도 한다.

과거보다는 훨씬 잘살고 있지만 상대적 박탈감으로 가진 자들에 대한 불만이 팽배하고 계층 간 갈등이 깊은 지금의 고국과는 달리, 미국의 이 동네는 엄청난 빈부격차에도 불구하고 적어도 겉으로 보기에는 각자의 분수대로 만족하며 사는 듯, 매우 평화롭다.

그러면서 때로 궁금해진다. 높은 담에 둘러싸여 끼리끼리 그들만의 행복한 삶을 살고 있는 이곳 실리콘 밸리의 부유층도 40여 년 전 내가 고국에서 체험한 것처럼, 고단한 하루하루를 살아가는 주변의 불우한 이들에게 관심을 주는지, 그들이 도움을 청할 때 따뜻하게 배려하며 사는지 가끔 궁금해진다.

모두가 어려웠던 가운데에서도 이웃들에게 서로 따뜻한 정을 나누며 살던 고국에서의 70년대, 그때 그 시절이 문득 많이 그리워진다.

나의 '불타는 금요일'
2016-10-22 (토)

'도로롱!' 일손을 멈추고 스마트폰으로 시선을 옮긴다.

"동양인들은 대부분 쭈뼛쭈뼛하구나!" 인천에서 소담한 베이커리 카페를 운영하는 영수가 댓글을 보내왔다. 조금 전 내가 올린 댄스 클래스 동영상에 대한 화답이다.

"그렇지? 아무래도 나는 멋쩍어서 선뜻 참가하질 못하겠더라구." 사람 좋은 영수는 33년 전 대전 탄방동 훈련소에서 6개월간 내무반 생활을 함께한 필승공군의 전우이다.

한국서는 금요일이면 '불타는 금요일' 줄여서 '불금'이라며 삼겹살에 한잔 마시며 모두 즐겁게 보낸다고 한다. 이곳 스탠퍼드 대학 앞 다운타운도 분위기는 좀 다르지만 역시 주말은 주말이다. 레스토랑마다 패티오까지 삼삼오오 점령한 친구, 연인들이 와인 잔을 부딪치며 한 주간의 일들을 반추하거나 밀어를 나누면서 로맨틱한 분위기가 서서히 달아오른다.

내가 있는 곳은 다운타운에서 좀 떨어진 커뮤니티 센터. 금요일 저녁 볼룸댄스 교실에 모인 100여 명의 남녀 수강생들은 이웃을 고려해 볼륨을 최대한 낮춘 무선 마이크를 통해 들려오는 남자 강사의 지도에 따라 경쾌하게 스텝을 밟는다. 그러다 물 찬 제비처럼 날씬한 강사가 손을 들어 두 번 빙빙 돌리면, 남자들은 오른쪽으로 한 칸씩 옮겨 파트너를 바꾼다.

한인 수강생들이 있어 간간이 한국어도 들려오고, 겸연쩍을 것도 없는 사교댄스인데도 나는 그 즐거워 보이는 대열에 들어가기가 영 어색하다. 새로운 세상을 찾아 미국에 와서 산 지 15년째이건만 별로 달라지지 않는다.

매일 다니는 YMCA에서도 수영과 자쿠지만 즐길 뿐, 다른 이들이 많이 하는 농구나 배구 시합 한번 못 해봤다. 격렬한 에어로빅이라 할 수 있는 줌바, 오라클에서 일하는 중국계 친구 레이가 금요일마다 자원봉사로 가르치는 다이치나 요가 같은 클래스도 마찬가지다.

고국에 대한 향수를 유난히 자극하는 '불금'에 내가 하는 일이란 어쩌다 벨몬트 절친 집에 가서 솜씨 좋은 제수씨의 요리를 즐기는 것. 다양한 곡물을 넣은 영양밥에 훈제 연어, 등심 바비큐, 아스파라거스 등과 곁들여 코로나 맥주로 반주하면서 담소한다.

아니면 2009년 항공기 엔진에 새 떼가 충돌하여 위기를 맞았지만 기장과 승무원의 기지로 안전하게 불시착해 탑승자 155명

전원이 무사했던 감동 드라마 '설리' 같은 영화를 본다. 혹은 스타벅스의 창가 호젓한 1인석에 앉아 엔진 느린 아이패드로 흘러간 음악을 들으며 페이스북 서핑을 하다 일본 규슈지역 화산 폭발 뉴스에 그 지역에 산다는 일본인 페친에게 메신저를 보내 안부를 주고받기도 한다.

아니면 모르는 단어가 줄줄이 나와 스마트 폰의 구글로 뜻을 찾으며 느리고 느리게 『앵무새 죽이기(To Kill a Mocking Bird)』 같은 소설을 1년에 걸쳐 읽어내기도 한다. 모르는 단어를 찾고 또 찾아 페이지마다 빼곡히 적어 가며 읽었어도, 소설은 박경리 여사의 『토지』 같은 구수한 한국어 소설처럼 단숨에 내게 다가오지 않는다.

작가인 하퍼 리 여사는 평생 딱 두 권의 책으로 흑백 인종 문제를 어떤 시각으로 바라봐야 하는지에 대해 미국인들에게 커다란 영감을 주었다. 『앵무새 죽이기』는 내가 태어난 해인 1960년 출간되자마자 베스트셀러가 되고 이듬해 퓰리처상을 수상했다. 우리 어머니가 나신 해인 1926년 태어난 리 여사는 내가 그의 두 번째 저서인 『파수꾼(Go Set a Watchman)』을 읽고 있던 지난 2월, 90세로 타계할 때까지 앨라배마, 먼로빌에서 평생 독신으로 살았다.

처녀작으로 퓰리처상을 받는다는 것은 메이저 리그 신인이 데뷔 첫해에 타격 삼관왕에 도루왕까지 차지하는 것보다도 훨씬 어려운 일이 아니었을까. 위대한 메시지, 위대한 영감으로 우리 사회에 큰 등불을 밝혀준 위대한 영혼에 깊은 경의를 표하지 않을 수 없다.

  나는 이제 '불금'에 해야 할 작은 일이 생겼다. 넷플릭스에 재가입하여 그레고리 펙 주연, 로벗 멀리건 감독의 1962년 작 '앵무새 죽이기'를 집에서 이 세상 가장 편안한 자세로 감상해 보는 것이다.

나의 고독한 기도
2016-11-26 (토)

"그대는 나의 고독한 기도에 대한 하나님의 응답입니다."

40여 년 전 발표된 닐 세다카의 '당신은 나의 모든 것(You mean everything to me)'을 이어피스로 들으며 바닷길을 걷는다. "너무 오래 앉아 있었는데 이제 좀 걷는 게 좋을걸"- 3시간 넘도록 일에 파묻혀 있던 중 스마트 폰 앱으로부터 귀여운, 그러나 무시할 수 없는 경고를 받고, 불현듯 일어나 인근 페이스북 본사 둘레길 산책에 나섰다.

보통 4km 정도 걷고 나면 혈액순환이 잘되고, 점심 후 약간 땀이 흐를 정도로 산책한 날은 나른함에 10여 분 달콤한 오수에 빠지는데, 깨고 나면 컨디션이 최고다. 손안의 스마트 폰을 통해 건강한 생활 안내도 받을 수 있으니 얼마나 좋은 세상인가.

걷다 보면 덤불 가지에 앉아 있는 파랑새, 갯벌 얕은 물에서 열심히 주전부리하는 긴 부리 도요새, 물 숲 어딘가를 오래 노려

보고 있는 흰 새끼 두루미가 한가롭다. 갯벌 저 멀리 북쪽으로는 30마일 떨어진 샌프란시스코 다운타운의 고층 건물도, 샌프란시스코 공항에 착륙하는 국적기들의 모습도 아스라이 보인다.

페이스북은 지구촌 곳곳의 사람들을 연결해 주는 멋진 기술과 함께, 내게는 이렇게 좋은 트레일까지 제공해 주니 얼마나 고마운지 모른다. 하지만 이런 호사도 한 달이면 마지막이라고 생각하니 본격 우기를 맞아 빗방울 뿌리는 하늘만큼이나 내 마음도 어둡다.

실리콘 밸리의 글로벌 IT 기업들은 저마다 '악' 소리 나게 큰 대단위 캠퍼스를 자랑한다. 마운틴 뷰의 구글이 그렇고, 쿠퍼티노의 애플은 말할 것도 없다. 인공위성에서 내려다보면 착륙한 비행접시처럼 보인다는 250만 평방피트의 신사옥을 짓고 있다.

페이스북은, 팔로알토의 좁은 사무실에서 창업했다가 10여 년 전 1차 닷컴 붕괴 시 문 닫은 멘로팍의 선마이크로 시스템의 어마어마한 캠퍼스로 옮긴 지 한 4년 되었을까? 바로 길 건너에 구사옥과 맞먹는 100만 평방피트(건평 2만 8천 평)의 대규모 신사옥을 작년에 지은 것도 모자라, 그 일대 비즈니스 팍을 하나둘 사들여 입주 회사들을 내보내고 있다.

아무리 가입자 수가 10억 명을 넘는 초거대 글로벌 사회관계망 기업이라고 하지만, 도대체 무슨 일을 그리 많이 하길래 그 많은 사무실 공간이 필요한 건지 상상이 안 간다. 내가 입주한 빌

딩도 페이스북으로부터 올해 말까지 비워달라는 통보를 받아 이사를 해야 한다.

교통이 편리한 데다 첨단 회의실 등 부대 시설이 좋아 나는 이 사무실 환경을 지난 5년간 말 그대로 사랑해 왔는데, 페이스북이 꼭 이래야 하는 건지 야속하다가도 보유 주식의 98%를 사회에 내놓기로 한 마크 저커버그의 선행을 떠올리며 마음을 누그러트린다.

만나는 입주 기업인마다 "너는 같이 갈 거니, 아니면 다른 곳에 알아봤니?" 하면서 서로 걱정을 해준다. 사람이 자신의 근거지 변경을 강요받을 때 참 섭섭해지는 법. 어쨌든 나는 유난히 빨리 저물어 버린 듯한 올 한 해를 돌아보는, 약간은 들뜨지만 한편 숙연해지는 이 계절에 사무실을 옮겨야 하는 작은 고민에 빠져 있다. 우유부단한 나 같은 결정 장애자도 12월 중에는 결정을 내려야 한다.

올 한 해 나는 어떤 감사한 일이 있었나 곰곰 생각해 본다. 곰곰 생각해 봐야 하는 것은 비즈니스가 시원찮았기 때문이다. 그런데, 정말 감사할 일이 떠오른다.

한국을 다녀온 직후인 새해 벽두, 주말 장거리 달리기를 나갔다가 숨이 가빠 자주 서야 했다. 혈액검사를 받아보니 헤모글로빈 부족, 빈혈이 가쁜 호흡의 원인이었다. 50세 이상인 사람의 빈혈은 위험신호라고 해서 즉시 위장, 대장 내시경과 중간 복부

MRI 검사 그리고 정맥 혈전 검사에 돌입했다. 우리 연령대에 피가 모자라는 증상은 위장, 대장 등의 암으로 인한 내출혈 가능성이 있으므로 특별히 점검해야 한다는 것이었다.

결과를 기다리던 이틀, 나는 대학입시 발표를 기다리는 입시생보다 훨씬 더한 비장함으로 여러 상상을 하면서 마음의 준비를 하고 있었다. 만약 암이라면 이렇게 해야지… 등등.

날아온 소식은, 아무 이상 없음. 철분 알약 3개월 복용하고 야채 위주로 식생활을 개선하라는 행복한 처방이었다. 올 한 해 이보다 더 감사할 일은 없지 싶다. 돈이야 있다가도 없는 것, 사업 부진이 무슨 대수이겠는가.

이제 남은 건 사무실 구하는 일. 나의 고독한 기도에 하나님은 어떤 멋진 사무실로 응답해 주실까.

2016년을 보내며
2016-12-31 (토)

　후두두두두…. 장대 같은 겨울비 퍼붓는 소리에 새벽잠에서 깬다. 잠시 달콤한 게으름을 즐기다 주섬주섬 옷을 입고 출근길에 나선다. 지난 4년여 캘리포니아에 심각한 물 부족 사태를 불러왔던 겨울 가뭄은 이제 해갈이 되려나 보다. 대지는 촉촉한데, 휴업에 들어간 기업들이 많아 프리웨이는 눈에 띄게 한산하다.

　야자수 그늘 밑에서 일광욕을 즐기며 칵테일과 함께하는 세모를 보내는 이들도 많겠지만, 남들 다 떠난 고요한 사무실에서 차분하게 한 해를 돌아보며 감회에 젖어 보는 것도 괜찮다. 올 한 해도 이렇게 저물어 간다.

　중학교에 입학해『1972년 수학 완전정복』이라는 자습서를 접하면서 내게는 연도의 개념이 심어지기 시작했다. 2학년에 올라가니『1973 물상 완전정복』이라며 자습서의 연도도 따라 올라가는 것 아닌가. 그때로부터 어느덧 44년의 세월이 흐르고 이제 아무리 보내기 싫어도 2016년을 영원히 기억 속에 묻어야 한다.

2016년에는 이별의 시간이 있었다.

업계의 선배님을 도와 자원봉사 해 오던 일에서 손을 놓기로 했다. 4년이라는 짧지 않은 기간 북가주 부동산 융자 전문인 협회의 교육 담당 임원으로 각종 세미나를 진행하고 업계 전문인 헌장의 초안을 만들고 공포하는 일에도 참여했다.

동료 전문인들이 저마다 과대광고를 하는 등 볼썽사나운 경쟁을 한다면 시장이 어떻게 되겠는가. 그런 일 없이 공정하게 길을 제시할 수 있었던 것 등은 특히 기억에 남는다.

애써 제정한 헌장을 저버리는 독자행동으로 동료들을 허탈하게 하는 것은 옳지 않다는데 많은 이들이 인식을 같이하는, 상식이 존중받는 새해가 되었으면 한다.

되돌아보면 협회 일로 약간의 자원봉사를 했다고 해서 비즈니스에 큰 지장이 있었던 것은 아니다. 다만 충분한 기간 기쁨 속에 봉사했으니 이제 떠나도 될 시간이 된 것 같다. 떠날 때는 말 없이…. 2016년에는 의미 있는 만남의 시간도 있었다.

각기 사는 지역의 중간지점인 레드우드 시티 코스코에서 친구를 만났다. 푸드코트에서 갓 구워낸 치킨베이크로 간단히 점심을 함께하며 이런저런 이야기를 나눈다. 친구의 아내는 일하다 시장하면 데워 먹으라며 집에서 구운 따끈한 군고구마 5개를 비닐봉지에 담아 건네준다. 참 따뜻한 선물이다.

필요하다면 언제든 달려가는 우리는 절친이라는 말로는 부족한 BFF이다. 베스트 프렌드 포에버. 신산한 이민 생활에 이런 친구가 있다는 것은 얼마나 위안이 되는지……. 카트를 밀면서 이런저런 얘기를 나누던 중 레바논 출신의 동종업계 거물인 샘과 오랜만에 마주쳤다. 북가주 최고 요지인 팔로알토 다운타운의 상용 부동산업계를 주름잡는 그는 나의 동갑내기 친구이다. 나이는 같지만, 업력은 훨씬 오랜 이 친구에게서 내가 배운 것은 하나도 끈기, 둘도 끈기이다.

다리가 약간 불편해 빨리 걷지 못하는 그는 어떤 경우에도 낙담하거나 평정을 잃지 않고 끝까지 침착하고 차분하게 협상에 임한다. 중동 출신 이민자가 상어와 늑대 우글거리는 실리콘 밸리의 최고 요충지에서 높은 명성을 유지하기까지 그가 겪었을 뼈를 깎는 고통과 인내심에 나는 깊은 경의를 표한다.

2016년은 외국인 친구들이 찾아온 해이기도 하다. 미국의 호텔과 주유소, 실리콘 밸리의 정보기술 기업체들을 호령하는 이민자들은 누구인가. 바로 인도인들이다. 실리콘 밸리를 비롯, 가주 전역에 여러 호텔을 보유하고 있는 인도인 호텔리어가 친구가 되자고 손을 내밀어 왔다. 사업상의 영감을 교류하며 큰 꿈을 펼칠 수 있도록 서로 돕고 지내자는데 이 얼마나 멋진 일인가.

그런가 하면 며칠 전에는 오클랜드에서 성공적인 브런치 레스토랑을 운영하는 유대인 사업가가 전화를 걸어왔다. 비즈니스 마캣 플레이스 웹사이트에서 내 이름을 봤는데, 어쩐지 좋은 친구가 될 수 있을 것 같은 느낌이 들었다니 이 역시 얼마나 기쁜 일인가.

좋은 인연들을 만난 상서로운 기운을 신년 소망에 담아 간직하며 힘차게 떠오를 2017년 새해 일출을 설렘 속에 맞는다.

꿈을 저 하늘 높이

2017-02-04 (토)

"미국은 위대한 국가입니다. 이 나라를 지키는 일은 아주 멋진 삶의 길입니다. 미합중국 공군, 당신도 그 일원이 될 수 있습니다. 원대한 꿈을 품으세요. 꿈을 높은 저 하늘에 두세요!"

쌔애앵~ 최첨단 전투기가 창공을 나는 멋진 장면과 함께 끝나는 이 영상은 미 공군 모병 광고이다. 1983년 주한 미 공군 전력의 핵심 거점인 오산 공군기지 내 비행단 통할사령부에서 신참 소위로 나름 열심히 복무했다. 금요일이면 동기들이나 미 공군의 카운터파트 정보장교들과 함께 장교클럽에서 미켈롭 같은 생소한 맥주를 마시며 포켓볼이나 손 화살 던지기 같은 게임을 즐겼다. 분위기가 고조되면 바로 옆 기지극장에 가서 '플래시 댄스(Flash Dance)' 같은 영화를 보곤 했다. 본 영화가 상영되기 전 음속 전투기가 굉음과 함께 창공을 멋지게 곡예 기동하며 "원대한 꿈을 품으라(Aim High), 목표를 하늘로!"라는 그 유명한 마지막

멘트가 나오면 내 가슴은 벅차올랐다.

그렇지, 꿈을 원대하게 가져야지…. 그런데, 이젠 원대한 꿈을 새로 가질 때가 아니라 꿈이 얼마나 이뤄졌는지 돌아봐야 할 나이가 되었다. 내 인생에 이렇다 할 멋진 성과가 있는지 자문을 해보면 대답은 궁해진다.

이럴 때 무난하지만 사실 매우 중요한 '성과'를 꼽자면 아이들이 잘 커서 자기 앞가림을 잘하고 있다는 것이다. 지난 2002년 H1-B 금융권 취업비자로 미국에 이민 왔을 때 두 아들은 중학 2학년과 초등학교 5학년이었다. 남가주 세리토스에서 한 학기를 다니며 미국학교에 겨우 적응하던 아이들은 나의 새로운 부임지인 북가주 실리콘 밸리로 다시 전학해야 했다.

아들들의 미국학교 숙제를 도와주는 일은 내 능력 밖의 일이었다. 그런데 신통하게도 아이들은 알아서 영어 수업 잘 따라가고 숙제 잘하며 잘 자라준 것이 그저 대견하고 고마울 뿐이다. 더 이상 뭘 바란다면 그건 과욕일 것이다.

책상을 마주 보며 앉아 몇 년째 같이 지내온 밥이 1956년도에 출간된 낡은 통계학 책을 한 권 기념으로 건네준다. 나보다 4살 위인 그는 이른바 스탠퍼드 키드이다. 부친이 이 대학 교수여서 캠퍼스 교수 촌에서 자랐고 프린스턴을 다니느라 4년 타지 생활을 했을 뿐, 다시 스탠퍼드로 돌아와 컴퓨터공학 석사학위를 받고 거의 45년을 캠퍼스에서 살고 있다.

최근 그의 부친이 98세로 타계하셔서 장례를 치르느라 한동안 그가 사무실을 비웠었다. 그는 통계학 및 경제학과 교수였던 부친의 연구실을 정리하는 일이 엄두가 안 난다고 했다. 세계적인 석학의 연구실이 너무도 궁금했던 나는 그를 따라가 보기로 했다.

서가는 오랜 세월 대학자의 숨결이 스민 책들로 가득했다. 그가 사다리를 타고 서재 가득한 책과 자료를 정리할 때, 나는 유품 책 중 한 권만 기념으로 달라고 했더니, 그는 선뜻 부친의 저서를 한 권 내게 선물한 것이다.

내세를 믿지 않는 이들이 들으면 어떨지 모르지만, 다음 생애에 나는 학자의 길을 걷고 싶다. 당신 아버님처럼 세계적인 대학자가 되어 인류에 공헌하는 삶을 살고 싶다고 밥에게 말하니, 친절한 미국인인 그는 그렇게 되길 바란다며 잔잔한 미소를 지어 준다.

지나온 내 삶을 돌아보면 눈앞의 현실에 급급했던 하루하루의 연속이었다. 현실의 벽장 안에 갇히지 않고 큰 꿈을 갖는다는 것이 왜 그렇게 요원하게만 여겨졌는지….

고학으로 대학을 졸업하고 국방의 의무를 다하기 위해 42개월간 공군에서 복무한 후 제대할 때 나도 대다수 친구처럼 샐러리맨의 길로 들어섰다. 학업을 계속해 석·박사 학위를 받는 꿈, 그것도 해외 유학을 통해 그 꿈을 추구하기에는 현실의 무게가 너무 무거웠다. 도전하기에는 앞에 가로막힌 장벽이 너무 버겁다며 자신을 한계 속에 가둬놓고 살아왔다.

만약, 그때 어떤 큰 자극을 받아 과감히 한계를 박차고 해외 유학의 길에 올랐다면 지금 나의 인생은 많이 달라졌을까? 타임머신을 타고 과거로 돌아가 젊은 나에게 말할 기회가 주어진다면, 눈앞의 현실에 갇히지 말라고, 높은 꿈을 갖고 추구하라고 말해주고 싶다. 그리고 이 말을 꼭 해주고 싶다.

"덕환, 꿈을 저 높은 하늘에 두어라. 원대한 꿈을 가져라(Aim High)!"

제2장

도반을 찾아서

"모두 모여 그곳으로!"
2017-03-11 (토)

"아이 러브, 박 보오 검!" 지난해 방영된 한국 드라마 '구르미 그린 달빛'의 주연배우 박보검에 대한 찬사이다.

"나 벌써 몇 번을 봤는지 몰라요, 너무 재미있어서 완전히 중독되었어요!" 살짝 흥분된 목소리의 주인공은 리처드의 대만계 부인인 피비이다.

오늘은 매주 토요일 아침마다 팔로알토 YMCA 수영장에서 한 시간 동안 진행하는 아쿠아 부트 캠프라는 수중훈련반 친구들과 모인 날이다. 길게는 10년, 짧게는 1년을 함께 체력을 단련해 온 수영 친구들과 그 가족 등 15명이 20대 중반의 백인 여자 강사 매디를 초대해 정갈한 한국식당에서 우정의 오찬을 함께 하는 자리이다.

베트남 태생 중국계인 리처드는 가정적이다. 토요일마다 클래스를 마치고 나면 코스코나 슈퍼마켓에 들러 식재료를 사서 요리하는 것을 좋아한다고 당당히(?) 말한다. 그런 그가 지난 한 주 안보이기에 웬일인가 했더니 요리하다 손을 베었다며 붕대로 동여맨 왼손 약지를 들어 올리면서 약속 장소에 나타났다.

그는 마나님이 한국 드라마 삼매경에 푹 빠져 있을 때는 절대 방해하지 않고 맛있는 요리를 지어 올린다며 너스레를 떤다. 중국 남자들이 요리를 잘해서 아내들이 좋아한다는 것은 낭설이 아니다.

그는 베트남전이 한창이던 청소년기에 부모를 따라 파리로 이민갔다. 프랑스 육군 병사로 복무하고 대학을 졸업한 뒤, 유펜으로 유학 와 컴퓨터공학 석사학위를 취득한 뒤 실리콘 밸리에 정착하였다. 노키아에서 일하던 중 10년 전 그가 잠깐 감원 당했을 때 우리는 동병상련의 정을 나누었다(미국에서 감원 당해 보지 않은 자 인생을 논하지 말지어다). 지금은 잡지 온라인 구독 서비스를 제공하는 회사의 임원으로 승승장구하고 있다.

그 옆에 앉은 대만 출신 저캉과 메이 부부는 대학에서 조교와 학생으로 만나 사랑을 꽃피우다 인디애나로 유학 와 박사학위를 함께 취득한 생명공학자들이다. 유순한 인상의 메이와 달리 남편 저캉은 남자 중 최고 연장자임에도 불구, 버터플라이, 개인 혼영 등 모든 종목을 지치지 않고 소화하는 것만으로는 성에 안 차 클래스가 끝난 후 팔굽혀펴기 30개를 하는 강철 체력을 자랑한다. 한 친구의 표현에 의하면 산적 같은 느낌을 주는 인텔리 마초이다.

건너편에 앉은 40대 후반 크리스는 실리콘 밸리 정보기술업체의 중추적 인물로 중국계, 하와이계, 유럽계 피가 섞여 영화배우처럼 멋지게 생겼다. 인도네시아 출신의 아내 사라가 주니어 칼리지 내 서점에서 아르바이트할 때 그가 책을 사면서 만나 결혼에 이른 풋풋한 사랑의 주인공이다.

60대 후반인 일본계 여성 히사에를 사이에 두고는 중국 상해 출신으로 피아노 교습하는 역시 60대 후반의 수잔과 조용한 성격의 남편 조셉이 앉았다. 도쿄 출신으로 목욕탕집 딸이었다는 히사에는 남편이 일본기업 실리콘 밸리 지사에서 근무하다 은퇴하면서 이곳에 정착했다.

수잔은 66년부터 약 10년간 모택동 주석이 진정한 공산주의 체제를 확립하겠다며 지식인들을 농촌의 강제 노역장으로 내몰아 세뇌 교육을 시키는 등 악명 높은 문화혁명의 광풍을 20대 초반에 몸서리치게 경험하였다고 한다. 모택동이 최고의 의료 기술을 총동원해서 어쩌면 150세까지 살지도 모른다는 소문이 나돌 때는 거의 절망 속에서 살았다고 한다.

예약한 방이 인원 초과해 에콰도르 출신 MIT 재원인 아이다는 대학 동창인 스페인 출신 남편과 두 어린아이를 데리고 룸 바로 밖 홀에 앉아 식사하는 불편을 기꺼이 감수한다.

이렇게 만남을 귀히 여기고 참가하는 성의를 보여준 모든 친구에게 나는 깊은 동지애를 느낀다. 한국에서 친구가 보내준 품질 좋은 하이킹 면양말을 그들에게 한 켤레씩 선물했다. 너무 좋아 하며 입이 귀에 걸린 그 친구들을 보니 나도 행복해진다.

어떻게 이렇게 세계 각지에서 모여 함께 수영하게 되었는지 그 인연이 신기하다. 친구들과 맛있는 한식과 정담을 나누노라니 인기그룹 '빌리지 피플'의 1978년 노래가 귓가에 들리는 듯하다.

"영맨, 걱정할 것 없어,

영맨, 낯선 동네라고 기죽지 마.

영맨, 모두 모여 그곳으로! Y.M.C.A.!"

도반을 찾아서

2017-04-22 (토)

"저것 봐요, 사슴이에요!"

언덕 위에 대형 접시 모양의 인공위성 지구국 안테나가 설치되어 있어서 스탠퍼드 디시 하이크(Stanford Dish Hike)라고 이름 붙여진 산책로를 오를 때였다. 4마일의 그 길을 앞서거니 뒤서거니 하던 중키의 금발여인이 내게 손짓하며 언덕 위 나무 그늘을 가리킨다. 100미터쯤 위를 자세히 보니 과연 암사슴 한 마리가 무리에서 벗어나 우두커니 어딘가를 바라보고 있다.

몇 가지 일이 동시에 복잡하게 진행이 돼 신경을 좀 썼더니 입안이 온통 헐었다. 컨디션이 별로 좋지 않아서 일요일 아침마다 나가던 20km 달리기 대신 캠퍼스 뒤 언덕길 산책에 나섰다. 약간 쌀쌀하긴 했지만, 일요일을 집안이나 커피숍에서 무료하게 보낼 수는 없는 일. 마음을 다잡고 한참을 걷던 끝에 1마일 정도 남은 지점에서 뉴욕에서 실리콘 밸리로 출장 왔다는 카렌과 말을 나누게 되었다.

"눈이 예리하네요!" 했더니 그는 '독수리의 눈을 가졌다'라는 말을 많이 듣는다며 자신은 사물을 아주 자세하게 보는 편이라고 했다. 그러고는 좀 전에 길섶에서 찍었다며 코스모스처럼 생긴 이름 모를 빨간 야생화 사진을 스마트 폰으로 보여준다.

촉촉한 흙을 구멍 주위로 밀어내고 고개만 삐죽 내민 채 땅 위로는 나오지 않는 겁 많은 두더지를 찍은 사진을 내가 보여주자 우리는 금세 좋은 길동무가 되었다. 뉴욕 나스닥 증권시장에서 일한다는 그는 실리콘 밸리 기업 고객들과의 미팅차 출장 왔다가 뉴욕으로 돌아가기 전 잠시 짬을 내 산책하러 왔다고 했다.

새로운 상장사를 많이 발굴해야 하는 과업은 이해가 되지만, 이미 상장이 완료된 기업들에 대해서도 마케팅이 필요하다면 과연 어떤 일일까. 나스닥 상장사들에 대한 주식거래 편의성을 제고해서 그들이 자본조달을 원활히 해 나가는 데 불편한 점은 없는지 끊임없이 점검하고 문제점을 해결해 줘서 그들이 뉴욕증시 같은 타 시장으로 옮겨가지 않도록 하는 일일 것이라는 짐작을 해보았다.

그는 캐나다 태생으로 어릴 적 국제 비즈니스를 하던 부친을 따라 홍콩에서 7년간 살 때 한국에도 가보았다고 했다. 과거 실리콘 밸리에 살다가 20년 전 나스닥에 선발되어 뉴욕, 웨스트 센트럴 파크 지역에 자리를 잡았단다. 얼마 전 캐나다 국적을 포기하고 미국 시민권자가 되었고, 나스닥의 3,000여 상장사를 포함, 1만 2,000여 고객사에 대한 마케팅 업무를 담당하며 바쁘게 사는 삶이 보람 있다고 말할 땐 커리어우먼의 자신감이 넘쳤다.

한국 기업 고객도 있는지 물어보니, 자신이 담당하는 기업 중에는 없지만 다른 사람 담당 기업 중에 분명히 있을 것이라는 대답이다.

그는 미술품 수집에도 관심이 있다며 뉴욕행 비행기 탑승까지 남은 두 시간 동안 샌프란시스코의 대표적 현대 미술관인 디 영 뮤지엄(De Young Museum)을 둘러본다며 바쁜 걸음을 재촉했다. 시간을 계획성 있게 쪼개 쓰며 빈틈없이 사는 모습을 보니 나에게도 자극이 되었다.

불교에서는 일생을 살면서 같은 길을 서로 도우면서 함께 가는 좋은 벗을 도반이라 한다고 들었다. 언제쯤 좋은 도반을 만나게 될지 설렘 속에 상상 속의 도반을 조우하게 될 그 순간을 기다리며 사는 일도 아름답다. 그렇다고 너무 완벽한 도반을 찾느라 소중한 여생을 허비할 수는 없는 일. 자기 자신이 완벽하지 않은 존재라는 것을 인정할 때 비로소 다른 이의 허물도 도드라져 보이지 않는 법이다. 길지 않은 여생, 마음속 깊은 이야기를 털어놔도 부끄럽지 않을 좋은 도반을 찾아 도란도란 인생길을 함께 갈 수 있다면, 삶의 무게가 우리를 짓누르는 순간이 오더라도 우리는 평정과 미소를 잃지 않으며 아름답게 살아갈 수 있을 것이다.

  우리는 살면서 영원할 것 같은 친구와도 멀어지는가 하면 예상치 않은 길목에서 멋진 도반을 만나기도 한다.

  마지막 갈 길을 차마 못 가고 아직도 쌀쌀한 바람으로 주위를 맴돌던 샌프란시스코 겨울의 끝자락을 산책하면서, 비록 30여 분의 짧은 시간이었지만 푸른 하늘 아래 좋은 도반을 만나 이야기를 나눌 수 있었던 오늘은 참 멋진 날이다.

사모곡

2017-05-27 (토)

　벌써 15년 전이다. 베이커스필드에 이르러 LA로 연결되는 산길에 접어들 때까지 광활한 대평원을 거의 170마일 직선으로 끝없이 내달려야 하는 5번 프리웨이를 나는 어머니와 단둘이 달렸다.

　어머님과 모처럼 함께하는 자동차 여행이라는 느낌은 특별했지만, 그 길이 어머님과 영원히 이별하는 길일 줄 나는 예감조차 할 수 없었다. 기나긴 길을 그저 이런저런 집안일, 미국학교에 막 적응해 가는 두 손자 이야기, 직장 이야기 등에 관해 어머님과 도란도란 대화를 이어갔을 뿐이었다.

　'세계는 넓고 할 일은 많다'며 세계 경영을 추구하던 대기업 본사 안 은행 점포를 맡아 기업금융을 담당하던 내가 캘리포니아 한인 은행에 채용돼 실리콘 밸리에 정착한 지 얼마 안 되었을 때였다. 어머니가 미국으로 가버린 셋째 아들네 사는 모습을 보고 싶어 하자, 바로 위의 형님이 어머님의 미국 여행을 주선해 주었다.

어머니는 원효대사가 창건하고 사명대사가 수도한 곳으로 유명한 천년고찰 표충사가 위치한 천황산 기슭에 통나무집 전원주택을 짓고 사셨다. 30대 초반부터 10여 년간 명절 때마다 어머니를 찾아뵈러 낯설지만 아름다운 그 산골 마을로 매번 15시간 이상 차를 몰고 내려가던 귀성길은 내게 아름다운 추억으로 남아있다.

어머니는 산골 마을에서 혼자 사시느라 적적하시니 순이라는 진돗개를 키우며 각별한 사랑을 쏟으셨는데, 미국 여행 중 행여 순이가 배를 곯을까 이웃집 영감님에게 아침저녁으로 먹이를 넣어주도록 부탁하신 모양이었다. 그러던 어느 날 저녁, 거나하게 약주를 드신 영감님이 백구에게 밥을 주며 어르다 손을 물려 병원에 입원하였다는 소식이 날아들었다. 어머니가 미국으로 오신 지 열흘도 안 되었을 때였다.

주변에 같이 어울릴 만한 분도, 대중교통도 거의 없는 이역에서 어머니를 집안에만 계시도록 할 수는 없었다. 나는 출근길에 어머니를 산타클라라에 있는 노인봉사회에 내려 드리고 퇴근 때 모시고 함께 귀가하곤 했다. 워낙 사람을 좋아하시는 어머님은 노인봉사회에 가신 첫날부터 다른 할머니들과 재미있게 어울리시며 발군(?)의 실력으로 화투판을 장악하셨는데, 그날 따신 돈은 물론이요 가져가신 돈도 거의 전부 푸짐하게 간식으로 내놓으셔서 인기 최고의 할머니가 되셨다.

하지만, 출퇴근을 함께 하며 어머님께 효도할 수 있었던 그 귀한 시간이 그렇게 빨리 허무하게 끝나게 될 줄이야…….

이웃집 영감님이 입원하셨다는 소식에 어머니는 부랴부랴 귀국길에 오르셨다. 그런데 샌프란시스코에서는 당일 비행기가 오전에 출발한 뒤라 밤 비행기가 있는 LAX로 가느라 그 끝없는 캘리포니아의 대평원을 남으로 내달린 것이었다.

그리곤 4년 뒤, 미국에서 삶을 일구느라 한 번도 한국 방문을 하지 못한 나는 전혀 예상치 못한 어머니의 별세 소식을 누이에게 전해 듣고는 망연자실 한국행 비행기를 탔던 것이다.

봄도 지나가고 이젠 여름의 초입이다. 너무 건강해 절대 아플 것 같지 않았던 나는 뜻하지 않은 차 유리의 고장으로 하루 동안 찬 바람을 쐰 끝에 그만 독감에 걸리고 말았다. 낮시간용, 밤시간용 물약을 네 시간마다 번갈아 마시며 고투를 벌였더니 독감은 꼭 열흘이 지난 이제야 떨어질 기미를 보인다. 식은땀을 흘리고 콜록거리노라니 따스한 어머니의 손길이 그리워 눈물로 베개가 젖었던 새벽이었다. 어머님은 10여 년 만에 내 꿈에 찾아와 볼에 따스한 입맞춤을 해주시곤 등을 토닥여 주셨다.

"힘내라, 모든 게 잘 될 테니까."

정말 감기도 떨어졌고, 일에도 작은 실마리가 보이기 시작한다.

5월 어버이 달이 지나가고 있다.

"반중 조홍감이 고와도 보이나다 (중략) 품어가 반길 이 없으니 글로 설워하노라."

조선 중기 가사 문학가 박인로의 안타까운 사부모곡이다. 벗들이여, 어버이 살아실 제 섬기기를 다하여라.

샌프란시스코의 그림엽서

2017-07-01 (토)

　무에 그리 바빴는지 한동안 가지 못했던 샌프란시스코에 가서 지난 일요일 하루를 보냈다. 태평양전쟁 당시 미 해군의 함대 사령부였던 프레시디오의 메인포스트에 주차한 후 조깅으로 금문교를 건넜다. 갤러리와 분위기 좋은 레스토랑들을 찾아 많은 관광객이 방문하는 아름다운 소살리토까지 가서 페리로 돌아오기로 했다.

　며칠 전 금문교에는 30톤이 넘는 진객 혹등고래가 새끼를 데리고 다리 밑까지 찾아와 보기 드문 장관을 연출했다는데 그새 어디론가 떠났는지 보이지 않는다. 컨테이너를 가득 실은 화물선들이 유유히 베이를 빠져나가 태평양으로 향하고 있고, 흰 돛을 올린 요트들과 가지각색의 카약들은 물보라를 일으키며 물새들 사이를 미끄러져 간다.

　샌프란시스코 다운타운의 아스라한 고층 건물을 배경으로 바다 건너 마린카운티에서 베이를 바라보며 나는 40여 년 전 추억에 젖었다.

넷째 삼촌은 외항선 기관사였다. 전 세계를 돌다가 '형님 전상서'로 시작하는 사진엽서를 아버지께 보내신 곳이 샌프란시스코였다. 금문교 야경을 담은 사진엽서였다.

망망대해에서 1년이라는 긴 시간을 보낸 삼촌이 드디어 인천항에 입항하셨다는 설레는 소식이 어느 날 날아들었다. 신혼 초에 별거 아닌 별거를 하느라 가슴 아린 숙모님도 며칠 전 부산에서 올라와 재회의 날을 손꼽아 기다리고 계셨다.

삼촌이 진기한 물건을 가득 담은 커다란 트렁크를 끌고 사업에 실패한 큰형님 댁인 돈암동 우리 집에 오신 40여 년 전의 그날은 무척이나 설레는 날이었다. 삼촌이 유독 조카들을 사랑해서 그리움이 크기도 했지만, 초등학교 5학년이던 나와 여중 2학년이었던 누이에게는 철없는 다른 이유가 있었다.

삼촌이 머리를 쓰다듬어 주시며 잘 지냈는지 물어보시고는 트렁크의 지퍼를 큰 디귿 자로 드르륵 여실 때 누이와 나의 눈길은 어느새 트렁크 저 깊은 곳에 가 있었다. 이번엔 어떤 선물을 가져오셨을지 우리는 두 눈을 반짝이며 한껏 기대에 들떴다. 여행 가방에서는 금방이라도 온갖 보물들이 넘쳐 나올 것 같았다.

드디어 열렸다. 삼촌은 장형인 아버지에게 고운 쇼핑백에 담긴 당시로선 귀한 조니워커 양주 한 병, 형수인 어머니에게는 똑딱

하고 열면 예쁜 손거울과 함께 은은한 향기가 퍼지던 랑콤 파운데이션과 붉은 립스틱을 선사하셨다.

우리에게는 당시 큰 인기였던 미제 파카 만년필, 꽁지가 달린 작은 삼각형 은박지의 허쉬스 초콜릿 그리고 그림책에서나 보았을 뿐인 탐스러운 오렌지를 한 개씩 건네주셨다. 우린 마치 세상을 다 얻은 듯 며칠 동안 행복했었다.

다섯 분의 삼촌들이 저마다 다른 개성으로 우리의 어린 시절 좋은 기억의 한 자락씩을 채워주셨지만, 이 삼촌은 특별했다. 결혼 전까지 마포에서 경찰공무원으로 일하며 바로 위 누이와 내가 감수성 예민하던 청소년기에 속 깊은 사랑으로 항상 우릴 응원해 주신 고마운 분이다. 하숙비랑 생활비 충당에도 빠듯했을 당시 박봉에도 삼촌은 월급날이면 꼭 우리 집에 오셔서 형수에게 생활비에 보태라며 봉투를 건넨 착한 시동생이었다. 어떻게든 최선을 다해 형님에게 도움이 되려고 노력하셨고, 우리들에게도 항상 정서적으로 든든한 후원자가 되어 주셨다.

삼촌은 진주어고 출신의 고운 숙모님을 중매로 만나 부산에서 늦장가 가신 후, 대학에서의 전공을 살려 외항선원이 되었다. 몇 년간 고생하더라도 일찍 안정을 찾겠다는 결심이었다. 한 번 출항에 1년이 걸리는 긴 항해를 몇 년 되풀이한 끝에 어느 정도 기반을 다지셨지만, 삼촌은 어느 해인가 결핵이 깊어진 숙모님을 두고 더 이상 떠날 수 없어 외항선에서 하선하신 후 다시는 배를 타지 않으셨다.

여동생이 없어 늘 허전하던 내게 예쁜 사촌 여동생을 주셨던 숙모는 몇 달 뒤 결국 돌아가셨다. 요양원에 가서 집중 치료를 받으라는 의료진과 주위의 권유를 받았지만, 눈에 넣어도 아프지 않은 어린 자식들을 두고 도저히 그럴 수는 없다고 망설이던 끝에 그만 치료 시기를 놓치셨다.

속 깊고 다정하던 삼촌은 그 길로 혼자가 되신 후 40여 년 홀로 지내시더니 어느덧 80 초반의 할아버지가 되셨다. 가는 세월 누가 막으리. 다섯 분 삼촌 중 이제 두 분만 남아 삼촌 세대가 저물어 가는 게 슬프고 안타깝다.

40여 년 전 당신이 그림엽서를 보내셨던 샌프란시스코에서 조카가 그림엽서를 보내드린다. 노년이 좀 더 행복해지기를 바라는 조카가 삼촌께 그리운 마음을 담아 보내드린다.

우정의 스쿼시

2017-08-12 (토)

　가쁜 숨을 몰아쉬며 풀에서 빠져나온 우리는 자쿠지로 함께 들어가면서 하이파이브를 한다. 오기 전에는 미적미적 망설여지는 수중 생존 클래스이지만, 막상 한 시간의 훈련을 마치고 나면 이렇듯 뿌듯하고, 끝까지 함께 견뎌 냈다는 안도감으로 만면에 미소를 띠게 된다.
　매일 출근 전 20여 분 수영을 하고, 토요일에는 거의 한 시간을 물속에서 해군 신병 같은 훈련을 하는 것이 쉬운 일이 아니다. 오늘은 남녀 8명이 참가해 무사히 마쳤다.
　수영은 참 좋은 운동이다. 수영의 장점을 보면 우선, 체중 관리에 도움이 된다. 30분의 평영으로 367 칼로리가 연소하는데 이는 걷기, 사이클링 심지어는 달리기를 능가하는 수치이다. 둘째, 스트레스를 줄여주고 자의식을 고취해 준다. 셋째, 기분을 띄워 준다.

넷째, 근육을 강화한다. 물의 저항력은 공기의 44배로, 그걸 뚫고 나아가려면 근육을 그만큼 많이 써야 하니 당연한 일이다. 다섯째, 수영은 충격이 적은 운동이다. 물의 부력으로 인해 실제의 10% 정도만 몸무게를 느끼니 수술이나 격렬한 운동 후의 재활에 수영이 많이 권장되는 이유이다.

여섯째, 수면을 쉽게 한다. 수영은 힘을 많이 쓰는 운동이어서 다른 운동을 한 경우보다 숙면을 하게 된다는 사람이 두 배나 많다고 한다. 일곱째, 시원한 물이 몸의 열기를 흡수하기 때문에 땀을 흘릴 필요가 없는 상쾌한 운동이다. 마지막으로 수영은 심장 박동을 건강하게 해 심혈관계에 좋고, 혈당과 혈압을 낮춰주며, 나쁜 콜레스테롤의 수치를 낮춰준다. 수영을 꾸준히 하는 것만으로도 당뇨, 심장질환, 중풍에 걸릴 확률이 줄어든다니 앞으로 100세까지 계속해야 할 운동이 아닐까.

팀의 리더로 수영을 돌고래처럼 빠르게 잘하는 중국계 리처드가 내게 살짝 말한다. 샤워 후 홀에서 만나자고. 텃밭에서 스쿼시 호박을 수확해서 하나 주려고 가져왔다는 것이다. 오동통 길쭉하니 진초록색이면서, 햇볕을 덜 받은 밑 부분은 연 노란색인 리처드네 스쿼시는 모양도 어찌 그리 이쁜지.

미국에는 호박의 종류가 여럿이고 이름도 가지가지다. 오이같이 길쭉한 주키니, 표주박을 두 개 겹친 모양으로 밑동이 뭉툭한 스쿼시, 그리고 단풍 질 무렵 누런 들녘에서 무게 콘테스트가 벌어지는 펌킨이 있다. 북가주에선 하프문 베이에서 벌어지는 대회가 유명한데, 미국 전체로는 작년 일리노이에서 물경 2,145 파운드짜리로, 북미 최대이자 세계 2위의 무게를 기록한 대형 호박이 나왔다 한다. 역대 최고는 2014년 독일에서 출품된 2,323파운드짜리라는데 헤비급 권투선수 12명의 무게라니 놀란 입을 다물 수가 없다.

15년 된 수영 친구로 베트남에서 유년기를 보낸 뒤 프랑스로 이민 가 성장한 리처드는 화교이다. 지구를 각자 반 바퀴 돌아 이곳에서 만난 나에게 그는 작년에 이어 올해도 스쿼시를 따서 다운타운 파리바게뜨 포장지에 담아 건네준다.

한인들은 스쿼시를 어떻게 조리해서 먹느냐 하기에 김치찌개나 된장찌개에 잘게 썰어 넣으면 좋다고 하니 신기한 듯 자신도 한번 해보겠다고 한다. 요리를 즐겨하는 리처드는 달군 프라이팬에 버터를 녹인 뒤, 양파를 먼저 넣고 부드러워질 때까지 볶은 다음 스쿼시를 넣는데, 중불에서 익을 때까지 볶은 뒤 소금과 후추를 살살 뿌리면 정말 맛있단다.

커피를 마시면서 리처드는 큰아들을 스탠퍼드에 입학시킨 게 엊그제 같은데 벌써 4학년이 되었고, 내달이면 작은아들을 세인트루이스의 사립 워싱턴 대학에 보내게 되어 학비 걱정이 이만저만이 아니라고 엄살을 피운다. 실리콘밸리 최고의 주거지, 팔로알토에 있는 자네 집이 1년에 20만 달러씩 오르는데 무슨 걱정이냐고 하니 고개를 끄덕인다.

　세인트루이스와 워싱턴은 무슨 관계일까? 1853년에 초대 대통령 조지 워싱턴의 이름을 따서 개교한 이 대학은 25명의 노벨상 수상자를 배출한, 미 대학 랭킹 19위의 유서 깊은 명문 사립대학이다.

　텃밭에서 정성껏 키운 스쿼시를 주고받으며 우정을 나눈 우리는 수영 뒤 기분 좋게 나른해진 몸을 일으켜 밝은 표정으로 체육관 문을 함께 나선다.

"여보세요~"
2017-09-30 (토)

"여보세요~"

사람들의 시선이 일제히 내게로 모인다. 라커룸에 들어서는 나를 보고 눈만 마주치면 어김없이 한국말로 정겹게 인사를 건네는 조는 독일 병정처럼 기골이 장대한 60대 미국인이다. 아일랜드계로 실리콘 밸리 터줏대감 기업의 하나인 시스코 시스템의 부사장이다. 젊은 시절 한국 지사로 자주 출장을 가서 그곳 직원들과 친밀한 관계를 맺은 탓에 한국에 대한 특별한 애정을 품고 있다. 하지만 할 줄 아는 한국말은 직원들이 전화걸 때 쓰던 말, '여보세요~' 뿐이다.

요즘 체육관에서 만나는 사람들의 최대 관심사는 단연 북한의 로켓맨 김정은이다. "어제는 잠잠하던데?"라고 말하는 조에게 나는 씨익 웃으며 "응, 내가 쏘지 말라고 했어…. 가끔 내 말을 들을 때도 있지."라고 말하면 주변 사람들은 박장대소를 한다.

아닌 게 아니라 요 며칠은 조용하다. 트럼프와 김정은이 무시무시한 설전을 교환하고, 미국의 전략폭격기가 북한 영공의 가장 가까운 지점까지 날아가 무력시위를 하면서 한반도엔 전례 없는 위기 사태가 조성되고 있지만 추가적인 미사일 도발 소식은 아직 없다.

내가 김정은과 같은 성씨라 해도 그와 먼 친척이 될 가능성은 없는 걸 알면서도, 짐에서 만나는 미국 친구들은 이것저것 물으며 말을 걸어온다. 이민 온 직후부터 15년간 멤버로 매일 아침 출근하다시피 하고, 저녁에도 사우나에서 휴식을 취할 때가 많은 나는 친구들을 많이 사귀게 되어 체육관에서는 꽤 알려진 코리안인데, 요즈음은 북한의 물불을 가리지 않는 핵실험과 미사일 발사 때문에 이곳에서의 존재감이 본의 아니게 커졌다.

"어떻게 해야 하는 거야?"라고 친구들은 걱정스러운 표정으로 물어온다. 트럼프 대통령이 '화염과 분노' '완전한 파괴'와 같은 극단적인 말을 하면 할수록 체통만 떨어지니 당장 북폭을 행동으로 옮기든지, 아니면 그만두고 다른 방법을 찾든지 해야 할 것이라는 의견을 내가 제법 확신에 찬 표정으로 말하면 그들은 귀를 쫑긋하며 경청한다.

1994년 김영삼 대통령 시절의 1차 북핵 위기 때 클린턴 대통령이 진작 조치해 호미로 막았더라면 요즘처럼 가래로도 못 막아 허둥댈 필요는 없지 않았겠는가 싶지만, 역사에 가정이란 없는 법. 지금이라도 중국의 협조를 끌어내 최고의 방법을 찾아가면 될 일이다.

23년 전 당시 중국은 저임의 노동력으로 선진국의 하청공장 역할을 막 시작해 달러를 벌어들이며 돈맛을 조금씩 알아갈 무렵이었다. 1997년 은행 재직 시 회의 참석차 출장 갔던 상해의 푸동 지구엔 허허벌판에 뾰족한 동방명주 첨탑 하나만 외로이 서 있을 뿐이었다.

군사적으로도 미국에 별 위협도, 지금처럼 사사건건 소매를 걸어붙이는 껄끄러운 나라가 못 되었다. 미국이 북핵 문제를 풀어나가기가 훨씬 수월했을 텐데 돌이켜 보면 안이하게 시간만 벌어 준 셈이 되었다. 중국은 지금 물경 3.7조 달러의 외환을 보유하고 있는, 상전벽해의 G2 강국으로 대변신하였다. 보유 외환 중 최소 2.5조 달러는 대미 무역흑자로 벌어들였으면서도, 미국에 대한 감사는커녕 오히려 남사군도 인공 산호초 비행장 건설 강행 등으로 주변국들을 자극해 미국의 영향력을 테스트하고 있고, 핵실험과 미사일 도발로 유엔 결의를 위반한 북한에 대한 제재에는 형식적이고 소극적이다.

그런 중국이 한국에 대해서는 전혀 다른 잣대를 들이대고 있다. 북한의 핵미사일 위협이 도를 넘어가는 데 따른 불가피하고도 부분적인 방어체계일 뿐, 결코 자국을 겨냥하겠다는 의도가 없는 것을 알면서도, 사드를 도입했다고 하여 "김치를 먹어서 멍

청해졌다"라는 등 입에 담을 수 없는 망언과 함께, 폭격도 불사하겠다며 연일 어이없는 위협을 가하는 것도 모자라 중국에 진출한 한국기업들에 대해 무지막지한 불매운동을 부추기고 있다. 이는 스스로 신뢰할 수 있는 국제 경제 파트너의 지위를 포기한 것임은 물론, 불난 한반도에 부채질하는 것과 같은 극히 유감스럽고 양식 없는 행동이라 하지 않을 수 없다.

풍성한 한가위를 목전에 두고 감사의 마음이 무르익어야 할 이 좋은 계절에 한국은 지금 난데없는 북한 핵미사일의 공포로 격랑에 휩싸여 있어 두고 온 가족과 친구들 걱정에 마음이 무겁다. 부디 이번 사태가 잘 해결되어 이참에 평화통일의 길로 가게 되었다는 희소식이 태평양 건너 바람 타고 날아들기를 고대한다.

슬픈 오비추어리

2017-10-28 (토)

집에서 준비해 온 도시락으로 맛있게 식사를 마친 후 점심 산책에 나선다. 과거 입주해 있던 비즈니스 팍을 페이스북 본사가 가공할 현금 동원력으로 통째 매입하는 바람에 프리웨이 반대편으로 이사 온 지도 10개월째이다.

지난 1월 이사 왔을 때는 우기여서 건물 바로 옆의 계곡 물살이 어찌나 깊고 빠르던지, 마치 어릴 적 살았던 우이동에서 장마철의 우이천 계곡물을 보는 듯했다. 힘찬 기세로 흘러내리던 물도 바싹 말라 바닥을 드러낸 계곡을 따라 운치 있게 지어진 주택가를 걸어가다 보면 철길이 나오고, 여길 건너 스탠퍼드 쇼핑센터 깊숙이 자리한 노스트롬 백화점까지 갔다 돌아오는 왕복 3마일의 점심 산책은 정말 나를 행복하고 건강하게 해준다.

건널목을 지나노라면 최근 실리콘 밸리에 새로 생긴 직업인 '철길 지킴이'가 오가는 이들을 바라보고 있다. 우리 두 아들도 나온 명문 공립학교의 하나인 팔로알토의 건 하이스쿨의 재학생과 졸업생들이 수년 사이 10여 명이나 철길에서 스스로 생을 마감하는 슬픈 사건들이 발생하자, 교육구가 시와 협의해 건널목 지킴이들을 고용한 것이다.

이들은 건너가는 고유한 일 이외의(?) 목적으로 접근하는 사람들을 잘 감시하고 있다. 이후 실제로 그런 비극이 많이 줄었다고 느끼고 있었는데, 이번엔 이웃 시에서 안타까운 사고 소식이 들려왔다.

가족들의 깊은 슬픔이 담담하게 담긴 품격 있는 언어의 오비추어리, 부고를 찬찬히 읽어본다. 오른쪽 상단, 예쁜 금발의 소녀가 미소를 짓고 있는 사진이 딸 없는 나의 눈에 들어온다.

"필립과 줄리 스팔렛타 부부의 너무나 소중했던 14살의 딸 홀리가 지난 26일 홀연히 천국으로 갔습니다. 홀리는 아름다운 동네의 초등학교와 중학교를 우수한 성적으로 졸업을 하고 세코야 고등학교에 막 입학했던, 친구들과의 우정도 깊었던 신입생이었습니다.

동물 학대 방지협회의 자원봉사자로, 그리고 4H 클럽의 회원으로 활동했고 클럽 내 상담자가 되기 위한 훈련 과정을 막 시작했었습니다. 홀리는 어여쁘고, 친절하고 상냥하고 위트가 있고 아주 믿음직한 딸이었습니다. 여러분들의 소중한 친구였고, 따뜻한 배려심을 가진 홀리가 살아 숨 쉴 때 이 세상은 더욱 아름다운 곳이었습니다. 당신이 홀리를 잘 알고 있는 사람이라면 얼마나 놀라셨을까요. 홀리는 4명의 오빠와 언니, 우리 부부와 조부모와 삼촌들과 여러 명의 사촌…, 그리고 고등학교 입학 기념으로 선물 받은 BMW 미니 쿠페를 두고 하늘나라로 갔습니다. 천국 환송 예배 일정은…"

크나큰 슬픔에 싸인 부모는 5명의 자녀를 두었고 막내딸이 고교에 입학하자 미니 쿠페를 사줄 정도로 경제력이 있는, 고학력의 성공한 사람들이었을 것이다.

아빠는 딸의 친구들에게 눈물로 부탁의 메시지를 전하고 있다. 딸은 엄마에게 너무 놀라지 말고 아무 일도 없었던 것처럼 잘 사시라는 메시지를 남겼지만, 이렇게 가버리고 나면 남은 가족들은 절대로 아무 일도 없었던 것처럼 살 수가 없고 평생을 고통 속에 살아야 한다는 것을 꼭 기억해서, 가족들에게 이렇게 큰 충격을 주는 일은 절대로 해서는 안 된다는 부탁을 하고 싶었다고 한다.

부모는 8개월 전부터 딸이 수학 문제 풀이와 메모를 위해 갖고 다니던 공책에 여러 장이 백지로 방치되는 등 이해할 수 없는 태도의 변화를 느꼈다고 한다. 교내 상담원과 면담을 한 것도 사후에 알게 되었는데 이러한 중요한 일을 학교가 부모에게 바로 알려주면 좋을 것이라는 건의도 잊지 않았다.

과연 무엇이 그 어린 꽃들이 차마 피기도 전에 스스로 질 수밖에 없도록 하는 건지 안타까울 뿐이다. 부모들 교육 수준이 높은 곳 중의 한 곳인 이곳 실리콘 밸리의 아이들은 부모만큼 우수한 학업 성과를 내기가 어려운 것이 현실이라고 한다. 그래서 조금만 학업에서 뒤처지면 실패한 인생을 계속 살 필요가 없다는 극단적 선택을 하게 되기 쉽다는 분석도 있다.

우리 앞에 펼쳐질 상상조차 할 수 없는 다양한 미래의 삶은, 비록 고통이 수반될지언정 그 불확실성만으로도 얼마나 살아볼 만한 것인가. 지금, 이 순간에도 홀로 만든 비극의 시나리오에 자신을 가둬놓고 괴로워하는 청소년들이 있다면 사이먼과 가펑클의 이 노래를 들려주고 싶다.

"험한 세상 다리가 되어" - 친구들아, 내가 다리가 되어줄게… 나를 밟고 부디 건너와.

연말을 맞는 감회

2017-11-25 (토)

추수감사절도 지나 본격적으로 흘러나오기 시작한 캐럴을 즐기며 행복에 젖어야 할 요즈음이지만, 고국의 포항발 강진 피해 보도도 있었고 여하튼 마음이 가볍지 않다. 이만하면 됐어, 건강히 한 해를 보냈으면 됐지… 하며 콧노래를 흥얼거려야 하겠지만 마음 한편이 약간 가라앉아 있다.

풍성한 감사와 축제 분위기의 송년 시즌을 맞아 사람들은 저마다 들뜬 듯, 발걸음도 빨라지고 조급해지나 보다. 만인의 간식인 바나나랑 던지니스 크랩이랑, 일주일에 한두 번 한입에 털어 넣으면 배 속 저 아래 진앙에서부터 규모 5.4의 체진이 온몸으로 짜릿하게 퍼져나가는 알코올 41도의 절친(?) 보드카도 한 병 살 겸, 무엇보다 시중 주유소보다 확실히 싼 가스도 넣을 겸 코스트코로 차를 몰았다.

정체 중인 계약 건이 무척 궁금할 때도, 나는 고객들을 전화로 귀찮게 하는 대신 코스트코 매장을 거닐며 생각에 잠긴 채 이런 저런 눈요기를 하면서 마음을 다스린다. 1회 충전에 사용 5시간 제한이 조금 아쉬울 뿐, 음질도 디자인도 나무랄 데 없는 블루투스 헤드셋을 통해 전화상담도 척척 할 수 있으니 코스트코 쇼핑은 이래저래 참 괜찮은 나만의 달콤한 기분 전환이다.

주차장에 들어가니 연말 쇼핑객들의 폭주로 주차 공간 찾기가 하늘의 별 따기다. 몇 바퀴를 돌다 지친 나는 차라리 나가는 차량을 기다리기로 하고는 짐을 거의 다 실은 차를 겨냥하며 깜박이를 켜고 기다렸다. 그런데, 이게 웬일. 아이들을 한 차 가득 태우고 늦게 진입한 차량이 분명히 내가 기다리고 있는 걸 알면서도 더 바싹 차를 대더니 그대로 새치기하는 게 아닌가.

부르르… 나는 조건반사적으로 경적을 울린다. 아무리 어려운 일이 있어도 좀체 망가지지 않지만 이렇게 안하무인일 때는 참기가 어렵다. 얌체 같은 짓을 하면 욕을 먹게 된다는 교훈은 받고 가야 상대방이 다음부터는 문명인의 대열에서 이탈하지 않으려 노력하지 않을까.

쇼핑을 마친 후 정다운 친구이자 명석한 동생 같은 카이저 병원의 중국계 주치의 닥터 콴으로부터 받은 메시지를 떠올리고는 구글 본사가 있는 마운틴 뷰 다운타운의 병원으로 차를 몬다.

'가는 세월 그 누가 막을 수가 있나요~' 라는 노랫말처럼 평생의 생활 습관인 주중 수영과 주말 장거리 달리기 덕분에 상당히 단련된 몸매와 체력을 보유하고 있는 나에게도 불청객인 노화의 진행에는 어쩔 도리가 없는가 보다.

돋보기를 안 써도 웬만한 작은 글자는 불편 없이 읽을 정도로 건강을 자신해 왔는데, 어느 틈에 혈압이라는 복병이 찾아와 슬슬 부하가 걸리는 느낌이다. 생전 처음 혈압약을 처방받고 복용한 지 벌써 두 달이 되었기에 계속해서 먹어야 하는지 문의했더니 병원 보안 메일 시스템으로 닥터 콴이 답장을 보내온 것이다.

체중을 5파운드만 더 줄였더라면 몰라도 일단 연말까지 남은 한 달 반 더 복용해 보고 나서 정초에 혈압을 체크해 보고 다시 결정하자는 조언이다.

연초 무료 소다 서비스가 없는 곳으로 사무실을 옮긴 뒤, 하루에 4캔씩이나 넋을 놓고 먹던 시원하고 맛있는 콜라를 끊은 지 10개월 만에 어쨌든 10파운드를 줄일 수 있었다. 친절한 무료 서비스가 내 몸에는 반드시 이롭지만은 않은 것이다.

앞으로 5파운드를 더 줄이려면, 마지막 남은 나쁜 습관인 심야에 먹는 매운 라면 중독의 사슬을 끊어야 한다. 라면스프에 하루 권장량 이상의 많은 양이 들어있다는 나트륨은 혈관 내로 수분을 많이 흡수시키는 부작용을 한다고 한다. 이는 단위 시간당 혈류량 증가로 이어져 심장 박동과 신장 등 장기에 무리를 주는, 즉 혈압 상승의 주요인이 된다는 것이다. 그러니 줄여야 한다는 것이다.

파란만장했던 2017년도 이제 한 달 남짓 남았다. 최악의 지진 피해를 입고 공포와 불안에 떨고 있을 포항의 동포 여러분들에게 깊은 위로의 말씀과 함께 따뜻한 세모 인사를 전하고 싶다.

제3장

우리 모두 파잇 온!

우리 모두 "파잇 온!"
2017-12-30 (토)

까~톡! 대부분의 입주사가 긴 연말 휴가에 들어간 사무실엔 쓸쓸함이 감돈다. 살짝 졸다 정적을 깨는 소리에 놀라 정신을 차려본다. 셀폰 화면에 뜬 메시지를 보니 LA에 사는 작은 아들이다. 할리우드에 있는 상용부동산 투자회사에서 회계사이자 내부감사로 일하는 아들이 보내온 것은 단 한자의 회신, "응"이다.

효도와 우정 그리고 사랑은 절대 구걸하지 않는 것을 원칙으로 삼지만, 한 해가 바뀌는 아쉬움과 그리움의 계절에도 집에 오지 못하고 열심히 살고 있는 아들에게 아빠를 사랑하는지 확인은 해보고 싶었다. 꼬박 12시간 만에 보내온 답장이다.

이렇게 여유(?) 있는 아들에게도 배울 게 많다. 이메일이든 메시지든 댓글이든, 보내온 사람의 성의가 고마워 즉시즉시 대답을 해줘야 한다는 강박관념에 빠진 나는 가끔 너무 가볍지 않은가 반성하기도 하기 때문이다.

사실, 우리는 사람들과의 관계의 온도를 잴 수 있는 온도계를 하나씩 갖고 있다. 보내온 글이 얼마나 속 깊고 다정한지, 얼마나 성의 있는 시간 내에 답장을 보내오는지, 글자 한 자 한 자 속에 상대에 대한 존중의 마음을 잊지는 않는지… 등등으로 우리는 빛보다 빠른 생각의 속도로 상호관계의 온도를 아주 정확히 측정할 수 있다.

아들은 아마도 연말 '불금'에 친구들과 송년 회식을 하며 어울리느라 새벽에 귀가해 한껏 늦잠을 잔 후에 답장을 보냈을 것이다. 그 나이 적 내 모습을 기억하면서 씨익 웃는다. 귀엽고 소중한 아들… 주고받은 내용은 비록 짧은 한 줄씩에 불과하지만, 서로의 상황에 대한 깊은 이해를 나누기에 충분히 긴 분량이다. 이 세상에서 부모 자식으로 만난 것은 얼마나 아름다운 인연인지.

올해의 마지막 수중 생존 클래스를 마친 후 멤버들은 로비에서 따끈한 커피를 나누며 각자 회사에서 있었던 송년 파티에 관해서 또는 레이크 타호로 스키여행이라도 가는지 등에 관해 이야기꽃을 피운다.

8명의 수영 클래스 멤버들 가족 중 3명이 애플에 근무 중이다. 최근 구글에 1위 자리를 넘겨주긴 했지만, 애플은 시가총액 9,000억 달러(900조 원)로 실리콘 밸리 최고의 아이콘 기업. 멤버 중 변호사인 두 여성의 컴퓨터공학박사 남편들은 시니어 엔지니어로, 그리고 30대 후반의 중국계 에이드리안은 글로벌 부품 소싱 담당으로 일하고 있다.

엄청난 수익을 올리고 있는 애플인지라 부문별로 열리는 송년 파티도 태평양 해안 절벽 위에 고즈넉이 자리 잡은 최고급 호텔 리츠 칼튼의 연회장에서 가족들까지 초대해 산해진미를 마음껏 즐기는 축제로 진행되었다고 한다. 1만 달러의 현금 경품까지도 걸렸다니 현장의 흥분된 분위기가 짐작되고도 남는다.

수영팀의 리더로 넷플릭스 등 인터넷 구독 사업을 하는 벤처기업의 고위직 리처드의 순서가 되자, 말하는 그의 표정이 무척 어두워 보고 있는 내 마음도 따라 무거워진다. 회사의 실적이 시원찮아 연말 보너스는 물론 송년 파티도 없어 회사 안에는 무거운 침묵만이 흐르고 있다는 것이다. 사기가 잔뜩 떨어진 부하직원들에 대한 미안함에 죄책감을 느끼는 한편 그들을 다독여주기까지 해야 하는 입장이라 참 곤혹스럽다는 것이다.

고액 연봉을 받는 자신의 앞날에도 어두운 그림자가 한 발 한 발 다가오는 것 같아 가끔 새벽녘에 잠을 깬다고 한다. 처가가 있는 대만으로의 연말 여행은 언감생심, 300만 달러는 쉽게 나가는 멋진 집을 팔로알토에 갖고 있지만 모기지와 재산세를 납부할 걱정이 이만저만이 아니라며 한숨을 내쉰다.

그러면서 보너스를 줘야 하는 부하직원도, 부진한 실적으로 눈치를 봐야 하는 상사도 없는 내가 참 부럽다고 말하는 것이 아닌가. "리처드, 명색이 회사대표지 아무런 보장 없고 부정기적

수입에 의존하면서 모든 걸 홀로 책임져야 하는 1인 기업의 애환을 자네가 몰라서 그래."라는 말이 입안에서 뱅뱅 돌았다.

 내일이면 핵실험과 미사일로 점철된 2017년도 역사의 뒤안길로 사라진다. 아쉬웠던 일, 행복했던 일 모두 다 잊고, 가슴을 활짝 열고 무술년 2018년 개띠 새해를 당당하게 맞이하는 거다. 아들의 모교, USC의 경기 구호를 떠올려본다. 나의 15년 지기 수영 친구 리처드, 그 어떤 어려움이 밀려와도 절대 포기하지 마. 끝까지 싸우는 거야! 파잇 온(Fight on)!

만남과 화해로 시작한 새해

2018-02-03 (토)

새해 들어 멋진 일이 연이어 생기니 올 한 해는 아무래도 예감이 좋다.

며칠 전 버클리 다운타운의 중식당으로 어떤 분의 근사한 저녁 식사에 초대받았다. 그것도 샌프란시스코 문인협회의 수필가이자 화가가 운전하는 최고급 우윳빛 포르셰 SUV에 동승하는 호사를 누리며 북가주에서 북경 오리 요리를 제일 잘한다는 곳에서 만났다.

사람은 누구나 자신을 귀히 여겨주는 분을 만나면 참 감사하다. 살면서 그런 멋진 자리에 초대받는 일은 그리 자주 있는 일이 아니다. 아울러 내가 먼저 좋은 분을 초대해 그런 자리를 주선한다는 것 또한 쉽지 않은 일이다.

스스로 삶을 관조할 여유와 좋은 만남에 가치를 두는 인생철학이 있어야 소중한 분을 찾게 되고, 또 그를 초대해 멋진 대접을 할 수 있게 되는 게 아닌가. 내가 다른 이들에게 만나보고 싶은 사람이 된다는 것은 감사한 일이다.

16년 전 이곳 실리콘 밸리로 취업 이민을 와서 한인 은행의 지점장으로 근무를 시작했을 때, 근방에 아주 유명한 여류 소설가가 계신다는 소문을 바람결에 들었다. 자그마한 체구이지만 눈매가 아주 예리한 나이 지긋한 여성 고객 한 분이 은행 일을 보고 나갈 때마다 내 자리까지 들러서 반갑게 인사를 해주시곤 했는데, 바로 그분이 그 소설가 선생님이란 걸 얼마 지나지 않아 알게 되었다.

35년 전 『에뜨랑제여 그대의 고향은』이라는 멋진 제목의 자전적 소설을 발표한 신예선 선생님이라고 직원들이 귀띔해 주었다. 소설이 발표되던 당시 나는 초등학생으로 너무 어려서 내용을 알 수 없었으나, 소설의 제목과 작가의 성함만은 당시 언론에서 얼마나 많이 소개되었는지 어린 나의 뇌리에도 어렴풋이 각인되어 있었다.

낯선 미국에서 새 직장에 적응하느라 차분히 소설을 읽을 여유가 없던 중에도 지점 바로 옆에 있던 산호세 유일의 한국서점에 가서 그분의 책을 사려고 찾아보았지만, 책을 찾지는 못했다. 그러던 중 그분이 북가주 한국일보에 소설을 연재한다는 소식이 들려왔다.

신문 연재 소설을 빠트리지 않고 읽는다는 것은 쉬운 일이 아니었다. 지점의 영업실적을 신장시키느라 여념이 없던 시절이어서 신문을 활짝 펴고 정독할 여유도 없었거니와 몇 회를 빼먹다 보면 제목만 기억날 뿐 전체적인 맥락이 연결이 안 되어 소설의 진한 감동을 느낄 수가 없었다.

선생은 조국이 어려웠던 60년대 초반, 보스턴으로 유학 온 인텔리 여성으로서 이민 생활 중의 애환을 소설로 발표해 한국에서 큰 반향을 불러일으키며 화려하게 문단에 데뷔했다. 이후 한국의 대문호 고 이병주 선생을 비롯한 저명한 문인들, 그리고 동서양의 노벨문학상 수상자들과도 폭넓게 교류하며 문인으로 사는 삶을 치열히 살고 이제는 팔순으로 접어드시나 보다.

선생님은 지금도 열정적으로 샌프란시스코 문인협회를 이끌며, 해마다 여름이면 문학 캠프를 여는 등 후배 문인들을 지극 정성으로 지도하고 계신다. 이민 문학의 불씨를 꾸준히 지핌으로써 이곳 한인사회에 문학과 예술의 향기로운 등불을 비춰주고 계신 매우 귀한 분이다.

이렇듯 존경스러운 분이 나의 주말 에세이를 눈여겨보시다, 북가주 한국일보 임원들과 신년하례를 겸한 디너에 나를 초대해 주셨으니 얼마나 내 가슴이 훈훈했겠는가.

돌이켜 보니 나는 성과 없는 일에 매달려 애면글면 속 태우며 시간을 보내느라, 그렇게 품위 있는 레스토랑에서 문학과 예술을 주제로 수준 높은 대화를 나누며 맛난 와인과 정찬을 즐기며 즐겁게 지내본 지가 정말 오래되었다.

　새해 들어 나의 호사가 이것뿐이었을까? 아니다. 그로부터 며칠 후에 또다시 뜻하지 않은 초대를 받았다. UC 버클리를 졸업하고 삼성전자에서 근무한다는 소문을 바람결(?)에 들을 수밖에 없었던 큰아들 성현이 멋진 스테이크 레스토랑으로 디너 초대를 했다.

　우리 부자가 다시 만난 것은 5년 만이었다. 우리는 마음을 열고 대화를 했고 서로 화해하는 진실의 순간을 가졌다. 이 얼마나 아름답고 상서로운 정초인가. 독자 여러분 모두에게도 멋진 만남과 화해의 시간이 올 한 해 꼭 찾아오기를 바란다.

아들과의 재회

2018-03-10 (토)

저기구나…. 어스름 불빛에 약속 장소인 레스토랑 건물이 보이자, 내 마음은 비장해졌다. 저녁 8시. 대기업에서 빡빡하게 일하느라 아들은 이렇게 느지막한 시간에 예약하고는 아빠를 초대한 것이었다.

그간 어떻게 변했을까? 궁금해하며 식당 안으로 들어서자 먼저와 서성거리고 있는 큰아들이 보였다. 나는 어색한 악수를 하며 안부를 물었다.

큰아이는 5년 만에 만나는 아빠를 기다리며 안절부절못하다가 서먹한 순간을 도저히 견딜 수 없어 그냥 나갈까 고민하던 중에 나와 맞닥뜨렸다고 했다. 그간 서로의 단절이 길긴 길었나 보다. 183cm 정도의 보기 좋은 키에도 몸은 야위어 보였다. 아무래도 운동 부족과 흡연에 따른 식욕부진 그리고 혼자 살면서 섭생에 소홀했기 때문일 것이다.

그러면 그렇지, 아무리 아비가 마음에 안 들었기로서니 죽을 때까지 연락 안 하는 냉정한 아들이 되어서야 하겠는가. 사실 이렇게 살다가 스티브 잡스의 생부처럼 죽을 때까지 자식 얼굴 못 보는 거 아닌가 하는 막연한 불안감도 있었다.

아니 내가 뭘 그렇게 잘못했다고…. 투덜거리면서도, 이유가 뭐였건 무조건 먼저 사과하리라 단단히 마음을 다잡았다. 부모와 자식 간에 잘잘못을 따져봐야 무슨 실익이 있겠는가.

벌써 서른이 된 아들은 재일교포 3세와 교제 중이라고 했다. 명문대학을 나와 일본 나고야에서 세계적 의류업체의 점장으로 일하는 여성이라고 했다. 아무리 인터넷 시대라지만 거리가 그렇게 멀어서야 사랑의 결실을 보기가 쉽지 않을 텐데 하는 노파심이 스쳤다.

나고야라면 우리 집안과도 깊은 인연이 있다. 아들의 할아버지는 중·일전쟁의 전운이 감돌던 1933년, 12살의 나이로 당시 30대 중반이던 증조할아버지의 손에 이끌려 가난에 찌든 조선 반도를 떠나 현해탄을 건넜었다.

오사카에 정착한 후 공장에 다니면서 주경야독한 끝에 19살이던 1940년 일본의 국민학교 교원 양성 국가고시에 합격하였다. 그러고는 국민학교 선생님으로서 첫 부임지가 나고야였다.

약 80년 전 할아버지의 숨결이 어딘가 남아있을 나고야로 아들이 재일교포 아가씨를 만나러 갔을 때, 하늘에 계신 할아버지는 아마도 흐뭇한 마음으로 지켜보셨을 것이다.

아들은 그동안 왜 그리 아빠를 멀리했는지 가슴속 이야기를 털어놓았다. 한국에서 중학생 시절 나에게 맞은 것과, 친구들 사이에서 인기를 누린다고 생각했던 분당에서의 중학 생활을 2학년으로 중단하고 억지로 미국에 와야 했던 것이 그렇게 가슴에 상처가 되었다는 것이다.

가만히 회상해 보니 당시 나는 아이에게 손찌검했었다. 아이가 사춘기 때였다. 아이 엄마가 아이에게 좀 싫은 소리를 하면, 아이는 심하게 반항해서 집안이 잠잠할 날이 없었다.

내가 눈을 부라렸을 때 그만 누그러트렸으면 좋으련만 아이는 끝까지 해볼 테면 해보라는 식이었고, 참지 못한 나는 그만 손찌검했던 것이었다.

우리 세대는 부모에게 대든다는 것을 상상도 할 수 없었다. 집안 형편이 어려워 등록금이 매번 늦다 보니 나는 학급 종례 시간에 단골로 일어나 독촉받는 수모를 견뎌야 했다.

항상 누이 등록금을 먼저 내기 때문이어서 단 한 번만이라도 내 등록금을 먼저 내달라는 부탁을 아버지가 끝내 안 들어주신 날, 나는 부모님 면전에서 벌떡 일어나 가출하는 불효를 저질렀다.

차가운 밤공기에 한국동란 중 많은 사람이 죽었다는 스산한 소문이 도는 방공호를 지나 돈암동 산동네 길을 허기 속에 헤매다 결국 한 시간을 못 버티고 저녁 생각이 간절해 멋쩍게 돌아온 것이 부모에 대한 반항의 전부였다. 그러니 "미국이 그렇게 좋으면 아빠 혼자 가라"며 억지를 쓰던 아들의 반항을 너그러이 받아들이기 어려웠다.

모든 게 경험 없는 초보 아빠여서 그랬다고 나는 진심으로 사과하였고, 아들은 남자답게 흔쾌히 받아들였다. 우리는 극적인 화해를 하고 비로소 부자 관계를 회복할 수 있었다.

돌아보면 후회가 많다. 이민 초기 중3이던 아들이 셀폰을 사달라고 했을 때 너무 오래 뜸을 들여 낙담시킨 것, 전자 영어사전을 사달라고 했을 때 금방 사주지 않고 애타게 만든 것 등….

이제 와 후회해도 쏜 화살 같은 인생은 나를 50대 후반으로 몰고 왔고, 아이들을 행복하게 해줄 수 있던 그 천금 같은 기회는 다시 오지 않는다. 만약 다시 한번 기회가 온다면 나는 무조건 아이가 기뻐서 어쩔 줄 모를 만한 일들을 정말 많이 해주고 싶다.

아들아, 네게 못다 한 사랑, 손주에게라도 듬뿍 전해야겠으니 어쩔 수 없다. 네가 빨리 장가를 가는 수밖에.

상하이 트위스트
2018-04-14 (토)

　Q는 이스트 베이에 집을 3채나 갖고 있지만, 백인혼혈인 두 딸의 교육을 위해 최고 학군으로 이름난 팔로알토에 집을 구해 살아왔다. 그러다 연년생인 두 딸이 중고생으로 자라 집이 좁아지자 같은 가격에 좀 더 넓은 집으로 이사를 한다. 나의 15년 지기 수영 친구인 대만 할머니네 뒤채를 빌려 3년 리스계약을 맺고 7월 초에 이사할 예정이다.

　Q는 상하이 지아통 대학 출신으로 인공지능(AI) 스타트업 회사에서 고액 연봉을 받으며 엔지니어 팀장으로 일하는 당당한 싱글 여성이다. 상해 교통대학…, 철도운송 관련 전문인력을 양성하는 대학인가? 하고 베이징 의대 출신의 친구에게 물어보니, 지금은 교통과는 관련이 없고 글로벌 대학 순위 180위권의 지역 명문대학 중 하나일 뿐이란다. 장쩌민 전 중국 국가주석이 나온 학교라고 일러준다.

상하이…. 23년 전인 1995년 은행 업무 관련 콘퍼런스에 참가하기 위해 머물렀던 그곳의 밤거리로 나는 어느새 시간여행을 하고 있다.

당시는 중국이 G-20에도 근접하지 못한 아직 걸음마 단계였다. 시내를 가로질러 흐르는 황푸강변의 유서 깊은 외국인 조차지인 유럽풍의 와이탄 거리에서, 한창 개발 중이라고 중국인들이 자랑하던 신시가지 푸동 지구를 강 건너로 바라보면, 둥펑밍주(동방명주)라고 부르는 뾰족한 첨탑의 고층 건물 하나만 덩그러니 있을 뿐 완전히 허허벌판이었다.

골목시장에서는 손수레에서 호떡을 굽고, 주택가 빨랫줄에는 손으로 기운 속내의 등속이 널어져 있어 아스라한 향수를 느낀 한편, 중국의 갈 길은 상당히 멀겠구나 하는 자만심도 가졌었다.

하루의 일과를 마친 후 우리는 상해 임시정부도 둘러보고 남경동로 등의 시가지 구경을 한 뒤 조금 이른 저녁에 호텔로 돌아오면서, 어딘가 아쉽다고 생각하고 있었다. 그러다 일본말로 접근해 온 묘령의 두 여인으로부터 근처의 멋진 라운지로 안내해주겠다는 제의를 받고 솔깃해서 택시에 올라타는 일생일대의 실수를 하고 말았다.

바가지를 씌워봐야 얼마나 씌우겠나, 중국 밤 문화 체험비로 기꺼이 낼 테다 하는 만용도 작용했던 터. 아니나 다를까, 인적 없는 곳의 라운지로 우릴 데려간 그들은 불안해서 도로 나가겠다는 우리에게 맥주 4잔에 300달러의 청구서를 내밀었다.

우리는 '너무한 것 아니냐'라며 고개를 저었다. 그러자 그들은 어딘가로 연락을 취했다. 곧이어 당시만 해도 매우 귀했던 벽돌만 한 휴대폰을 든 조폭들이 우르르 몰려들어 우리를 에워싸는 것이었다.

사태가 심상치 않은 것을 느낀 우리는 돈을 지불하겠다고 했다. 그런데 이게 웬일. 그들은 점점 더 금액을 키우는 게 아닌가. 마침내 우리는 양말 속에 숨겨간 현찰과 여행자 수표까지 갖고 있던 돈 1,100달러를 몽땅 털렸다.

세상에…, 맥주 4잔에 1,100달러라니…. 그래도 그렇게 살아 돌아와 오늘 안전한 실리콘 밸리에서 이렇게 회상의 글을 쓰고 있으니 얼마나 다행인가. 당시 일행 중 한 명은 악당들의 품 안에서 번쩍이는 칼을 본 순간 사시나무처럼 떨면서 말을 더듬기 시작했다.

당시 그들은 우리를 차에 태우고는 어두운 길을 한참을 달리다가 갑자기 컴컴한 골목 어귀에서 내리라고 했다. 순간 내리면 우리는 죽는다는 생명의 위험을 직감했다. 밖에서 문을 열려는 놈들과 안에서 문을 잡아당기는 우리 사이에 5분여의 실랑이가 이어지던 중, 우리는 손잡이를 놓고 탈출을 감행했다.

그들이 제풀에 길 위로 나동그라지는 것을 보면서 나는 전속력으로 인적 없는 상하이 뒷골목 길을 달렸다. 주말마다 10여

km씩 달리기로 20여 년간 단련된 다리로 500m쯤 뒤도 안 돌아보고 있는 힘을 다해 달리는데 뒤에서 쫓아오는 발걸음 소리는 좀체 멀어지질 않았다. 아, 안 되겠다. 사생결단 결투를 해야겠구나… 하면서 힘주어 주먹을 쥐고 가격하려고 뒤를 돌아본 순간, 다행히 같이 탈출한 친구였다.

우리는 안도하면서 계속 어두운 길을 달리다 손짓발짓으로 다른 택시를 잡아타고서는 새벽 2시가 넘어 간신히 호텔로 돌아올 수 있었다.

무사히 한국으로 돌아온 나는 일주일 뒤 조간신문 기사를 보고는 거의 기절할 뻔했다. '상해 홍차오 호텔에서 출장 간 한국인, 강도에 피습 사망' 후들후들….

나는 그때의 경험으로 일생일대의 액땜을 하고 아주 소중한 교훈을 뼈에 깊이 새겼다. 잘 모르는 곳에서는 절대 낯선 이에게 자기의 신병을 맡기지 말라. '상하이 상하이, 트위스트 추면서~' 흥거운 콧노래처럼 지구촌의 어느 구석은 반드시 그렇게 낭만적인 것만은 아니니.

미안해, 빅터
2018-05-19 (토)

구글 엔지니어로 있다가 지금은 한국계 전자상거래 기업인 쿠팡의 실리콘 밸리 리서치센터에서 시니어 엔지니어로 일하는 중국계 빅터 첸. 40대 초반의 진 서방이 자쿠지에 앉아 있다가 지나가는 나를 불렀다. 필시 그 전날의 대화 때문일 것이었다.

전날 사우나 안에서 나는 인도계 신경정신과 개업의인 50대 중반의 바랏트와 북미정상회담을 앞둔 북한 정권의 움직임에 대해서 열띤 의견을 나누고 있었다. 그때 빅터가 들어왔다.

대화 내용은 '김정은 위원장이 불과 40여 일 만에 중국으로 다시 가서 시진핑 주석을 만나야 할 긴급하고도 공개할 수 없는 이유가 뭘까'였다. 아마도 30대 초반의 나이로 외교 현장에서의 경험이 별로 없는 김 위원장이 미국이라는 초강대국의 대통령, 그것도 매우 예측하기 어려운 인물이라는 트럼프 대통령을 만나는 데 따른 스트레스를 어떻게 잘 감당할지 등에 관해 시 주석으로부터 조언과 응원을 받고 싶었을 것이라는 가벼운 추측으로부터 대화는 시작됐다.

북한이 핵무기를 어딘가에 꽁꽁 은닉해 서방의 핵사찰을 피해 내고, 트럼프 대통령과의 역사적인 회담을 통해 경제 제재에서 벗어나고 동시에 천문학적인 경제 지원을 끌어내는 두 가지 목적을 달성한 뒤, 유사시 언제든지 핵 재무장을 할 수 있는 방법에 관한 비밀 논의를 나누었을 가능성이 높다는 데까지 우리의 대화는 이어졌다.

엘리트 정신과의사인 바랏트는 한술 더 떠서 어쩌면 중국이 북한 핵무기를 대리 보관하고, 후일 북한이 궁지에 몰릴 때 북한에서 스위치를 누르면 중국에서 핵무기가 발사될 수 있는 시스템을 허용했을 수도 있다는 의견을 말하며 너털웃음을 지을 무렵 빅터가 입장한 것이다.

중국과 인도는 세계 1, 2위의 인구 대국이자 최근까지 이어진 국경분쟁으로 상호 감정이 그리 좋을 수만은 없는 사이이다. 당연히 사람들끼리도 미묘한 대결 감정이 흐르고 있을 터. 빅터의 갑작스러운 입장으로 중국을 의심하는 대화를 중단하면 분위기가 오히려 어색해질까 봐 우리는 좀 더 말을 잇다가 나는 먼저 나왔다.

이후 빅터는 말없이 듣고만 있다가 바랏트에게 쓴소리한 모양이었다. 상대방의 출신 국가가 부정적으로 묘사되는 대화는 서로 피하는 것이 좋지 않겠냐고.

만약 요즘 자주 보도가 되는 인도의 연쇄 강간 살인사건에 대해 공개적인 자리에서 거론하면 듣는 너는 기분이 어떻겠냐고 반문하며 바랏트를 나무랐다고 심란한 표정을 짓는다.

듣던 나는 "정말 일리가 있는 말이야. 어제는 이미 시작된 대화를 네가 들어왔을 때 중단하기가 어색해 벌어진 실수였으니 너그러이 이해해 주면 참 고맙겠다."라고 진심으로 빅터에게 사과했다. 합리적인 엔지니어인 빅터도 내 손을 잡아주며 맺힌 마음을 누그러뜨렸다.

우리가 살다 보면 의도했건 하지 않았건 껄끄러운 일이 종종 일어난다. 그 당혹스런 순간을 현명하고 아름답게 수습해 내는 처방은 '어쩌라구?' 하며 뻗대는 것이 아니라, 바로 진심 어린 사과를 하는 것이라는 단순하지만 값진 교훈을 확인한 아침이었다.

한반도가 전 세계인의 비상한 관심을 끌다 보니 요즘 체육관에서 나의 존재감은 연일 상종가다. 심지어 샤워하고 있을 때 커튼 너머로 또 다른 중국인 친구인 레이가 큰 소리로 내게 알려줄 정도다. "6월12일, 싱가포르래!"

모든 정황을 종합해 볼 때, 북한과 미국은 이미 거의 모든 주요 항목에 대해 합의를 마치고 싱가포르 슬링을 곁들인 칠리크랩 요리를 함께 나누며 역사적인 합의서 조인 및 핵무기 없는 한반도 시대의 개막을 전격 공동 선언하는 절차만 남은 것으로 보인다.

북한이 핵무기를 수단껏 감춰놓고 후일을 도모하는 것과 국제 핵 사찰단의 전면적이고도 완전한 사찰을 조건 없이 수용하는 것은 완전히 별개의 문제일 것이다. 북한의 완전하고도 검증 가능하며 불가역적인 비핵화 조치(CVID)에 대한 보상으로 이뤄지게 될 한·미·일 3국의 대규모 경제 지원과 투자, 그리고 북한의 인프라 구축 지원에 따른 북한 사회의 필연적인 개방이 향후 한반도 안보 지형을 어떻게 바꿔놓을지는 진정 온 세계인의 관심사다.

　지구촌은 다음 달로 예정된 북미 정상 간의 한국전 종전 선언, 한반도 비핵화 및 남북대화 시대의 개막을 기대하면서 온 이목을 싱가포르에 집중하고 있다. 민족의 숙원인 통일이 독일의 경우처럼 느닷없이 벌어지는 기적은 과연 일어날 것인가.

을지 포커스 렌즈
2018-06-23 (토)

"이게 뭐야? 폭격 목표는 너희들이 다 정해 놓고 우린 구경만 하라구?"

34년 전 UFL 즉, 을지 포커스 렌즈 한미 합동군사훈련을 열흘도 채 안 남긴 어느 여름날, 오산 미군 비행장의 핵 방어진지 벙커 안에서 있었던 일이다. 미7 공군 소속으로 당시 최신예 전투기인 F-16을 운용하던 군산 비행장과 오산 51전술 비행단의 정보 업무를 총괄하는 제0 전술 정보단 내 타격 목표 정보팀장인 C 대위는 순간 곤혹스러운 표정을 짓는다.

불과 1년 전 아웅산 사태가 터진 후라 당시의 남북 관계는 일촉즉발의 긴박한 상태였다. 그 전해 10월, 북한의 간첩들은 버마(미얀마)를 방문 중이던 전두환 당시 대통령을 폭사시키려다 미리 도열해 있던 부총리와 외무장관 등 17명의 각료와 청와대 비서관들의 고귀한 인명을 앗아갔다. 을지훈련이 시작되면 비록 도상 훈련이지만 온 나라가 준전시 상태에 돌입하곤 했었다.

　대학 신입생 시절, 교수님이 교재로 '미시경제학'이나 '과학의 역사'와 같은 원서를 적어주시면, 나는 바로 구입해 영영사전을 찾아가며 미련하게 읽고는 책을 한 권 다 읽고 난 것을 기념하는 작은 행사인 책거리를 하곤 했다. 아울러 원어민 발음을 배우겠다며 주한미군방송(AFKN)을 열심히 들어온 덕에 나름 영어엔 비교우위라고 자부하곤 했었다.

　공군에 입대한 후에도 미군 신문인 성조지에 소개된 시드니 셀던의 『게임의 여왕(Master of the Game)』과 같은 연작 베스트셀러물을 구입해 읽었다. 월급날 오산기지 정문 앞 스니커즈 가게에서 달러를 환전한 후 콜로라도 출신인 절친 미군 정보장교에 쥐여주고 부탁해 비행단 기지 매점에서 구입해 틈틈이 읽으며 영어 공부를 열심히 하였다. 하지만, 정작 토종영어로 미군 카운터 파트에게 하고 싶은 말을 제대로 전달하기는 쉽지 않았다.

　듣고 있던 C 대위도 답답한 점이 있었을 것이다. 당시 전반적인 군의 장비나 전술 운용 측면에서 한국 공군과 미 공군의 수준은 그야말로 유치원생과 대학원생 간의 차이보다 더 컸고 상황은 지금도 크게 다르지 않을 것이다.

　명색이 연합훈련인데 처음부터 동등한 참여를 거쳐 A부터 Z까지 훈련계획을 수립해야 하고, 설령 시스템과 지식이 낙후된 우리 공군이 소화를 못 해 못 따라가면 훈련 스케줄이 지연되더라도 가르쳐가면서 해야 하는 거 아니냐며 당당하게 따지던 김 중위의 이유 있는 강짜(?)에 C 대위는 곤혹스러워 하면서도 참을성 있게 끝까지 들어주고 또 이해시켜 주려 애썼다.

미군은 낙후된 한국군을 교육해 수준을 올리는 데 주된 목적이 있었던 게 아니라, 동맹국인 한국과 미국의 전략적 이해를 최고도의 효율로 지켜내는 데 주목적이 있을 수밖에 없었다.

한국군의 현대화 문제는 "장군들이 그동안 그 많은 국방예산을 썼으면서 전작권 하나도 회수해 올 실력을 키우지 못하고 도대체 뭐 하고 있었냐?"며 전직 현직 대통령들이 번지수를 잘못 짚고 호통을 처댄다고 해서 해결될 문제는 아니다.

유럽의 강국인 독일이나 영국에도 미군기지가 있고, 지금도 미군의 주도하에 NATO 합동군사훈련이 매년 시행되고 있는 것은 그 나라가 결코 주체 의식과 실력이 모자라서가 아닌 것처럼.

훈련에 참여하기 위해 부산항에 입항한 항공모함이나 잠수함에서 갓 내린 남녀 해군 장교들, 괌에서 오키나와에서 전개해 온 B-52 전략 폭격기의 조종사나 기총 사수 또는 전투 조종사들을 만나 함께 머리를 맞대고, 비록 도상 훈련이지만 합동 군사작전을 함께 진행해 가는 것은 정말 긴장 속에서도 무척 흥분되는 일이었다. 국방력을 키우려면 어느 방향으로 나아가야 하는지 판단하는 데에도 큰 도움이 되었다.

매 12시간씩 교대로 근무하면서 임무 교대를 할 때에는 반드시 교대 조에게 북한군의 특이 동향에 대해 브리핑하는데, 미 육군·해군·공군 장교들은 번갈아 가면서 적의 육군과 해군 그리고 공군 전력의 현재 상황에 대해 브리핑하였고 한국공군은 이를 순차 통역하였다.

싱가포르 북미정상회담 이후 우호적인 분위기 조성을 위해 미국은 7월에 실시할 예정이던 한미 합동 'UFG, 을지 프리덤 가이드' 군사 훈련을 90년 이라크 전쟁으로 부득이 취소한 이후 28년 만에 처음으로 전격 취소하기로 하였다.

이는 트럼프 대통령이 북한에 먼저 제안한 것이라는데, 이쯤 되면 북미회담 성사를 위해 누가 자세를 낮춘 건지 아리송해진다. 어쨌든 이번만큼은 북한이 신뢰할 수 있는 후속 조치를 이행함으로써 전 세계에 진짜라는 것을 보여주고, 미국발 체제보장 속에 평화와 번영의 길로 나아가게 되길 진심으로 바란다.

"아, 샌디에이고!"
2018-08-04 (토)

"피냐 콜라다!"

해변 야외 테라스 바에 주말 관광객들과 섞여 한여름 햇살을 등에 지고 앉은 나는 핸섬한 바텐더에게 호기롭게 칵테일을 한 잔 주문한다. 남북으로 10리는 족히 될 것 같은 태평양 해변의 드넓은 백사장을 유유히 거니는 비키니 피서객들을, 선글라스를 통해 바라보는 내 몸에 달콤한 알코올 기운이 퍼져나간다.

이곳은 물경 130년 전인 1888년, 조선이 임오군란, 갑신정변 등으로 한 치 앞을 모르는 구한말의 어둠 속에서 헤매고 있을 때 지어졌다는 유서 깊은 코로나도 델 솔 호텔. 영국 엘리자베스 여왕도 1976년 미국 독립 200주년 때 왕실 전용 요트를 타고 이곳에 와서 오찬 파티를 가졌을 정도로 샌디에이고를 대표하는 고풍스러운 호텔이다. 여왕은 잃어버린 식민지 땅에서 오찬을 하며 저물어 버린 대영제국의 영화를 아쉬워했을 것이다.

이민오기 전인 20여 년 전, 서울 도심 빌딩 숲속의 조선호텔 지하 펍에서 아이리시 여가수가 부르던 통기타 생음악에 젖어 마시던 기네스 흑맥주와는 사뭇 다른 분위기의 정감 있는 낮술이다. 이런 칵테일을 내가 어찌 알았을까. 그건 내가 무슨 칵테일 애호가라서가 아니라 바로 옆자리 초로의 미국인 부부가 마시고 있는 게 맛있어 보이길래 물어 이름을 또박또박 받아 적었기 때문이다.

피냐 콜라다(Piña colada). 갈아낸 우윳빛 코코넛 과즙 위에 라임 한 개를 꽉 짜 넣고, 흑백 2종류의 독한 럼주를 부어 요란스럽게 흔들어 섞은 뒤, 껍질에 열십자로 칼집 낸 자두 빛 포도 한 알을 빠뜨리고, 잔에는 얇게 썬 파인애플을 콕 걸어주는데 두어 모금에 6척의 나는 알싸~ 해졌다.

샌디에이고는 두 번째 방문이다. 하지만 3년 전에는 LA에서 직장 생활을 하는 작은아들과 함께 고작 일박하며 씨월드만 구경한 뒤 유명하다는 바비큐집에서 식사하고 돌아온 게 전부라 제대로 도시의 속살을 찬찬히 볼 기회가 없었다.

모처럼 휴가와 일을 겸한 이번 9박 10일의 체류는 샌디에이고가 얼마나 아름다운 곳인지, 사람들은 또 얼마나 정겨운지를 알게 된 소중한 기회였다. 2년 반 전 한국을 다녀온 뒤로는 이렇다 할 휴가를 간 적이 없는 내가 안쓰러웠는지 하늘은 뜻밖의 멋진 샌디에이고 여행을 선물해 준 것이다.

6년 쓴 랩톱은 노쇠한 증상이 역력했다. 샌디에이고까지 데려와 외장 키보드를 링거처럼 연결해야 겨우 사용할 수 있었는데, 이윽고 객지에서 그 수명이 다했다는 신호를 보내왔다. 로그인할 때 입력하는 비밀번호가 숫자 4로 끝없이 저절로 채워지는 치매 증상을 보인다.

과감하게 코스트코에 들러 최신 사양의 랩톱을 새로 샀더니 성능이 얼마나 좋은지, 자동차에 비유하면 마치 시속 100마일로 가속되는 제로백 속도가 3초에 불과한 최상의 스포츠카 람보르기니를 운전하는 듯한 느낌이다. 낡고 두꺼운 도시바 랩톱이여, 6년 동안 정말 수고 많았다!

다음 행선지는 샌디에이고의 대표적 관광지로 특히 일몰의 장관이 뭇사람들의 버킷리스트에 오른다는 라호야 코브. 아! 입에서는 작은 탄성이 절로 터져 나왔다. 진초록의 해조류 냄새도 정다운 이 아름다운 작은 만에서 불타는 석양을 배경으로 바다사자가 스쿠버 다이버, 스노클링을 즐기는 사람들과 한데 어울려 유영하더니 아무렇지도 않은 듯 해변의 바위로 쑤욱 올라가 휴식을 취하는 게 아닌가.

라호야는 중가주의 몬터레이 못지않은 아름다운 풍광을 자랑하면서도 바다사자와 사람들이 한데 어울리는 천혜의 해양 사파리 테마파크 같은 느낌을 준다. 피어 39의 샌프란시스코 바다사자들이 인공 갑판 위에 올라가 '껑껑' 우는 광경을 최고의 장관인

양 알고 살아왔는데, 이렇게 불과 1미터의 지근거리에서 바위틈으로 올라온 바다사자를 관찰할 수 있는 라호야 비치는 얼마나 멋진 곳인지 모른다.

샌디에이고는 샌프란시스코에서 500마일 남쪽의 멕시코와 접한 국경도시로, 한반도로 말하면 신의주에서 출발해 부산을 지나 대마도에 이르는 거리이다. 비행기로는 1시간 20분이 소요되었다. 태평양을 호령하는 세계 최강의 미 태평양함대 사령부가 있는 샌디에이고 해군기지 주변을 달리는 건강한 남녀 수병들의 모습을 심심치 않게 볼 수 있고, 치안도 아주 확실해 보이는 아름다운 도시 샌디에이고에 나는 푸욱 빠졌다. 곧 다시 올게. 사랑해, 샌디에이고!

가을을 맞으며
2018-09-08 (토)

'수선화 노란 꽃이 피었습니다, 물결처럼 하늘하늘 일렁입니다.'
 한 세대 전, 우리 청춘의 감수성을 자극하던 굵직한 저음의 가수, 홍 민의 아름다운 노래 '수선화'를 나지막이 따라 불러본다. 온 세상이 잠든 듯 고요한 노동절의 이른 아침이다.
 구름 낀 샌프란시스코 베이 트레일을 걷다 인적 드문 해변 수풀 길로 내려가 본다. 재두루미, 흰 두루미, 펠리컨, 물오리, 기러기 등 수백 마리의 물새들이 평화롭게 물속을 헤집으며 아침 식사를 즐기는 장관이 펼쳐진다. 바닷속에는 도대체 얼마나 많은 물고기와 수서생물들이 있길래 이 많은 물새가 주리지 않고 살아갈 수 있는 걸까. 해양 생태계의 조화로운 먹이사슬에 새삼 감탄하게 된다.
 연중 대표적 공휴일이라 피트니스 센터도, 코스트코도 그리고 웬만한 비즈니스도 거의 문을 닫아 온 세상은 그야말로 적막강

산이다. 정말 어디론가 가지 않으면 무료한 시간을 보내기가 힘들 것 같은 위기감마저 느껴진다.

물가가 만만치 않은 곳이지만, 샌프란시스코는 그만한 매력이 있는 도시이다. 꾸불꾸불 롬바르드 꽃길 언덕, 이 언덕 저 언덕을 오르내리며 우리를 천국까지도 데려다줄 것만 같은 케이블카, 구름 걸린 금문교 교각을 휘돌아 부두로 돌아가는 유람선. 이름만 들어도 등골이 서늘한 마피아 두목 알 카포네가 1938년까지 수감되었고, 1962년 6월엔 세 명의 죄수가 매일 배급된 빵을 다져 인형을 만들어 놓고는 몇 달의 밤샘 작업으로 벽을 헐고 탈출해 50여 년이 지난 지금까지도 행방이 묘연하다는 알카트라즈 섬의 연방 교도소 유적지 등 수많은 명소가 있는 곳이 바로 샌프란시스코다.

가을이 성큼 다가온 이곳은 해변을 달리는 사람들 외에는 이제 민소매 차림으로 다니는 이들을 보기가 어렵다. 주차료 비싼 피셔맨즈 워프 구역에서 5분쯤 대기하다 운 좋게도 무료 주차 공간에서 빠져나가는 차를 발견하고 차를 세울 수 있었다. 초콜릿으로 유명한 기라델리 스퀘어에 가서 초콜릿을 사고, 관광객들의 인파에 이리저리 휩쓸려 본다.

그리고는 호젓한 스타벅스에서 발걸음을 멈추고 방전된 스마트 폰엔 전기를, 하루 종일 커피를 못 마신 내 영혼에 구수한 커피 향의 아메리카노 한 모금을 충전해 준다. 그리고 주섬주섬 백

팩을 뒤져 얼마 전 구입한 『힐빌리의 노래(Hillbilly Elegy)』를 꺼내 읽기 시작한다. 계속 백팩에 넣어둔 채 지고만 다닐 수는 없는 일이니까.

실리콘 밸리의 벤처 캐피털리스트로 화려한 경력을 쌓아가고 있는 예일 법대 출신 34세 작가의 자전적 소설로, 얼마 전 미주 한국일보에 소개된 적이 있어 구입했다. 이립(而立)을 겨우 지난 나이로, 유명 정치인도 아니고 주류 앵글로색슨 백인 개신교도(WASP)도 아니면서 감히 자서전을 내는 것은 겸연쩍은 일이라며 겸손해하는 서문에 나는 이내 마음을 빼앗긴다.

18세기에 스코틀랜드 아일랜드에서 신대륙으로 건너온 켈트족 이민자들은 켄터키, 오하이오 그리고 애팔래치아산맥 주변 산골에 정착해 몹시 가난한 생활을 하게 되었다고 한다. 외부 사람들은 이들 산골 사람을 힐빌리, 즉 산골 무지렁이, 백인 노동 계층, 레드넥(Redneck) 또는 화이트 트래시(White trash) 등으로 비하해 부르는데, 이들은 마약과 대물림되는 가난에 찌들어 히스패닉 이민자들이나 흑인들보다도 훨씬 더 비관적인 삶을 살고 있다는 것이다.

책장을 넘기다 보면 저자가 그 가난의 굴레에서 어떻게 벗어나 예일대 로스쿨을 졸업하고 실리콘 밸리의 벤처 캐피탈리스트로 화려한 비상을 하게 되었는지 그 진솔한 이야기가 펼쳐질 것이다. 자못 기대가 된다.

요즈음은 페이스북 같은 SNS에 중독돼 틈만 나면 포스팅을 올리고 읽거나 댓글 달기를 하느라 차분히 책장을 넘기는 진지한 시간을 가져본 지가 언젠지 기억이 가물가물할 정도이다.
　노동절을 기해 여름은 가고 결실의 계절 가을로 들어섰다. 가을엔 이 책의 저자가 부단한 노력으로 힐빌리의 가난 질곡에서 벗어나 날아오른 것처럼, 나도 말초적인 SNS에서 벗어나 독서와 사색으로 내 영혼을 살찌우고 싶다.

제4장

저 장미꽃 위에 이슬

제리의 비망록
2018-10-13 (토)

엊그제는 기분 좋은 의학 뉴스가 눈에 띄었다. 깜박깜박 기억을 못 하는 증상은 치매로 가는 초기 증상이 아니라, 사실은 두뇌의 왕성한 지적 활동의 결과라는 것이다. '거~봐, 내가 뭐랬어!'라며 어떤 이가 익살스러운 댓글을 붙인 걸 보며 슬며시 웃음을 지었다.

최근 가장 뜨거웠던 뉴스는 단연 브렛 캐버노 연방대법관 인준청문회에서부터 임명에 이르기까지의 일련의 드라마틱한 과정이었다. 이 동네 실리콘 밸리의 대학에서 심리학을 가르치는 포드 교수가 캐버노 지명 직후, 30여 년 전 성폭력 미수 사건을 민주당 상원의원에게 알리는 방법으로 폭로해서 정치적 오해를 받았다. 그가 당시의 심경을 담은 일기나 비망록을 제출했다면 분명 상황은 많이 달라졌을 것이다.

11월 중간선거를 앞두고 트럼프 대통령이 지명한 대법관이 인준을 못 받았다면, 북핵 문제 및 남중국해의 무인도에 활주로를 건설하는 등 무모한 팽창정책으로 미국의 심기를 건드리고 있는 중국 다루기 등 산적한 과제를 앞두고 트럼프 대통령은 지도력에 큰 손상을 입었을 것이다.

1년 내내 수영장의 클로린에 시달린 물안경의 끈이 툭 끊어져 수영을 중단할 수밖에 없었던 나는, 아침 사우나에 홀로 누워 천장을 바라보며 이런저런 생각에 잠겨 있었다. 누군가 들어오는 소리도 짐짓 외면했지만, 귀에 익은 목소리가 반갑게 말을 걸어 왔다. 고개를 들어보니 흑인 친구 제리다. 독서하는 눈빛이 하도 날카로워 책을 뚫을 듯하다는 '안광이 지배(紙背)를 철(徹)한다'라는 표현이 딱 어울리는 지식인이다.

미시시피 출신인 그는 60대 후반으로 명문 캘텍에서 박사학위를 받고 지난 30여 년간 스탠퍼드에서 지구물리학을 가르쳐 왔다. 약 5년 전 스탠퍼드 인근 소규모 YMCA에서 자주 만나 친해진 사람이다.

어떻게 지냈냐며 반갑게 화답하니 2~3년 내 은퇴를 준비하고 있단다. 은퇴 후 할 일을 정했다는 것이다. 무슨 일이냐고 귀를 쫑긋하며 물으니, 회고록을 준비하고 있다고 했다. 그래서 기억나는 일이 있을 때마다 스마트 폰으로 녹음하고 있단다. 메모하는 습관은 이렇게 세계적인 석학에게도 중요한 일이다.

제리는 나보다 열 살 정도 위인데, 그의 아들은 혼혈 한인 여성과 사귀고 있다. 아버지는 아메리칸 인디언이고 엄마가 한인이다. 그런가 하면 박사과정의 한국인 제자가 이곳에서 한인 여성을 만나고 한국에 가서 부모가 불참한 쓸쓸한 결혼식을 한 이야기도 해주는 등 한국에 대한 그의 관심은 각별한 것 같다.

다른 이들과 비교할 기회가 없어 잘은 모르지만, 나도 나름대로 메모를 열심히 하려고 노력하는 편이다. 세상 돌아가는 소식을 접하고 특기할 만한 부분이 떠오르면 제리처럼 녹음까지는 아니어도 컴퓨터로 비망록에 기록하는데, 그런 습관은 의심의 여지 없이 삶의 여러 측면에서 큰 도움이 된다.

한국인들이 해방된 후 73년이 지나도록 잊지 못하고 원한을 쌓고 있는 일본이 올해에도 또 한 명의 노벨상(생리의학) 수상자를 배출했다. 역대 노벨상 수상자만 벌써 25명으로, 일본은 명실상부한 과학 강국의 저력을 유감없이 과시하고 있다. 여기엔 끊임없이 연구에 연구를 거듭하는 일본인들의 집요함과 성실성, 세계적으로 유명한 독서 열기, 철저한 기록 정신 등이 밑바탕이 되었을 것임에는 두말이 필요 없다. 시효가 한참 지났을 부정적인 민족감정은 이젠 접어두고, 이러한 진지한 태도는 우리 한국인들이 겸허히 배워야 할 모습이 아닐까.

지피지기면 백전백승이다. 노벨상 없어도 삼성전자가 소니를 이기고 지구촌 전자산업과 반도체 산업을 주름잡고 있다며, 작은 성과에 자만하고 노력을 게을리한다면 나라에 미래는 없다는 것은 자명한 일이다.

　고국 대한민국은 정치 보복이나 '친일' 타령으로 세월을 허송하는 대신, 부디 우수한 젊은이들이 기초과학에 청춘을 바쳐 연구할 수 있는 여건을 만들어 주는 데 국력을 집중했으면 좋겠다.

　흙수저 타령하고 있는 젊은이들이 실직 위험이 덜한 공무원이 되겠다며 고시촌으로 몰리는 기백 없는 자세를 보고도 위기를 못 느끼거나, 취직을 못 하는 젊은이들에게 근본적인 도움이 되는 백년지대계 일자리 대책보다 영혼 없는 푼돈 세금 잔치와 립 서비스만 펼친다면 나라의 장래는 어둡다.

　태평양 너머 나의 조국이 어려운 환경을 비관하지 않고 분투하면서 연애도 열심히 하는 멋진 젊은이들로 넘쳐난다는 희망찬 소리가 들려올 그날을 그려본다. 기성세대 우리는 모두 그렇게 열심히 살아왔다.

'저 장미꽃 위에 이슬…'
2018-11-17 (토)

아, 시원해. 하루 종일 귀에 꽂고 일하던 블루투스 이어피스를 빼니 공기도 잘 통하고, 치열했던 긴장이 풀어지며 비로소 마음이 푸근해진다.

밤 10시, 청소원들만이 사부작사부작 소리를 낼 뿐 사위는 적막하다. 오늘은 늘 하던 산책도 못 했을 정도로 바빴다가 이제야 한숨 돌린다. 결말이 어찌 날지 모르는 일이지만, 수십 개의 자료를 스캔해 보기 좋게 이름을 다시 붙이고, 상대방이 쉽게 이해할 수 있는 순서로 배열해서 폴더에 담아 전자결재로 보내는 키를 누르고는 몇 시간째 펴지 못해 뻐근한 다리로 기지개를 쭈욱 켜면서 나는 작은 행복감에 젖는다. 진인사대천명.

잠시 숨을 고르며 서울의 친구가 보내준 '저 장미꽃 위에 이슬'이라는 찬송 피아노 독주를 유튜브로 보고 있자니 마음에 평화가 물안개처럼 잔잔히 피어오른다. 마치 오늘 하루 아등바등 애쓴 나의 노고를 주님이 위로하시는 것 같은 은혜로운 느낌이다.

부모님이 다 돌아가셔서 어쩌다 한번 서울에 가면, 나를 집으로 초대해 포도주를 곁들인 진수성찬으로 환영해 주곤 하는 40년 지기 초등학교 친구가 보내준 것이다. 미국에서 피아노를 전공하는 그의 아들이 잠시 귀국해 교회에서 특별 연주한 영상이라는데 어찌나 은혜롭고 아름다운지.

한참 바삐 움직이던 오전에, 점심시간을 불과 30분을 남겨놓고 점심 번개 신청 전화가 들어왔다. 이민 초기 북가주의 같은 한인 은행에서 두 개의 지점을 각각 맡아 함께 지점장으로 근무했던 인연이 있는 선배 L 지점장이다. 곧 칠순이 가까운 나이에도 지금의 미국계 은행까지 근 40년 은행 생활을 이어가며 은근과 끈기란 무엇인지 후배들에게 보여주는 북가주 한인 은행계의 산 역사라 할 만한 분이다.

얼마 전까지 LA로 내려가 4년간 근무하고는 이번에 다시 샌프란시스코 지역으로 복귀하셨다는 거다. 바쁜 은행 생활을 하면서 짬짬이 시간을 내 라디오와 TV를 넘나들며 명 해설가로 활약을 하는 모습으로 언제나 내게 큰 자극이 된다.

마침 산호세에 있는 TV 방송국에서 녹화 촬영을 마치고 복귀하면서 갑자기 내 생각이 났다는 것이다. "아니 내가 그렇게 쉬운 남자란 말인가, 사전 약속도 없이?"하며 괜히 살짝 투덜거리는 척해 보지만, 나는 이내 총알같이 뛰어나간다. 사전 약속이 필요 없는 게 번개 아닌가. 그리고 무슨 죽고 살 큰일이 있다고 이런 좋은 일에 불평한단 말인가.

요즘 들어 인생이 참 짧다는 생각이 들어, 귀한 분들과의 만남은 아무리 촉박한 전갈이라 해도, 아무리 거리가 멀어도 최대한 응하려 애쓴다. 또 신세 진 분들, 평소에 생각나는 분들은 너무 김빠진 타이밍이 되지 않도록 적절한 시일 내에 초대하거나 찾아뵙고 인정을 나누며 살아야겠다는 생각이 부쩍 든다.

40대 초반에 이민 와 60을 바라보는 나이가 되도록 세월은 꿈같이 훌쩍 흘렀다. 다시 한번 그 세월이 흐르면 나는 어느새 팔순을 바라보는 70대 후반이 된다고 생각하면 더욱 상념이 많아진다.

250마일 떨어진 북쪽의 은퇴촌인 파라다이스에서 발생한 역대급의 산불 '캠프파이어'로 근 60명이 소사하고 아직도 수백 명이 실종 상태인 가슴 아픈 한 주간이었다.

이웃의 불행 중에도 나는 업무로 바빴고 업무 외적으로는 작은 보람이 하나 있었다. 읽고 있던 젊은 변호사의 자서전 『힐빌리의 노래』를 두 달 만에 마친 것이다. 영어로 된 책이고 주말에나 겨우 시간을 내서 읽을 수밖에 없어 참 오래 걸렸다.

저자는 지독한 가난에서 탈출한 극소수의 성공한 힐빌리이다. 그는 불우했던 유년 시절을 딛고 해병대와 예일 법대를 거쳐, 유명 로펌에서 고액 연봉을 받는 변호사로 변신해 미국 사회의 엘리트 그룹에 편입되었다. 우연히 들른 고향에서 자기의 어릴 적 모습처럼 친부모로부터 격리되어 수양부모 밑에서 불우한 어린 시절을 보내는 10대 초반의 남자아이 브라이언을 보고 저자는 짙은 연민을 느낀다.

초판 1만 부를 예상한 책이 의외로 200만 부나 팔리는 베스트셀러가 되면서 전혀 예상치 못한 큰돈이 생긴 저자는 가난, 해체된 가족, 이웃 간 불신으로 점철된 켄터키 고향에 조상들을 모실 작은 선산을 마련할 수 있었다. 이 대목에서는 나도 몰래 축하의 손뼉을 치게 되었다.

얼마 안 남은 올 한 해, 이번엔 어떤 책을 사서 읽어볼까. 제인 오스틴의 『오만과 편견』?

"안녕, 아미르!"
2018-12-22 (토)

"더칸, 나 옮기게 되었어. 자주 연락하자구." 쿠퍼티노와 이곳 멘로팍 등 실리콘 밸리 두 군데에 거점을 두고 조용한 가운데 바삐 움직이던 나의 첫 이집트인 친구 아미르가 아주 오랜만에 나타나서 서운한 듯 악수를 청해왔다.

내 자리 바로 옆에 책상을 두고 인공지능 AI를 활용한 빅 데이터 처리 관련 스타트업을 운영하는 부드러운 성격의 좋은 친구이다. 22세에 NYU를 졸업하면서 창업해 17년째 몇 개의 기업을 설립한 그는, 회사의 기술 담당 최고책임자(CTO)와 함께 와서 여러 비품을 차에 옮기기 시작하였다.

이번에 100만 달러에 가까운 펀딩을 받게 되어 직원을 더 채용하면서 쿠퍼티노 사무실을 확장해 그쪽으로 통합하기로 했다는 것이다. 이곳엔 일주에 한두 번 나오던 친구였으니, 함께 일할 때도 좋았지만, 그가 없는 동안 나는 옆자리 공간을 넉넉하게 쓸

수 있어서 더욱 좋았었다. "아미르, 넌 최고의 이웃이었어. 그렇게 조용할 수가 없었지." 하니, 그도 아이처럼 가식 없는 얼굴로 웃음을 터뜨린다.

다수가 사무실을 공유하며 일을 하는 코-워킹 스페이스에는 아미르처럼 차분하고 조용한 친구만 있는 건 아니다. 끊임없이 옆자리 동료와 떠드는 40대 초반의 인도인 엔지니어인 라즈 같은 친구도 있다. 조용한 업무 환경에서 짧고 낮은 톤의 업무적인 이야기는 서로서로 눈감아 주지만, 긴 전화 통화나 장시간 대화가 필요할 때는 회의실이나 바깥의 정원, 또는 자기 차로 가는 정도의 에티켓은 상식이다.

조금 있으면 그치겠지 하며 기다리다 보면 30분이 넘도록 흥분된 이야기를 계속해 업무집중에 엄청나게 방해가 된 적이 한두 번이 아니다. 요즘은 이렇듯 많은 스타트업 기업가가 공유 사무실을 많이 이용하는데, 이 업계에도 차량 공유 기업 우버나, 숙소 공유 비즈니스 모델의 에어 비앤비 같은 공룡기업이 탄생했다는 소식이 들려왔다.

최근 페이스북 광고로 자주 눈길을 끈다 싶었던, '우리는 일한다'라는 친근한 의미의 '위워크 닷컴(WeWork.com)'이 바로 그 회사다. 2010년 뉴욕에서 창업한 이 회사는 지난해 11월, 샌프란시스코 파이낸셜 디스트릭의 초현대식 61층의 세일즈포스 닷컴 신사옥에다 36층부터 위로 3개 층을 임차해 제2의 본사를 개설하고, 베이 지역에 대한 영업 확장의 포문을 열자마자 700개의 책상 중 임대용인 350개를 순식간에 매진시켰다는 소식이다.

나도 만약 샌프란시스코에 거주했다면 36층에서 아름다운 금문교와 베이 브리지를 조망하면서 멋지게 일할 수 있는 위워크 공유 사무실을 당장 빌렸을 것 같다. 일본 최고의 갑부가 된 소프트뱅크의 손정의 회장이 지난 8월 중국 위워크 사업에 5억 달러 규모의 시리즈B 투자 프로젝트에 참여한 데 이어, 지난 11월에는 총 30억 달러의 투자를 약정하면서 위워크 닷컴의 기업가치를 450억 달러로 키웠다는 소식이다.

다소 생소한 기업인 '위워크 닷컴'은 이번 손 회장의 투자로 스타트업 중에서 720억 달러의 기업가치로 1위인 우버를 바짝 따라붙으며 단숨에 기업가치 2위를 차지하게 되었다는 것이다. 공유경제의 혁명적 질풍은 과연 어디까지 불지 보통 흥미가 유발되는 것이 아니다.

1년의 세월이 어릴 적 겨울방학 한 달 지나가는 정도의 느낌으로 빠르게 지나가니, 가는 세월이 어찌 무상타 하지 않을 수가 있을까. 이제 겨우 한 주 달랑 남은 다음 주를 보내고 그다음 주가 되면 역사 속으로 영원히 저물 2018년 무술년 한 해를 차분히 되돌아본다.

대체로 평년작 이상의 평점을 줘도 괜찮을 한 해였다. 귀한 만남도 있었고, 직접 뵐 수는 없었지만, 귀한 분들로부터 걸려 온 고마운 전화는 메마른 나의 가슴 한편을 따뜻이 적셔주었던 한 해였다.

많은 애를 썼던 프로젝트가 어그러져 가슴이 쓰렸던 공허한 자리에는 어디선가 날아든 예상 밖 전화 통화로 더욱 큰 기쁨의 꽃이 피기도 했었다. 어질고 진실한 이들을 만나는 일은 언제나 내 가슴을 고동치게 한다.

올 한 해를 우여곡절 속에 보내며 감회에 젖어 있을 많은 사랑하는 이들의 노고를 함께 위로하면서, 힘차게 떠오를 2019년 기해년 새해에도 내게 생길 알 수 없는 모든 일들을 벅찬 마음으로 담담히 맞아들이고자 한다.

재두루미

2019-01-26 (토)

"저절로 된 게 아닙니다. 구직 인터뷰를 정말 많이 다녔어요. 낙방도, 실망도 수없이 했지요. 그렇게 경력을 쌓으며 생존해 온 결과 애플에서 탄탄한 입지를 갖게 되었어요. 이제는 내가 구직 인재들을 인터뷰하면서 누가 조직에 이바지할 사람인지 판별하고 선발하는 '갑'의 입장이 된 거지요."

일주일간의 실리콘 밸리 투어를 위해 50명의 학생과 지도교수 등 63명의 대규모 방문단을 환영하는 만찬 행사가 열리는 호텔의 연회장이다. 내가 지역 동창회장을 맡고 있는 모교의 후배들로 여행비용은 학교가 전액 지원했다. 인생의 온갖 경로를 거쳐 오늘에 이른 선배들의 진솔한 실리콘 밸리 실전 경험을 경청하는 학생들의 눈은 반딧불처럼 반짝거린다.

전 세계로부터 수많은 인재와 관광객이 몰리는 샌프란시스코 베이 지역의 삶은 장밋빛 환상으로만 채워져 있는 게 아니고, 치열한 자기 계발과 철저한 생존 전략이 뒷받침되어야 가능한 것이라는 경험담은 방문 학생이 아니라 누구라도 무릎을 치게 되는 이야기이다. 소중한 경험담들은 학업을 마치면 곧 글로벌 기술의 전쟁터에서 치열하게 경쟁해야 할 후배들에게 금과옥조로 작용할 것이다. 다양한 분야에서 활약하는 선배들의 이야기는 계속 이어진다.

"아니, 나를 떨어뜨리다니…." 동아 콩쿠르 1등, 국립무용단 수석 무용수 등의 화려한 경력으로 17년 전 자신만만하게 태평양을 건너와 오디션을 치렀으나 보기 좋게 낙방한 유명 무용가인 여성 동문의 솔직한 자기 고백이다.

만약 그때의 실패를 그녀가 겸허하게 받아들이고 자신을 돌아보며 재도전의 계기로 승화시키지 못했더라면, 후일 무용계의 최고 영예인 이사도라 덩컨 상을 받는 일도, 올해 13년 만에 또다시 수상자로 지명되는 일도 없었을 것이다.

반도체 웨이퍼 실물과 완성된 칩을 바리바리 싸서 와 후배들에게 반도체에 대한 개념을 심어주려 애쓴 여성 엔지니어 동문도 있다. 불문과를 졸업한 또다른 여성 동문은 동부로 유학 왔고 지금은 반도체 및 전자산업 전문 컨설팅기업을 운영하며 실리콘 밸리를 누비고 있는데 그녀의 하이톤 스피치가 내이도를 통해 학생들의 뇌리에 속속 박히는 것이 눈에 보인다.

스탠퍼드 의대에서 희귀병 치료법을 개발하느라 애쓰는 선임 연구원, 몬테레이 국방 언어대학원에서 교수들을 지도하는 박사, 내로라하는 휴대폰 칩 업체 퀄컴 또는 핵심 근거리 통신 부품을 생산하는 브로드컴과, 무인 자동차 산업의 부상과 함께 호황을 맞은 그래픽 정보 처리용 핵심 칩 생산업체인 엔비디아의 엔지니어 등 동문의 체험담은 계속 이어진다. 약속된 두 시간은 쏜살같이 지나갔고 우리는 아쉬운 작별 인사로 후배들을 격려해 주었다.

어떠한 실패에도 굴복하지 않는 불굴의 도전 정신이야말로 오늘날 한국이 세계가 알아주는 선진국이 된 비결이다. '헬조선'이니 하며 자조 속에 덧없이 청춘을 흘러보내는 일부 한국의 젊은이들은 생각을 고쳐먹고 단단히 정신 무장을 해야 한다.

한국동란 직후의 폐허 속에 대학을 졸업하고도 일자리가 없어 배를 곯아야 했던 우리의 선배들은 국가 지원금을 기대하거나 누군가를 원망하거나 하는 나약한 투정으로 시간을 보내는 대신, 지극히 낮고 깊은 곳으로 달려가 피땀을 흘렸다.

서독 탄광의 지하 1,000m, 비가 내리듯 땀이 나는 막장으로 내려가 석탄을 캤고, 백의의 천사 간호사들은 역한 냄새와 흐르는 눈물을 참아가며 이방인들의 시체를 닦고 또 닦았다. 목숨을 걸고 월남전에 참전해 피 묻은 외화를 벌어와 나라를 키우는 비료로 썼던 선배들도 있다.

세월은 꿈같이 흘러 창경궁 돌담길을 따라 대성로를 걸어 통학

하던 시절로부터 근 40년이나 흘렀다. 만 33세에 직장에서 보내준 우수사원 포상 여행으로 꿈에도 그리던 첫 해외여행을 간 곳은 서태평양의 미국령 괌이었다.

그동안 여러 위기에도 불구하고 성장을 멈추지 않은 한국경제는 이렇게 대부분 만 20세가 안 돼 법적으로 와인 건배조차 할 수 없는 공대생들을 전액 경비 지원하여 실리콘 밸리 여행을 시켜줄 수 있게 되었고, 가깝고도 먼 나라 일본에는 연간 700만 명이나 다니러 가는 호시절을 불러왔다.

올겨울 들어 모처럼 매우 찬 날씨다. 과거 이맘때쯤 한국에서는 시베리아에서 월동하러 한탄강 변에 날아온 천연기념물 재두루미 소식을 알리며 '겨울의 진객'이 왔다고 보도하곤 했다.

돌이켜 보면 순탄한 인생이 어디 있으랴. 수많은 사연과 경로를 거쳐 단련되어 온 나도 이제 지역 동창회장이 되어 겨울의 진객 재두루미 같은 후배들을 맞이하고, 발표자들의 말에 귀를 쫑긋 기울이는 총기 넘치는 방문단 앞에서 환영사를 전하는 멋진 순간을 갖게 될 줄이야.

우리네 인생은 앞으로 어떤 멋진 일이 생길지 모른다는 점에서 한 편의 영화처럼 음미하면서 살아볼 만한 가치가 충분한 것이 아닐까.

따스한 수프와 잠발라야
2019-02-23 (토)

"굿바이 조, 나는 가야 해요. 장대 배를 저어서 강어귀로, 이쁘고 사랑스런 이본과 함께, 친구들아 정말 신나겠지?

잠발라야, 크로피시 파이, 필레 검보~"

정월 대보름을 맞아 쥐불놀이하던 어릴 적 추억을 더듬고 있는데 서울의 초등학교 동창들이 휘영청 밝은 대보름달 사진들을 올려주었다. 우리가 살던 돈암동의 재개발된 아파트 베란다 등에서 찍은 사진들을 보며 고향 생각에 잠시 상념에 젖었다. 그런데 또 다른 친구가 올려준 이 노래를 오랜만에 들어보니 이내 신바람이 나며 건들건들 어깨춤을 추게 되었다.

친구들이 이역만리 떨어져 쓸쓸히 대보름을 보내는 나의 외로움을 달래준다.

돌이켜보면 그 신났던 쥐불놀이를 나는 겨우 한 번밖에 못 해보았다. 동네 형이 분유 깡통에 못으로 구멍을 숭숭 뚫어 철삿

줄에 매달고 나뭇가지를 잘게 분질러 넣은 다음 신문지로 불을 붙여서 빙빙 돌리니, 깡통은 곤로라도 된 듯 그 속의 나무들이 맹렬한 기세로 탁탁 타오르며 밤하늘에 아름다운 불꽃 원을 그려내었었다.

70년대 미성 듀오 카펜터스 남매가 부른 이 노래 '잠발라야'를 밤새 4번이나 듣고도 출근 후 책상에 앉아 따뜻한 랍스터 수프를 떠먹으며 또 들었다. '영혼의 치킨 수프'라는 시리즈가 베스트셀러였을 때는 왜 하필 치킨 수프가 영혼과 관련이 있을까 싶었다.

하지만 따뜻이 데운 수프를 한 스푼 두 스푼 먹어보면 곧 알게 된다. 17년째 미국에 살면서 이제야 맛을 알게 된 아침 수프를 차분히 떠먹으면, 따스한 기운이 온몸에 퍼지며 나는 더없이 인자한 성자라도 된 듯 영혼마저 평온해지는 느낌이다. 따스하고 부드러운 수프에 중독돼 버린 듯, 엄마 젖을 도저히 떼지 못하는 아이가 된 듯 나는 앉은 자리에서 한 통을 다 비웠다.

한국서 어릴 적 먹어본 수프의 기억은 죽이다. 심한 감기에 들었을 때 어머니가 멀겋게 끓여서 참기름 간장 몇 방울 넣고 떠먹여 주시던 쌀죽이다. 좀 더 자라서는 더욱 고소한 전복죽도 먹게 되었지만, 어쨌든 우리가 먹어본 수프는 감기 등을 앓던 중에 기운을 차리라며 어머니가 특별히 해주시던 사랑과 치료의 죽이었다. 이렇게 평상시에도 먹는 따스한 치킨 수프나 랍스터 수프와는 달랐다.

그냥 노래의 추임새일 뿐으로 알았던 '잠발라야'를 위키피디아로 찾아보니 음식이었다. 훈제 소시지와 함께 고기, 해산물을 넣고 요리한 정말 맛있게 보이는 루이지애나식 고기 야채 덮밥이 아닌가.

노래에 나오는 '필레 검보' 역시 파일(File)이라고 하는, 싸사후라스 나무의 잎을 말려서 간 향료를 넣고 끓인 강한 맛의 육수에 고기, 조개 등을 소위 삼위일체라 하는 셀러리, 피망, 양파 삼총사와 함께 넣고 끓인, 김치찌개 비슷한 색깔의 스튜였다. 루이지애나, 뉴올리언스에 가면 아주 제대로 즐길 수 있다고 한다. 두꺼워져만 가는 나의 버킷리스트에 뉴올리언스를 추가한다.

'탑 오브 더 월드', '에스터데이 원스 모어', '싱' 같은 주옥같은 곡으로 카펜터스는 최근까지 1억 장 이상의 음반과 테이프를 판매해 전설의 반열에 올랐지만, 카렌은 결코 행복하지 않은 짧은 삶을 살다 갔다. 30세에 결혼해 불과 3년의 결혼생활 후 33세에 거식증으로 그녀가 요절하였다는 소식이 들려왔을 때 나는 정말 내 귀를 의심했었다. 여성이 낼 수 있는 최저의 음역이라는 콘트랄토의 미성 가수 카렌 카펜터스. 하느님도 정말 야속하시지, 그토록 아름다운 가수를 그리 빨리 데려가시다니.

아마도 이 세상에서 부대끼며 곤고히 살고 있는 우리 인간들을 위로해 주려 하느님이 천사의 음성을 잠시 들려주곤 천국으로 홀쩍 데려갔다는 생각이다.

밤비가 며칠간 계속 내리더니 오늘 아침은 올겨울 최저기온이라고 한다. 저 멀리 산호세의 4,300피트 최고봉 마운트 해밀턴의 9부 능선은 온통 은백색의 눈에 덮여 아침 해를 받고 반짝이면서 장관을 연출한다. 5시간 정도 차를 타고 가야 레이크 타호에서 눈 구경을 하고 스키도 탈 수 있는 이곳에서 눈을 볼 수 있다는 것은 어쩌다 찾아오는 행운과 같다.

섭씨로 영하 1도. 겨우 몇도 내려갔을 뿐인데 보통 추운 게 아니다. 영하 10도를 예사로 내려가는 서울과 비교하면 아무것도 아닌데도 천국의 날씨를 자랑하는 샌프란시스코 베이에 살다 보니 나약해져 이렇게 엄살인가 보다.

따스한 수프 한 그릇으로 이 세상 누구보다도 행복해진 나는 나지막이 속삭인다. 고국의 친구들아, 다시 만날 때까지 잘들 지내고 있어.

"아이구 저런, 톨레도!"
2019-03-23 (토)

　남가주 뉴포트 비치의 희대 입시 사기꾼 릭 싱어 일당과 결탁한 학부모들의 볼썽사나운 명문대 입시부정 사건으로 미국은 지금 와글와글하다. 거액의 기부금으로 명문대에 들어가는 길이 있다는 소문이 사실로 확인된 것은 물론, 하버드 출신 시험 귀재의 SAT 대리시험 및 뇌물로 점철된 추악한 입시부정의 여파로 원하던 학교에 들어가지 못한 학생들의 부서진 꿈은 누가 책임져야 하는가.

　샌프란시스코 포티나이너스에서 79년부터 14시즌을 뛰며 4번의 슈퍼볼을 차지한 전설적인 명 쿼터백 조 몬타나와 고 스티브 잡스의 부인 로렌 등 실리콘 밸리의 글로벌 명사들의 이름이 이 사건과 관련해 회자되고 있는 것은 참 씁쓸하다.

　세상이 그렇게 정직하고 공평한 것은 아니라는 것을 이해하고 사는 것이 정신건강에 도움이 될지도 모른다는 허망함이 일순

번졌지만, 한편 수년에 걸친 집요한 수사로 이들을 일망타진한 사법당국의 개가에는 큰 박수를 보낸다. 미국은 완전하지는 않지만 이렇게 자정 시스템을 갖추고 전진하고 있어 희망이 있다.

아침 운동을 마치고 로비에서 로컬 신문을 집어 든다. 테크 기업 호황이 주거 부족 사태로 이어지며 불어닥친 실리콘 밸리 재개발 광풍 속에서도 구글의 도시, 마운틴 뷰의 독자 건물에서 45년간 지역주민들의 사랑을 받아 온 그로서리 마켓이 문을 닫는단다.

내가 잘 아는 덴마크계 미국인이 운영하는 곳인데, 아마도, 거부할 수 없는 좋은 오퍼를 받고 매각됐고 상해 출신인 부인도 이젠 은퇴해 좀 더 자주 고향을 방문하고 싶어한다고 한다. 테크 기업의 젊은 직원들은 친구들과 어울려 레스토랑에 가거나 배달 음식을 애용하지 식료품을 사서 요리하는 일이 별로 없어 중소 그로서리의 영업에는 진즉 빨간불이 켜졌었다는 소식이다.

"아이구야…, 그만 마시고 나가주세요!"

2001년부터 2006년까지 재임한 전 페루 대통령 알레한드로 톨레도가 공공장소에서 술에 취해 두 번째 체포됐다는 바로 밑 기사에 나는 잠시 실소를 짓는다. 72세의 그가 고독을 달래느라 그랬는지 선술집에서 과음한 모양이다.

평범한 가정의 근면한 아들이었던 그는 페루로 간 평화봉사단의 도움으로 미국에 온 두 명의 평화봉사단원과의 인연으로 미국에 유학 올 수 있었다고 한다. 주유소에서 주유원으로 아르바이트하면서 샌프란시스코 주립대를 축구 장학생으로 졸업한 뒤 스탠퍼드 대학원에 진학해 2개의 석사학위와 교육학 박사학위를 취득한 의지의 인물이다.

페루인들이 매우 자랑스러워했던 그는 일본계 전임 대통령 알베르토 후지모리(1990~2000)의 3연임을 저지하면서 53세에 제63대 페루 대통령이 되었다. 재임 중 2003년엔 애플의 스티브 잡스보다 2년 앞서 모교인 스탠퍼드 졸업식에서 축하 연설을 했는데 아마도 이때가 그의 인생에서 절정기가 아니었을까.

그는 유년 시절에 뼈저리게 겪었던 열악한 페루의 교육환경을 획기적으로 개선하겠다며 스탠퍼드 교육학 박사답게 국가 백년지대계에 두 손을 걷어붙이고 나섰다. 초중등 학교의 컴퓨터를 범국가 교육 전산망에 접속시키는 프로젝트를 완성하고, 교사들의 보수를 2배로 인상하는 등의 획기적인 조치로 큰 환호를 받았다고 한다.

하지만 성과에 연동한 차등 급여제에 대한 교사들의 반대 시위가 잇달았고, 학생들의 등록률 향상에도 불구하고 전반적인 문맹률과 평균 학력 수준 개선은 미미한 정도에 그쳐 그의 원대한 교육개혁의 이상은 아쉽게도 별 성과 없이 좌초하고 말았다는 것이다.

웃음이 나온 이유는, 그가 체포된 곳이 내게는 너무나 익숙한 곳이기 때문이다. 일요일 아침에 달리기할 때마다 플레인 베이글에 커피를 마시며 한숨 돌리느라 들르는 스타벅스의 바로 길 건너에 있는 조용한 동네 선술집이 그곳이다.

펍에서 취해 종업원이 나가달라고 하면 즉각 응해야 하는 것은 물론이다. "나 취한 거 아냐~"라며 추태를 부리면 전직 대통령이든 누구든 바로 경찰에 신고돼 체포되고 예외 없이 파출소에서 하룻밤을 보낸 뒤 훈방된다.

재임 시 그는 전용기가 파티 비행기로 알려졌을 정도로 애주가였다고 한다. 재임 중 브라질 건축회사에 프로젝트를 맡기고 2,000만 달러의 뇌물을 받은 혐의로 2017년 기소되고 인터폴에 수배 인물로 올라와 있다고 한다.

어느 나라에서건 역경을 뚫고 입지전적인 성공을 거둔 정치인들이 작은 영화를 더 누리겠다며 직권 남용이나 뇌물죄에 연루되는 것은 그에게 환호했던 국민에게 큰 실망일 수밖에 없다. 인도의 성인 마하트마 간디처럼 국민에게 일생 오롯이 존경만 받다 홀연히 다음 세상으로 가는 이들을 언제쯤 다시 볼 수 있을까.

미국을 다시 위대하게!

2019-04-27 (토)

마가, 보고?

엄마가 보고 싶다는 게 아니라 우리가 미국에 살면서 자주 접하는 말들이다. '보고'는 하나 사면 한 개 더 준다는, 친근한 마케팅 용어 '보고'(BOGO, Buy One Get One)이다.

그러면 '마가'는? 성경의 마가복음이 즉각 떠오르겠지만, 바로 요즘 더욱 큰 화제가 되는 트럼프 대통령의 2016년 대선 슬로건인 '미국을 다시 위대하게 (MAGA, Making America Great Again)'이다.

실리콘 밸리의 탄생지인 이곳 팔로알토 다운타운의 스타벅스에서는 이달 초 '마가'와 관련한 큰 뉴스거리가 발생했다. 세계적인 조명을 받는 실리콘 밸리라 그런지, 이곳에서 발생하는 일들은 종종 전국 뉴스로 커지는 경향이 있다.

이민자가 대다수를 차지하는 캘리포니아, 그중에서도 실리콘 밸리는 서류 미비 이민자에 비교적 관대하고 성소수자 차별에 반대하는, 교육 수준이 높다고 자부하는 사람들이 많은 곳이다. 폭풍 트위터를 통해 막말하길 주저하지 않고, 성적 일탈 의혹에서 벗어나지 못한 데다 월남전 병역기피자 의혹이 있는 트럼프 대통령을 혐오하는 민주당 당원들이 압도적으로 우세한 지역이라, 이곳에서는 공화당 지지자임을 잘 드러내려 하지 않는 분위기이다. 그래서 빨간색 MAGA 모자를 쓴 사람을 공공장소에서 보는 것은 그리 흔한 일이 아니다.

사건은 테크 관련 서적을 펴내기도 한 74세의 은퇴자가 정통 유대교 남자들이 쓰는 야물카 위에 문제의 빨간색 MAGA 모자를 쓰고 모닝커피를 즐기던 중 발생했다. 무관심한 척하는 사람들 사이에서 어떤 이는 조용히 '엄지 척'을 보내고, 또 어떤 이는 곁을 지나면서 작은 소리로 용기 있는 행동이라는 찬사도 보내자, 그도 "트럼프 대통령 지지 모자를 쓰기 위해서는 그렇게 엄청난 용기가 필요한 건 아니죠!"라는 화답을 하곤 했단다.

그런데 46세의 백인 여성으로부터 큰 목소리로 "당신은 정신 나간 인종차별주의자고 나치!"라는 모욕을 당하면서 전국적인 뉴스의 초점이 된 것이었다. 졸지에 수모를 당한 그는 마침 그날이 4월의 첫날이라, 이것이 꿈인지 생시인지, 만우절 해프닝은 아닌지 어리둥절한 순간, 스타벅스의 매니저나 주변 사람들이 가만히 있는 것을 보고 매우 놀랐다고 한다.

그녀가 유대인인 자신을 보고 나치라고 되돌아와서까지 큰 소리로 욕하는 것은 정말 웃지 못할 촌극이었을 것이다. 작은 해프닝으로 끝났어야 할 이 소동은, 그 문제의 여성이 자신의 페이스북에 커피숍 손님들이 아무도 동조해 주지 않아 통탄했다는 것을 그 남성의 사진과 함께 올리면서 일파만파 퍼져 나갔다. 엄청나게 많은 사람이 페이스북 담벼락에 입에 담지 못할 욕설 등을 올려 그녀를 공박했고, 기타 제조 회사는 어카운팅을 담당하던 그녀를 해고했다.

피해자는 자신을 공개적으로 모욕했던 사람이 파괴당하고 있는 것은 아이러니이며 미국 사회가 얼마나 분열돼 있는지 새삼 알게 되었다고 했다. 하지만 그녀가 직장까지 잃는 일은 예상하지도, 원치도 않는다는 인간적인 모습을 보여주었다.

가해 여성은 예상외의 사태로 놀라고 심란한 마음도 다스릴 겸 1,400km 북쪽의 시애틀로 친구를 만나러 갔다 돌아오던 중, 약 3일간 종적이 확인되지 않아 실종신고까지 접수되었다. 대대적인 수색 끝에 여성은 안전하게 발견되었다. 본인도 이렇게 파장이 크게 번지는 것을 감당할 수 없게 되자 심적인 동요가 크게 일어 전화기도 꺼놓고 주변 사람들과 연락도 끊었던 모양이다.

나 역시 17년 전 이민 온 후 영주권을 받고 또 곧 시민권을 받게 되기까지 많은 이들처럼 가슴을 졸이며 관문을 통과했다. 그 때문에 합리적인 국경관리에 기반한 이민정책을 펴고, 중국과의 천문학적인 무역적자 해결과 북핵 위기를 다루기 위해 소매를 걷고 나선 트럼프 대통령을 지지하고 그의 슬로건 '마가'를 수긍하는 편이다.

표현의 자유가 기본권으로 보장된 자유 민주주의 국가인 미국에서 대명천지에 다른 이의 수동적인 정치적 성향 표현이 자신과 맞지 않는다며, 유대인인 줄도 모르고 '인종차별주의자, 나치'라며 황당한 모욕을 준 이번 사건을 보며 사람들은 아직도 개명되어야 할 여지가 많다는 느낌을 받았다. 나의 그런 생각은 지나친 걸까.

도라 도라 도라!

2019-06-01 (토)

분노가 하늘을 찌르는 표정이다. 출근해 키친에서 마주친 중국계 스티븐 말이다. 스타트업들이 많이 입주해 있는 이곳에서 거의 1년 동안 눈인사만 나누다 달포 전 악수하고 친구가 된 그는 소규모 벤처 투자를 하는 중국계 미국인이다. 영어 실력으로 판단하건대 최소한 대학원 때 유학 와 30여 년 지났을 내 또래다.

처음 친구가 된 날 투자사업은 잘 되느냐고 물어보았더니 그는 투자받은 친구들이 '스투핏!'해 실패하는 경우가 많아 쉽지 않다고 했다. 아무리 열에 하나, 스물에 하나의 성공을 바라고 하는 벤처투자라고 하지만, 해당 스타트업들이 잘해서 매출액 10억 달러의 유니콘 기업으로 화려하게 비상하지는 못할망정, 문을 닫는 지경에 이르는 사례가 왕왕 있어 안타깝다는 말일 거다.

중국인들이 다 그렇지는 않겠지만 이 친구도 무척 소탈하고 일도 정말 열심히 한다. 가끔 새로운 한 주를 대비해 자료도 조사하고 좋은 글도 읽으려고 주말 저녁에 사무실에 가보면, 이 친구가 사무실에서 트레이닝복 차림에 엉클어진 머리로 눈에 불을 켜고 일하는 것을 볼 때가 종종 있다. 햄릿에게는 '죽느냐, 사느냐 그것이 문제'였다면 이 친구에게는 '투자할 것이냐, 말 것이냐?'가 문제이다.

그런 그가 오늘 아침엔 물어보지도 않았는데 불쑥 트럼프를 책망하는 것이었다. 정말 머리가 나쁜 멍청이, 해삼 멍게 말미잘… 이러쿵저러쿵! 하는데 나는 웃음을 참아야 했다. "누구라도 미국이 중국에 이용당하는 것을 더 이상 수수방관해서는 안 된다고 보는데 왜 그렇게 화가 났어?" 하며 속으로 그에게 되물었다.

도라 도라 도라! 1941년 12월 7일, 일본 해군 조종사들이 하와이 진주만에 대한 기습 폭격을 마치고 귀환하며 임무 성공을 알린 무선 교신 암호이다.

당시 본토에 있던 미국인들이 지금처럼 느꼈을까? 폭탄이 바로 앞에 떨어지는 그런 긴박성은 아니지만 무언가 엄청난 세기의 대결이 벌어지고 있다는 그런 느낌말이다.

이곳 실리콘 밸리에서는 벌써 미·중 무역전쟁의 실질적인 여파가 곳곳에서 체감되고 있다. 어젯밤 수영장 자쿠지에서 오랜만에 이야기를 나눈 50대 초반의 중국계 여성 킨은 중국과의 무역업 및 상용부동산 투자 비즈니스를 하고 있다. 그녀는 미국이 지난 5월 초 중국 제품에 대한 관세를 25%로 인상하겠다고 발표하고 중국도 그에 대한 즉각적인 보복으로 미국제품에 대한 관세를 25%로 인상하기로 하면서 촉발된 미·중 간의 경제 대전으로, 양국 간 무역이 크게 위축됨에 따라 수출입 물동량이 현저히 줄어, 샌프란시스코나 오클랜드 그리고 산호세 일원의 스토리지 건물 공실률도 덩달아 높아졌다고 말한다.

그녀는 미국이 대중 특별 관세를 매기면 월마트에서 중국산 제품을 구매하는 미국의 서민층들에게 그대로 그 여파가 물품 가격에 반영돼 어려움이 가중되지 않겠냐며 트럼프의 정책이 옳지 않다는 지적을 한다.

하지만 전쟁 중에는 모든 물자가 부족해도 국민이 참고 견딜 줄 안다는 사실을 그녀가 알았으면 한다. 예를 들어, 월마트의 신발값이 인상되면 새 신발을 사는 대신 더 오래 신으면 되는 것이다. 반면, 중국에서 신발공장을 운영하는 외국인 투자가는 결국 중국을 떠나 베트남 같은 이웃 나라에서 다시 사업을 벌일 것이니, 미국엔 피해가 별로 크지 않겠지만 중국의 입장은 어려워질 수밖에 없다.

이 여성도 중국계라 그런지 트럼프에 대한 불편한 심기를 그대로 표출한다. 그녀는 트럼프의 국경장벽 건설 등 여러 정책이 마음에 들어 그동안 지지했었지만, 미·중 무역전쟁이 발발해 세계 경제가 큰 어려움을 겪게 된 지금은 트럼프에 대한 지지를 거두겠다고 한다. 트럼프는 세계 모든 나라를 상대로 싸움을 걸고 있는 싸움꾼일 뿐이라고 그녀는 말한다.

그런 그녀에게 "킴, 그건 이전 대통령들이 아무런 조치를 안 취한 걸 트럼프가 총대를 맸기 때문이지."라고 말해주고 싶었다.

이럴 때 한국이 한국전에서 수만 명의 병사가 전사하며 피로 지켜주었고, 한국의 발전이 가능하도록 시장도 열어주고 경제적인 지원도 아끼지 않아 온 혈맹 미국에 반하는 일은 하지 말아야 할 텐데, 작금의 이런저런 한국의 상황을 태평양 건너에서 바라보면 걱정도 많이 되는 것이 사실이다.

세계는 바야흐로 미·중 양 강의 무역전쟁의 소리 없는 그러나 치열한 함포사격의 포성에 갇혔다.

제5장

소중한 순간,
소중한 사람들

그대여, 나머지 설움은
2019-07-06 (토)

　이상하다. 3분 거리라고 나오는데 10분이 지나도록 오질 않네. 나는 하염없이 스마트 폰만 내려다본다. 리프트(LYFT) 택시 이야기이다. 화면에 뜬 드라이버 인적 사항으로 전화를 걸어보니 중동계 악센트의 그는 시스템이 문제가 있어 잘 작동이 안 된다며, 미안하지만 다른 드라이버를 이용해 달라고 한다.

　아니, 그새 더 선호하는 장거리 손님 정보가 떴나? 하며 다른 운전자 서치를 시작하자니 곧 전화가 다시 걸려 왔다. 아직 새 운전자를 안 정했으면 자기가 다시 와도 되냐고. 물론이라고 하니 이내 검은색 포드 포커스를 몰고 2분 뒤 그가 도착했다. 이마에 난 두세 개의 주름살이 그의 나이를 50대 중반이라고 말해준다.

　10분 거리의 목적지로 가는 동안, 얼굴에 불편한 기색이 가득한 운전자는 미안하지만 운전하면서 본사에 전화를 걸어 도움을 청해도 되겠냐고 묻는다. 날 내려주고 나서 하라고 하려다,

이내 사람 좋은 표정을 지으며 괜찮다고 말했다. 열심히 사는 사람들 서로 도와야지 까탈스러우면 뭣에 쓸까. 수화기 밖 녹음된 기계적 메시지에 대고 '테크니컬 서비스!'를 반복해 외치는 그의 표정엔 피로감이 묻어나는데 결국 목적지에 도착하도록 전화는 연결이 안 되었다.

  시스템이 잘 작동이 안 되면 스마트 폰을 껐다 켜보면 되는 경우가 많다고 슬쩍 아는 체해 줬더니 그것도 벌써 해봤지만 소용이 없었다며, 300달러 주고 산 모토롤라 스마트 폰은 정말 '싸구려 쓰레기!'라며 부아를 낸다.

  그는 힐끗 백미러로 나를 쳐다보며 어느 나라에서 언제 왔냐고 물어본다. 17년 전, 사우스 코리아. "오, 뷰티풀!" 하는 그로부터 어딘지 모르게 한국 사람들을 진심으로 인정해 주는 느낌을 받으며 나도 감사한 표정을 지었다.

  그의 이름은 아미르로, 이란에서 23년 전에 이민 왔다고 한다. 우리 어릴 때, 그러니까 1970년대 말 무렵, 자꾸 조국이 못살 때 이야기를 들어야 하는 독자들은 식상하겠지만, 사우디나 이란 같은 중동의 석유 부국들을 바라보는 시각은 완전 부러움 그 자체였다.

  열사의 사막기후에도 굴하지 않고 낮에는 에어컨 바람 속 숙소에서 자고, 기온이 내려간 저녁에 일어나 날밤을 새우며 열심히 건설공사를 진행해 그곳 지도층들에게 한국인들은 정말 독

종이라는 깊은 인상을 심어준 덕이기도 했지만, 그 나라들은 우리나라 건설사들에 정말 많은 일감을 안겨준 고마운 나라, 아주 잘사는 넘사벽의 나라였다.

1979년 회교지도자 아야톨라 호메이니가 주도한 회교 혁명으로 전복된 팔레비 국왕 재위 기간 중의 이란 제국은 한국에는 정말 큰 돈줄이요, 대형 공사 발주국이었다. 얼마나 고마웠으면 싸이의 세계적인 히트곡 '강남 스타일'로 이제는 세계가 알아주게 된 한국의 부촌 강남의 제일가는 중심가를, 테헤란 시장의 1977년 방한을 기념해 '테헤란로'로 명명했을까.

그에 관해서는 이곳의 이란인들도 잘 모르는 이들이 많은데, 내 이야기를 다 듣고 나면 그들도 정말 감동적인 이야기라는 표정을 지으며 엄지를 척 세운다. 한 국가의 은혜를 그렇게 오랫동안 제일 소중한 이름으로 기억해 주는 나라는 아마 거의 다른 사례가 없을 것이다.

나를 태운 아미르의 리프트 택시는 내 사무실에서 잘 가꿔진 가로수가 늘어선 로컬 길을 따라 매물 평균 가격 1,200만 달러로 미국 주택 평균 가격 전국 최고가를 자랑하는 우편번호 94027, 대지 1에이커 이상의 실리콘 밸리 최고급 주택지 '애써튼'을 통과하고 있다.

1979년 팔레비 왕정 붕괴 당시 이란을 빠져나온 왕족과 고위 관료들도 많이 살고 있다는 그 타운을 지나자 바로 히스패닉들의 서민 동네의 길거리 전경이 펼쳐지고, 이내 목적지인 오토 디테일링 샵에 도착했다. 180달러를 주기로 하고 아침에 맡긴 나의 오래된 머세이디는 하루 종일 내부 카펫 스팀 청소를 비롯해, 빈틈없는 수준급의 세차를 마치고 완전히 새 차처럼 샤방샤방 변신해서는 날 기다리고 있다. 엊그제는 같은 동네의 미캐닉에서 워터파이프 누수로 엔진이 과열되는 문제를 해결하느라 450달러를 쓰기도 했다.

인기 절정기에 당당히 해병대에 입대해 23세 때인 1969년엔 목숨을 걸고 월남전에까지 참전한 것으로 알려져 내가 정말 존경하고 좋아하는 호남 출신의 애국 가수 남진 형님이 부른 노래가 사무실로 돌아오는 귀로의 차 안에 은은히 울려 퍼진다. 나는 나지막이 따라 불러본다. '어차피 인생은 빈 술잔 들고 취하는 것, 그대여 나머지 설움은 나의 빈 잔에 채워 주~'

10년 넘은 오랜 연식으로 나의 충실한 발 역할을 해주는 내 차 머세이디… 이것 고치면 저것이 말을 안 듣고 잊을 만하면 돌아가며 여기저기 고장 나 1년 평균 수리비가 1,500달러 정도는 족히 들어가는 느낌이지만 그렇다고 매몰차게 이별을 고할 수도 없는 일.

나에게 인생이란? 오래된 머세이디를 묵묵히 고쳐 보듬어 가며 말없이 앞으로 함께 나아가는 것 같은 느낌이다.

베트남계 친구들을 보며
2019-08-10 (토)

"저런, 거의 익사 직전이네요…. 자, 이렇게 한번 해 봐요."

가지런히 모은 발로 돌핀 킥을 두 번 하면서 양팔로 물을 세게 밀어주면 얼굴이 자연스럽게 수면 밖으로 나오는데 그때 얼른 숨을 들이마시고, 뒤로 뻗은 양팔을 수면 위로 빼서 힘차게 앞으로 뿌리면서 고개를 얼른 물속으로 재빨리 밀어 넣으면 한결 역동적인 버터플라이가 된다는 것이다.

이렇게 내게 원 포인트 수영 레슨을 해주는 작은 체구의 베트남계 여성은 몇 달 만에 수영장에서 마주친 스탠퍼드 교육대학원 출신의 이 지역 고교 수학 교사이다. 자유형과 평영은 어느 정도 할 만한데 접영과 배영이 제일 힘들다고 했더니, 수영을 마치고 나가려던 그녀가 나의 수영을 관찰하고는 친절하게 접영 코치를 해준 것이다.

그녀의 이름은 '램'으로 '양'처럼 들린다. 가끔 마주칠 때마다

FBI 요원 '스탈링' 역의 조디 포스터의 명연기와, 괴기한 정신과 박사 '한니발 렉터' 역을 한 앤서니 홉킨스의 소름 끼치는 악마적 연기가 압권이었던 '양들의 침묵'이 떠오른다. 마주칠 때마다 그 영화제목으로 익살스럽게 불러도 항상 재미있게 받아주는 그녀의 이름은 실은 양(lamb)에서 제일 뒤의 묵음인 b가 없다.

1975년 4월 말 월남 패망 이후 보트에 몸을 의지해 무작정 모국에서 탈출해 동중국해의 망망대해를 떠돌다 구조돼 홍콩 등에서 수용소 생활을 하던 수십만 명의 베트남 난민들은, 미국의 인도적 배려로 고국인 월남과 따뜻한 기후가 비슷한 LA, 휴스턴, 뉴올리언스 그리고 이곳 산호세 등 4개 지역으로 분산 수용되었다고 한다. 그중에서 상권으로는 오렌지카운티의 '리틀 사이공'이 제일 알려졌지만, 인구 면에서는 산호세가 으뜸이다.

이들의 정착 시점인 80년대 실리콘 밸리는 대호황으로 일자리가 넘쳐났다. 그 결과 지금 약 18만 명의 베트남인들이 거주하는 베트남 본토 밖 베트남인 최다 거주지역으로 이름을 날리고 있다. 이제는 시의원을 배출할 정도로 탄탄히 다져진 입지를 타이민 사회에 과시하면서, 이민 역사가 긴 중국계, 일본계, 남인도계 이민 사회와 어깨를 나란히 하고 있다.

수영장에서 만나는 또 다른 베트남 출신 친구로는 이름도 나하고 비슷한 '둑'이 있다. 품격 있는 소프트웨어 엔지니어로 50대 중반인 그는 감출 수 없는 슬픔 한 자락을 담고 산다. 20대 중반인 외아들이 가벼운 지적 장애를 앓고 있다. 언제나 아들 곁에 머물며 수영은 제대로 하는지, 갑자기 외마디 소리를 지르지는 않는지 등 늘 조바심 내며 안타까운 시선으로 보살피는 것을 10여 년을 친구로 지내면서 절로 알게 되었다.

그는 75년 4월 월남 패망 직전에 온 가족이 탈출한 사례라고 한다. 사이공의 미국대사관에 근무하던 친척으로부터 전황이 아주 불리하게 돌아가고 있다는 이야기를 듣고 있던 차에, 패망 20여 일 전에 월남공군 조종사가 F-5기를 몰고 구엔 반 티우 당시 대통령을 폭사시킬 의도로 대통령 궁에 폭탄을 투하하고 기총소사를 하는 충격적인 사건이 발생했다.

그러자 탈출을 더 이상 미룰 수 없다는 부모를 따라 12살 나이에 친척과 함께 온 가족이 사이공 주재 미 대사관이 주선한 마지막 비행기를 타고 미국에 왔다는 것이다.

나는 오늘날의 한반도 사태를 바라보며 한국에도 이와 비슷한 충격적인 사건이 발생해 나라가 어이없게 무너지며 수백만 명의 난민이 발생하지나 않을까 정말 조마조마하다.

현 정권은 대일 외교를 파탄지경으로 몰고 가면서 감정적인 반일 불매운동을 벌이고 있고, 일각에서는 이순신 장군의 12척의 배와 동학의 죽창부대를 언급하면서 국민을 대결 모드로 선동하고 있다. 그도 부족해 한편에서는 일본열도가 화산 폭발로 가라앉을 거라는 어이없는 저주마저 나오고 있다.

일본의 공언이 맞아떨어져 한국의 화이트리스트 삭제 여파로 주식 폭락, 환율 폭등 사태가 벌어지고, 재앙과도 같은 제2의 IMF 사태가 다시 임박했다는 불길한 경종을 듣는 것은 정말 고통스러운 일이다.

부디 모국의 대통령은 국가를 안전하게 통치해 국민이 모두 편안한 가운데 번영하는 경제의 과실을 향유하면서 행복하게 살 수 있도록 하는 것이 무엇보다 중요한 책무라는 사실을 뼛속 깊이 자각해 이 사태를 슬기롭게 수습해 주길 바랄 뿐이다. 지난 50여 년 피땀 흘려 이룩한 자랑스러운 아시아의 호랑이 한국을 무너트릴 수는 없다.

깨우침의 아침
2019-09-14 (토)

"난 무서워서 총을 살 엄두를 못 내겠어. 꼭 한번은 쏘고야 말 것 같은 불길한 예감이 들거든."

"그래서 나는 마음을 아주 단단히 먹었지. 나와 내가 사랑하는 이들을 지키기 위해 샀지만, 정말 필요한 경우가 아니면 절대로 총을 쏘지 않겠다고."

총을 주문한 뒤 3일 만에 배송을 받았고 총은 사격연습장에 갈 때만 집 밖으로 가지고 나간다는 친구의 포스팅을 보고 서로 주고받은 댓글이다.

나보다 서너 살 아래 흑인인 그는 실리콘 밸리 한동네에서 살며 15년 이상 교류를 이어온 오랜 지기이다. 3년 전쯤 거의 20살 정도 나이가 많은 백인 동성 남편이 뇌졸중으로 사망하면서 그는 100만 달러를 호가하는 집을 상속받았다. 그는 그 집을 팔고는 물가나 생활비 부담이 샌프란시스코 지역보다 덜하다는 라스베이거스에 집을 두어 채 사서 훌쩍 이사를 했다.

"이곳에서 생긴 일은 모두 이곳에 놓고 간다"라는 TV 광고도 야릇한 라스베이거스에서 한 2년 살았나 싶었던 그가 요즈음은 새크라멘토에서 직장 생활을 한다는 소식과 함께 가끔 아주 재미있는 포스팅을 올려준다. 그러면 나는 한인 지인들 보라고 얼른 리-포스팅을 해서 점수를 따는 재미가 쏠쏠하다.

팔로알토의 일류 로펌에서 비서로 일하던 몸무게 물경 350파운드의 엄청나게 비만인 그를 처음 만났을 때, 나는 놀란 입을 다물 수가 없었다. 살을 빼려고 아무리 애를 써도 효과가 없자 약 5년 전 그는 최후의 방법으로 위장에 30cc 정도의 작은 상부 위 주머니를 만들어 이를 소장과 직접 연결하는 방법으로 식사량을 강제로 줄여주는 위장관 우회 수술을 받았다고 한다. 그 결과 기적적으로 220파운드, 나와 비슷한 정도로까지 몸무게를 줄이는 데 성공했던 것이었다.

비슷한 예가 될지는 모르지만, "차량 블랙박스를 사면 꼭 그걸 돌려봐야 할 사고가 생길지도 몰라." 하는 스멀스멀 피어오르는 불안감을 느끼면서도 한 달쯤 전 나는 기어코 참지 못하고 그것을 사고야 말았다.

그런데…, 지금 고해상 블랙박스 화면 속에는 차에서 힘없이 체념하며 내린 허우대 멀쩡한 남자가 허망한 표정으로 하늘을 올려다보며 깊은 한숨을 쉬고 있다. 그러더니 양손으로 머리를 쥐어뜯으며 인도 쪽으로 터벅터벅 향하고 있는 게 아닌가.

도로변에 걸터앉아 훌쩍이는 소녀 앞에 앉아 체념의 명상을 하는 사람은 다름 아닌 나다. 마치 덫에라도 덜컥 걸린 듯, 미처 반사 신경을 발휘해 볼 새도 없이 나는 그만 어이없는 사고를 내고 말았다.

연휴를 맞아 딱히 갈 곳 없어 막막하던 중 마지막 연결로 일본 대기업의 실리콘 밸리 혁신센터장인 상냥한 일본 여성과 동반 플레이를 포함 총 2번의 골프 라인딩 그리고 하이킹으로 노동절 연휴를 기분 좋게 잘 보낸 후 첫 출근길, 한국의 친구가 올려준 패티 김의 근사한 계절 노래 '9월이 오는 소리'를 나지막이 따라 부르며 행복감에 들떠서 룰루랄라 가던 중 사고는 갑자기 발생한 것이었다.

교차로에서 붉은 신호등에 정차한 뒤 왼쪽에서 달려오는 차가 없는 것을 확인하고는 핸들을 막 오른쪽으로 꺾는 순간이었다. 19살이라고는 믿을 수 없을 만치 자그마한 히스패닉 처녀가 탄 자전거가 순식간에 횡단보도로 진입해 내 차와 충돌하고 말았다.

소녀가 자전거에서 이탈해 차의 보닛 위로 떨어진 다음 다시 차도로 미끄러져 떨어지던 불과 2~3초 찰나의 슬로우 모션은 마치 한 편의 영화라도 보는 듯 어찌 그리 생생하고 천천히 흐르던지….

돈암동에서 자라던 어린 시절 아랫동네나 윗동네 돌산 동네에서 급조된 팀과 하루에도 몇 게임씩 하던 축구를 시작으로, 40여 년 달리기를 계속해 온 나는 나름 건각이 되어 뛰어난 운동신경을 자랑하며 살아왔다.

한국에서 다니던 은행의 직장 체육대회에서 축구 시합을 할 때면 30대 중반까지 양발을 모두 쓸 줄 알아야 하는 준족의 부동의 레프트 윙으로 출전하곤 했다.

그만치 운동신경은 누구보다 뒤지지 않는다고 자부하며 살아온 나였기에, 이런 사고를 도저히 받아들일 수가 없었다. 차에 부딪혀 놀란 소녀는 말할 것도 없고, 순간 나는 "인생을 이렇게 허투루 가벼이 대해서는 안 되겠구나" 하는 겸허한 교훈을 얻었다.

불행 중 다행으로 소녀는 놀란 것 말고는 크게 다친 것은 없어 보였다. 소방차와 함께 득달같이 출동한 경찰은 내 설명을 들은 후 차량 등록증과 보험증서를 확인하고는 교통사고 접수증 외에는 아무런 교통 법규 위반 티켓도 발부하지 않고 "가 봐도 좋아요." 하는 것이었다.

앞으로는 더욱 신경을 써서 조심 운전을 할 것이니, 더 큰 사고를 당할 가능성이 줄어들 것으로 생각하면 오히려 전화위복이다. 인생에서 뜻하지 않은 사고의 발생은 빈도의 차이는 있을지언정 누구에게도 예외가 없을 터. 매 순간 자만하지 않고 겸허하게 살아야 한다는 것을 깨우친 의미 있는 아침이었다.

에델바이스

2019-10-19 (토)

"작고 가냘픈 자태로 순백하게 빛나는 너,
아침마다 내게 반가운 눈인사를 하네,

날 보고 행복해하는 너를 보니 나도 정말 행복해. 에델바이스, 나의 조국을 영원히 축복해 주렴."

팔로알토의 YMCA 로비에서 내가 알기로 지난 18년 동안 처음으로 작은 음악회가 열렸다. 그 마지막 순서로 이 노래가 울려 퍼질 때 남녀노소, 영어를 잘하는 사람이나 못하는 사람이나 어울려 합창을 하며 10여 명 멤버의 얼굴에는 행복한 미소가 피어올랐다.

이 음악회는 저녁 9시 45분에 문을 닫는 수영장과 자쿠지에서 거의 매일 만나 우정 어린 담소를 나누면서 하루를 마감하는 친구들이 의기투합하여 마련한 모임이었다.

대형 보험 브로커리지 회사에서 CPA로 회계 업무를 총괄하는 마이크는 20대 초반에 몰몬교 선교사로 도쿄에서 2년간 사역한 적이 있어 '오야스미 나사이(돌아가 잘 쉬세요)!' 같은 기본적인 일본어를 구사한다. 그는 매주 목요일 오후면 팔로알토 비행장에서 개인 세스나 경비행기를 몰고 새크라멘토 너머의 집으로 가 가족들과 지내고는 일요일 밤에 돌아온다.

67세의 백인인 그가 1번 기타를, 그리고 비슷한 또래의 백인 제임스가 2번 기타를 맡았다. 제임스는 오른쪽 다리가 관절염으로 심하게 굳어 거의 구부리지를 못한다. 불편한 다리를 지팡이에 의지하면서 수십 년 해 온 가드닝 일을 계속하느라 가끔 고통으로 표정이 일그러진다. 이메일로 나의 신청곡을 미리 접수한 마이크가 이민자들이 잘 따라 부를 수 있도록 비틀스의 '오블라디 오블라다' 가사를 친절하게 큰 글자로 인쇄해 왔다. 가사를 따라가기가 버거워 혀에서 땀이 났는데, 마지막 노래 에델바이스만은 가사를 보지 않고도 자신 있게 부를 수 있었다.

아는 노래로 피날레를 멋지게 장식한 우리는 행복한 표정으로 헤어져 달빛 어린 밤길을 따라 집으로 향했다.

에델바이스 노래는 독일인들이 자주 부른다 하여 독일 국가가 아니냐고 할 정도로 미국인들에게 왕왕 잘못 알려졌다고 한다. 하지만 사실은 2차 대전 당시 히틀러 나치에 대항한 독일 내 저항군들의 찬가였다는 것이다.

해발 1,800m에서 백두산보다 높은 3,000m 사이, 산양조차 접근해 먹을 수 없을 정도로 험준한 석회암 낭떠러지에 서식한다는 작고 고운 꽃 에델바이스. 19세기 알프스 주민들에게 고결한 매력의 상징이었던 에델바이스는 독일 명칭으로, 영어로 번역하면 귀하게 흰 꽃, 노블 화이트가 된다고 한다.

그런데 이렇게 귀한 에델바이스 한 송이가 나의 낡은 사진첩 속에 커다란 검은 뿔테 안경을 쓴 이국의 소녀 사진과 함께 소중하게 보관돼 있다. 사연은 44년 전 고등학교 신입생 시절로 거슬러 올라간다. 당시 외국인 친구들과 펜팔을 하는 것이 유행이었지만 막상 영어로 편지 쓴다는 것이 녹록하지 않아서 그리 많은 친구가 하지는 못하였다.

용기를 내어 신청하니 학생 잡지사에서 주소를 보내주었다. 이렇게 해서 나는 독일 여학생 아이리스와 국제 펜팔을 시작했다. 한 달에 한 번꼴로 테두리에 빨간색 파란색 무늬가 찍혀 있던 'PAR AVION' 항공우편 봉투를 받아보는 것은 나에게 형언할 수 없는 기쁨이었다.

그러던 어느 날 우체부 아저씨가 손에 쥐여준 독일에서 온 편지봉투를 열어본 나는 짜릿한 전율에 휩싸였다. 하얗게 잘 말린 에델바이스 한 송이가 명함 크기의 까만 종이에 붙여져 비닐로 잘 포장된 채 펜팔 소녀 아이리스의 사진과 함께 온 것이 아닌가. 생애 처음 여학생으로부터, 그것도 외국에 있는 펜팔 친구로부터 받은 귀한 선물은 까까머리 고딩의 가슴에 큰 감동으로 밀려왔다.

나는 답례로 한국 고유의 특성이 있는 선물로 뭐가 좋을까 고민하던 끝에 학교 앞 도장포에 가서 목도장을 만들었다. 그녀의 이름을 발음 나는 대로 한글로 새겨 앙증맞은 작은 통의 빨간 인주와 함께 독일로 보냈다. 이후 학업과 진로에 대한 고민 등 이런저런 부담과 핑계로 펜팔을 이어가지 못한 것은 지금까지 내게 아쉬움으로 남아있다.

에델바이스는 별 모양으로 생긴 탓인지 '알프스의 별'로도 불리며, 지역주민들 사이에서는 사랑을 다짐하는 정표로 건네기도 한다는 온라인 사전의 설명을 보면서 나는 이마를 친다. 아니,

그러면… 아이리스는 45년 전 내게 사랑의 고백으로 에델바이스를 보내준 것이란 말인가? 멍청이, 그것도 몰랐다니….

　나는 휘영청 밝은 보름달을 향해 미소를 지으며 지금쯤 독일의 어느 곳에선가 우아한 할머니가 되어있을 그녀에게 '건강하고 행복하길 빈다'는 주소 없는 안부 편지를 마음으로 보내 본다.

이 새벽에도 설렘을 안고

2019-11-23 (토)

"에이… 몇 시에 잠자리에 드는지가 중요하겠지." 애플에서 메모리, 카메라 모듈 등 핵심 부품의 글로벌 소싱을 담당하는 그는 40대 초반의 중국계 2세로, 내 조카뻘 나이인 에이드리언이다. 같은 애플이지만 다른 인터넷 비즈니스에서 일하는 50대 중반의 중국계 리처드도 옆에서 웃으며 거든다.

오늘따라 빡셌던 해군 신병훈련 컨셉의 토요 수중생존 클래스를 잘 마친 우리는 가쁜 숨을 들이쉬며 핫텁에서 한숨 돌리던 중이었다. 애플의 CEO인 팀 쿡이 매일 새벽 3시 45분이면 일어난다는 소문이 진짜냐고 내가 물어보자, 그들이 보인 반응이다.

신새벽에 그리 일찍 일어난다는 것은 놀라운 일이긴 하지만, 과연 그가 얼마나 일찍 잠자리에 들면 그런 신새벽에 일어날 수가 있었겠냐며 보스인 쿡에 대해 일종의 장난기를 발동해 말한 것이다. 한바탕 웃은 뒤, 한국에도 그렇게 새벽에 일찍 일어나기로 유명했던 글로벌 경제인이 있었던 걸 아느냐고 내가 묻자, 그게 누구냐고 모두 귀를 쫑긋한다.

팀 쿡보다 15분 늦은 새벽 4시면 그날 추진할 새로운 일 생각에 설레어 도저히 잠자리에 더 누워있을 수가 없었다는 현대그룹 창업자 고 정주영 회장의 이야기를 내가 술술 풀어나가자, 그들은 깊은 호기심에 빠져든다.

1986년 여름, 서울의 대방동 공군본부에서 중위로 제대한 나는 비원 옆 계동의 휘문고등학교가 강남으로 이전한 자리에 건립된 현대그룹 사옥 1~2층에 있던 한국 외환은행에서 일했다. 수출입 신용장 및 해외공사 입찰 보증서와 선급금 환급 및 공사이행보증서 발급 등의 다양한 국제 업무를 맡으며 정주영 회장과 현대그룹의 여러 해외 프로젝트에 대해 좀 더 알 수 있게 되었다. 이번 에세이의 제목은 당시 내가 '밑줄 쫙' 그으며 몇 번이나 정독했던 정 회장에 관한 감동적인 자전적 수필집의 제목이다.

현대 자동차, 현대중공업, 현대건설, 하이닉스와 같은 글로벌 기업을 만들어낸 고 정주영 회장은 중퇴자, 그것도 겨우 초등학교 중퇴자라는 사실을 아느냐고 물으며 서두를 꺼내니 그들은 더더욱 호기심을 보였다. 자기네들은 명문 스탠퍼드와 아이비리그인 유펜을 졸업해도 실리콘 밸리에서 별 힘을 못 쓴다며 너스레를 떤다. 실리콘 밸리를 주름잡은 창업자들은 거의 대학 중퇴자라는 것을 빗대 말하는 것이다.

마이크로소프트의 빌 게이츠와 페이스북의 마크 저커버그가 하버드를, 스티브 워즈니악과 애플을 공동창업한 스티브 잡스는 오리건의 리드 칼리지를, 그리고 오라클의 래리 앨리슨은 시카고 대학을 중퇴한 사람들 아니냐는 말이다.

여하튼, 초등학교 중퇴 학력의 정주영 회장은 어떤 사람인가. 나는 이야기를 이어간다. 지금은 북한지역인 강원도 고성군 아산면 통천리 빈농의 장남으로 태어났지만, 시골에서 농사를 돕는 따분한(?) 일보다는 대처에서 큰일을 모색하고 싶었던 청년 정주영. 그의 나이 17세였던 1932년, 그는 부친이 당시 농가의 재산 1호였던 소를 팔아 옷장 속에 넣어둔 돈을 훔쳐 서울로 달아난다. 수영 친구들은 뜨악한 표정을 짓는다.

억장이 무너졌던 그의 아버지는 12시간이나 걸리던 경원선 완행열차를 타고 서울로 올라가 수소문 끝에 서소문 부기학원에서 수강 중이던 아들을 찾아낸다. 학원 인근 곰탕집에서 눈물로 아들을 타이른 끝에 어렵사리 고향으로 데려가지만, 그는 연이어 4번째 가출을 감행해 인천항에서 부두 하역노동을 하다가 경성으로 옮겨 아현동 쌀집에 쌀 배달부로 취직한다.

쌀집 주인은 부기(어카운팅) 실력도 있는 청년의 성실한 인간성을 간파하고는 주색잡기에 빠져 있던 아들 대신 23세의 정주영에게 쌀집을 물려주었다고 한다. 이후 청년은 당시로서는 첨단산업인 자동차 수리업소를 인수했고, 5·16 혁명 후 5개년 경제개발

계획 기간 중 경부고속도로 최단기간 건설, 현대자동차 설립, 울산 백사장에 세계 1위의 조선소 건설, 해외 건설사업 등 한국경제에 수많은 신화를 이룩했다는 이야기를 이어갔다.

내 얘기는 정 회장이 소 판 돈을 훔쳐 가출해 아버지에게 대못을 박은 불효를, 1998년 11월 소 떼 1천 마리를 몰고 휴전선을 통과해 북한당국에 선물하는 형태로 드라마틱하게 되갚았다는 대목에 이르렀다. 친구들은 휴전선을 넘어가는 1천 마리 소 떼의 장관을 상상하며 늦가을의 하늘을 올려다 보았다. 말하던 나는 어떻게 만들어낸 기적의 대한민국인가 되새기면서 김 서린 유리창 너머로 추수감사절이 얼마 안 남은 늦가을의 하늘을 올려다보았다.

한 무리의 기러기 떼가 열심히 날갯짓하며 리더를 따라 따뜻한 남쪽을 향해 가지런히 브이 대형으로 날고 있었다.

사랑하는 나의 누이들에게
2019-12-28 (토)

안검하수? 병원으로 달리는 차내에서 백미러로 슬쩍 비춰보니 왼쪽 눈꺼풀이 밑으로 많이 처졌다. 1년 동안 슬금슬금 불은 8파운드의 살을 불과 4일 만에 60시간 단식으로 갑자기 뺀 부작용으로 눈이 많이 부은 것이었다.

며칠 전 4년 만에 고국에 열흘간 다녀온 뒤 시차 문제로 그렇지 않아도 컨디션이 안 좋았는데, 검사 스케줄 착각으로 처방된 액상 하제만 마시는 단식을 뜻하지 않게 2회나 했더니 부작용 탓에 어제는 머리가 뽀개지는 듯 아팠다. 책상에 쓰러져 이대로 세상을 하직하는 거 아닌가 하는 위기감마저 들었다. 점심도 안 먹고 조퇴해서 근 30년 만에 깊은 낮잠을 푸욱 자고 나서야 가까스로 컨디션을 회복했다.

그러고는 쿠퍼티노 스페이스십 애플 본사 옆에 멋지게 새로 지은 초현대식 카이저 병원으로 위장 대장 더블 내시경 검사를 하러 갔다. 시술 후 마취가 덜 깬 나를 집으로 데려다줄 운전자로 이곳 실리콘 밸리에서 만난 상해 출신 중국인 누이 리안을 태우고 갔다.

그녀는 나의 절친 형님인 덴마크계 미국인 스티브의 부인으로 중국인 특유의 침착함과 대국의 풍모가 몸에 배어 있는, 한마디로 마음이 정말 따뜻한 여인이다. 약 30년 전 결혼한 이 부부는 팔로알토 부근의 한 쇼핑몰에서 스티브가 20대 초반이던 1974년 창업한 그로서리 마켓을 45년간 운영하다가 쇼핑몰 재개발 건축주로부터 거듭 좋은 오퍼를 받고 팔면서 대박을 터뜨렸다.

리안 누이는 병원 체크인 때 말했던 내 생일을 기억했는지, 내년 초 60세 생일이 되면 디너를 멋지게 차려주겠다고 한다. 혼자인 내게는 스티브 부부가 얼마나 고마운 사람들인지 모른다. 사업은 잘되는지, 러브 라이프에 진척은 좀 있는지 이것저것 내밀한 사정을 진심으로 살펴주는 그들은 이역만리 미국에서 친형제 못지않은 참으로 따뜻한 가족이다.

추수감사절 연휴를 앞두고 조카가 부산에서 38세로 늦장가를 간다는 청첩을 받고 잠시 고민에 빠졌다. 새로 알게 된 VIP 고객과의 딜을 잠시 미뤄 놓고 한국으로 갈 것인가, 말 것인가? 주저하던 나를 단호하게 공항으로 밀어준 것은 10년 전 타계한 형님을 대신해서 내가 조카의 결혼식 자리에 서야 한다는 보이지 않는 사명감이었다.

14시간의 갈아타는 비행 끝에 부산 김해 국제공항에 도착한 후 홀로 사는 66세의 큰누이네 아파트에서 하루를 잘 쉬고 다음 날 부산 벡스코 결혼식장으로 향했다. 예고 없이 나타난 나를 보고 새신랑 조카와 약 40년 전 우리 집으로 시집온 누이인 큰형수는 얼마나 놀라며 기뻐하던지…. 그간의 서먹했던 감정들이 한순간 눈 녹듯 사라졌다.
　몇십 년 만에 만난 친척들과의 해후는 그리운 혈육에 대한 나의 오랜 갈증을 풀어주었다. 예식 후 우리는 인근의 해운대 신시가에 자리한 작은누이의 딸네 아파트에 들러서 진해에서 초등학교 교사로 정년퇴직하신 구순 가까운 고모님과 고종사촌 동생 그리고 누이들과 막걸리를 나누며 지난 이야기들을 나누었다. 터지는 웃음보 속에 적조했던 저간의 회포가 풀렸다.
　여고 일진(?) 출신인 작은 누이가 종횡무진 배꼽 잡는 왈가닥 무용담 보따리를 풀어놓을 때 큰누이가 지나가듯 던진 한마디에 나는 그만 가슴이 먹먹해졌다. "재처럼 악바리였으면 등록금 제때 못 내는 게 부끄러워 여고를 자퇴하지는 않았을 텐데…."
　선친은 일본에서 조선인으로 일본 소학교 교사를 하시다 24세 때 해방을 맞아 귀국선을 타고 부산에 정착하셨다. 이때 시작한 사업이 한 20년간 잘 되다 64년경 실패하는 바람에, 큰누이는 최고급 주택가에서 자가용에 태워져 공주처럼 자라다 서울의 변두리로 이사를 와 극심한 환경 변화로 충격을 받았다. 이후 고운 꿈을 제대로 펴보지도 못한 채 초로의 나이가 된, 그림을 잘 그리던 큰누이의 일생을 생각하면 나는 마음이 아프다.

아울러, 오랜만에 귀국한 나를 위해 서울에서 바리바리 선물을 갖고 달려와 진심 어린 환영의 손을 잡아준 초딩 동창 여친들, 정동에서 환영 막걸리 파티를 열어준 두세 살 터울의 살가운 외사촌 여동생들…. 모두모두 그렇게 정겨울 수 없는 나의 누이들이다.

누이들아, 지구촌 어디에 살든지 나의 정다운 누이들이 되어줘서 고마워. 우리 모두 여울진 추억이 은모래 되어 반짝이는 강변 살자. 밝아올 2020 경자년 쥐띠 새해, 누이들 모두 더욱 행복하길 바랄게.

소중한 순간, 소중한 사람들

2020-02-01 (토)

정신없이 살다 보면 매년 한국 방문하는 게 녹록한 일은 아니다. 그러니 지난 연말 4년 만에 한국을 다녀온 것이 마치 큰일이라도 되는 양 자꾸 이야기하는 나를 발견한다.

한국에 다녀온 뒤로 생체리듬도 바뀌었고, 두 번의 검사 관련 단식하느라 아침 6시 반이면 도착해 하루를 시작하던 체육관에 근 한 달째 30~40분 늦게 가게 되었다.

자연스럽게 약간 늦은 시간대에 오는 친구들을 보는 반면, 늘 같은 시간대에 보던 친구들을 못 보게 된 나는 마치 그들이 다른 곳으로 이사라도 간 듯 잠시 착각을 하게 되었다. 사실 침대 위에 누워 '5분만 더…' 하면서 실눈 뜨고 밤새 무슨 재밌는 일이 있었는지 스마트 폰을 서핑하며 게으름을 피우는 재미가 얼마나 달콤한가 말이다.

그러다 오늘은 '이러면 안 되지!' 하면서 박차고 일어나 예전의 이른 시간대에 도착해 샤워를 마치고 언제나처럼 풀사이드 핫텁으로 향했다. 근 달포 만에 본 제니가 수영을 서둘러 마치고 핫텁으로 따라 들어온다.

"그동안 어디 갔었어?" 서로 동시에 터져 나온 질문이었다. 베이징 출신의 의학박사인 제니가 먼저 근황을 털어놓는다. 25년간 근무하던 팔로알토 소재 VA 병원의 리서치 닥터 일을 작년 말에 그만두고, 자신의 신약 개발 스타트업에 올인하고 있다는 것이다.

그동안 두 가지 일을 하느라 심신의 부담이 이만저만이 아니었는데, 이제는 홀가분하게 자기 일에만 전념하고 있다고 한다.

나보다 두세 살 밑인 제니는 30여 년 전 중국 국비유학생으로 도미하여 이곳에 정착한, 중국 명문대학 출신의 인재이다. 제니에 의하면 중국에서는 베이징 의과대학, 칭화대학, 북경대학, 푸단대학(상해 복단대학)이 4대 명문대학이다. 그녀는 베이징 의과대학 출신으로 국비유학생 선발시험 때 북경대학 출신의 남편을 만나 함께 미국으로 유학 왔다고 한다.

인생은 끝없는 걱정과 고민과 선택의 연속이라는 제니는 그동안 많은 망설임이 있었지만, 풀타임 직장을 그만두고 자기 사업에 전념하니 이제는 모든 걸 홀로 책임져야 하는 부담이 따르긴 하지만 잘 감당해 나갈 자신감이 들면서 삶에도 활기가 돈다고 한다. 다음 달에는 뉴욕으로 가 JP 모건 계열의 투자은행 사람들을 만나 투자유치를 협의하기로 돼 있다고 한다.

제니가 "그동안 어디에서 뭘 하느라 숨어 지냈느냐."고 물어보니 어쩔 수 없이 한국에 갔었다는 자랑 아닌 자랑을 또 하게 되었다. 그리고 지난주 60세 생일파티를 절친 클라이언트가 운영하는 팔로알토의 일식당에서 아주 재미있게 가졌다고 하니, 자기는 왜 안 불렀냐며 서운한 표정을 지어 조금 미안해졌다.

생일파티엔 실리콘 밸리 삼성전자 법인에 근무하는 큰아들, CPA인 작은아들이 와서 열심히 서빙을 해주었다. 한동안 서먹하던 큰아들은 멋쩍은 미소를 띠며 와서는 생일 축하 케이크에 촛불도 붙여주고 최선을 다해 하객들과 어울리며 애를 써주었다. 마지막까지 자리를 지킨 후 잔치 비용에 보태라며 큰 금액의 체크도 슬쩍 내게 쥐어 준 정말 멋진 아들이다.

할리우드에서 3명의 유대인 파트너가 운영하는 전국구 부동산 개발회사에 근무하는 작은아들은 내 생애 처음 받아보는 명품 브랜드 넥타이를 선물로 먼저 보냈다. 일이 바빠 참석하지 못할 거 같아 선물만 보낸다기에, 환갑이란 인생에 몇 번 안 되는 큰 행사라고 하니 두말없이 비행기를 타고 올라왔다.

두 아들은 40여 명의 아빠의 절친 하객들을 정성껏 시중들고 환담을 하면서 많은 수고를 해주었다. 작은아들은 야근해야 한다며 중간에 하객들과 일일이 작별 인사를 한 뒤 공항으로 달려갔다. 열심히 사는 모습이 흐뭇했다.

대학 동창회 하객 중 제일 웃어른인 조 선배님이 팔로알토의 나의 절친 미국 친구들에게 축사를 건넨 후 건배를 제의하면서, 잘 자라준 내 아이들에 대한 칭찬의 말씀을 해 주셨다. 나는 두 아들에게 슬쩍 다가가 귓속말하는 척하다가 뺨에 기습 뽀뽀를 해주었다.

쪽! 자랑스러운 내 아들들, 정말 사랑해! 아빠의 생애 최고로 행복한 순간을 함께한 두 아들의 얼굴에도 행복한 표정이 은물결로 잔잔히 퍼져 나갔다.

기쁨에 겨운 환갑의 아버지가 노래를 부르니 외국인 친구들은 어리둥절 어깨춤으로 환호하고 한인들은 합창한다.

"해~ 당화 피고 지는, 섬마을에~"

하늘이 우리를 부를 때까지

2020-03-07 (토)

"루테넌 킴!" 수화기 너머로 반가운 목소리가 들려왔다.

벌써 30년 전의 일이다. 종로구 계동에 소재한 외환은행 2층, 현대그룹 전담반에서 일하며 두툼한 외국환거래법상의 지급 인증 허가 신청 서류를 검토하고 있을 때였다. 무역회사도 아닌 은행지점에 외국인이 전화를 걸어오는 것은 흔치 않은 일이었다.

전화 속 목소리의 주인공은 89년 초까지 명동 중화민국 대사관에서 공군무관으로 근무하던 강용린 대령이었다. 호리호리한 6척 장신의 정예 전투 조종사 출신으로, 내가 대방동 공군본부 정보참모부 무관 연락 장교로 근무하던 당시 절친하게 지냈던 분이다. 그는 대만 공군의 조종사 중에서도 엄선돼 한국으로 파견돼 온 인재였기에, 그가 3년 임기를 마치고 대만으로 복귀한다고 연락이 왔을 때 나는 인자한 그의 성품으로 보나 우수 전투 조종사로서의 공군 내 입지로 보나 분명 공군 참모총장 정도는

할 것이라고 혼자만의 상상하곤 했다.

그런 그가 귀국 후 얼마 안 돼 제대하고는 훌쩍 민항기 조종사가 되었다는 소식을 들었을 때 나는 다소 의아했다. 그와 함께 일할 때 표면적으로는 군사 외교 관계로 만나는 입장이기에 서로 각별히 예의를 지켰지만, 나는 그가 나를 진심으로 아낀다는 느낌을 받았었다. 제대 후 신입 행원 시절, 갓 돌 지난 큰아이를 안고 지금은 철거되고 없는 한남동 남산 외인아파트의 사저로 여러 번 초대받아 제비집 요리, 샥스핀 같은 중국 진미를 고량주와 함께 대접받는 호사를 누리곤 했었다.

나보다 열세 살 정도 위의 큰 형님뻘인 그는 대국의 풍모가 몸에 밴 아주 점잖은 신사였다. 타이베이 남쪽의 공업도시 신주의 고등학교에서 상업을 가르치다 휴직하고 한국으로 함께 온 그의 부인은 식사 후 중국의 명차라는 우롱차를 내어와 함께 마시며 담소하고는 했다. 그러면 국제학교의 숙제를 마친 12살 난 딸아이가 예쁜 드레스를 입고 나와 피아노 앞에 앉았고, 9살 난 아들은 바이올린을 어깨에 메고 나와 우리를 위해 멋진 이중주를 해 주었다.

당시 신혼으로 우이동 덕성여대 후원 쪽 쌍문동 꽃동네의 단칸방에 살던 나는 직장에서 인정받아 대리가 되면 해외지점에 발령받겠다는 것이 꿈이었다. 이를 위해 열심히 일하느라 여념이 없던 우리는 모처럼 눈앞에 펼쳐지는 주한 외교관 가정의 풍

요로운 일상을 바라보면서 정말 그런 홈 스위트 홈이 따로 없다고 느끼며 부러워하곤 했었다.

　나도 그를 매우 존경하며 잘 지냈는데, 그런 관계는 각자 군문을 벗어나 사회생활을 하는 동안에도 계속되었다. 그는 중화항공의 보잉기를 몰고 김포에 기착할 때마다 꼭 안부 전화를 걸어왔고, 연말이 되면 누구보다도 먼저 내게 크리스마스카드를 보내주곤 했다. 그때마다 바쁘다는 핑계로 게으름을 피운 나는 부랴부랴 답장을 보내길 몇 해….

　그러다 IMF 금융위기가 찾아온 1997년이었다. 내가 꼭 먼저 보내야지 하고는 명동 중앙우체국으로 가서 멋진 카드를 보내고는 모처럼 만족해했는데, 어찌 된 일인지 그로부터 소식이 없었다.

　그다음 해에도 소식이 없자 광화문 도렴동으로 초라하게 옮긴 대만대표부를 찾아가 평소 알고 지내던 화교 직원에게 그의 안부를 물었다. 그는 의미심장한 표정으로 아리송한 대답을 짧게 하고는 더 이상 말하기를 거부했다. "그는 지금 여기 없어요."

　이게 도대체 무슨 뜻이란 말인가. 사고가 났나 하는 불길한 느낌을 갖고 살아오던 중, 나는 뜻밖에도 20여 년 지난 이곳 실리콘 밸리에서 친구가 된 대만 출신 엔지니어로부터 그의 마지막 순간을 전해 듣고는 큰 충격을 받았다.

　1998년 그가 인도네시아 발리발 A300 에어버스를 몰고 타이베이 장개석 공항에 착륙을 시도하다가 안개 속에 활주로가 갑자기 나타나자 급히 고도를 높이던 중 꼬리 부분이 활주로에 닿으면서 불꽃이 생기고 기체에 불이 붙은 채 인근 민가에 추락해 탑승객과 승무원 등 203명 전원이 소사하였다는 믿을 수 없는 이야기였다.

당시 기내에는 IMF 연차총회에 참가했던 대만의 중앙은행 총재 등 정부의 고위 각료들도 다수 탑승했다가 사망해 대만에 엄청난 충격파를 몰고 왔었다고 한다. 오, 세상에⋯. 이제 기억난다. 외신에 보도된 그때 그 사건. 나는 그의 천국 행복을 빌며 잠시 눈을 감고 두 손을 모았다.

도저히 죽음이라는 음습한 사건과는 연결하려야 연결할 수 없는 경우를 나는 이외에도 두어 번 더 체험했지만, 이제는 코로나 바이러스의 사신이 우리 주변을 배회하고 있다. 한국전쟁 때 미아리 방면에서 들려오는 포성이 돈암동 주민들을 이만큼 불안하게 했을까? 도리가 없다. 백신이 개발된다는 6월까지 열심히 손 씻고 개인위생에 최선을 다하며 진인사대천명할 수밖에 없는 일이다.

제6장

별이 빛나는 밤에

켈로우나의 포스터

2020-04-11 (토)

보는 순간 소름이 쫘악 끼친다. 세상에….

'감염 확산을 막기 위해 공립 사립 불문 모든 학교와 교회 그리고 극장, 영화관, 당구장 등 모든 유흥장의 개장과 집회를 추후 재통지가 있을 때까지 전면 금지합니다. 10명 이상의 모든 집회는 금지됩니다. - 시장, 서덜랜드'

코로나바이러스 감염병 팬데믹으로 전 세계에서 10일 현재 근 160만 명 확진에 9만 5,000여 명이 사망했다. 지금 다시 사용해도 문구 하나 바꿀 필요 없는 이 포스터는, 그러니까 102년 전 1차 세계대전의 종전을 나흘 앞둔 1918년 11월 7일, 캐나다 밴쿠버 인근의 켈로우나 시에서 붙였던 것이다.

당시 5억 명이나 감염돼 수천만 명이 사망한 끔찍한 스페인 독감이 확산하는 걸 필사적으로 막기 위한 것이었다. 100년이 더 지났음에도 인류는 과연 그동안 뭘 했길래 유사한 재앙에 지금 이렇게 속수무책 당하고 있을까.

지난 1세기 인류는 엄청난 과학적 진보를 이뤘다며 자화자찬해 왔다. 호모사피엔스가 20만 년 전 지구상에 출현한 이래 밤하늘을 하염없이 바라보며 상상의 날개를 펼 수밖에 없었던 38만km 상공의 달을 정복한 것도 이미 50여 년 전이고, 5억 6,000만km 밖의 붉은 별 화성에 우주선이 착륙한 것도 44년 전이다.

지구촌 방방곡곡은 5G 초고속 인터넷망으로 연결돼 가고, 사물인터넷(IoT), 인공지능 기반 딥 러닝, 클라우드 컴퓨팅, 무인 자동차 등의 첨단기술의 속속 개발로 바야흐로 5차 산업혁명의 만개를 목전에 둔 오늘날이었다.

의료 기술은 또 어떤가. 수십 년간 불치병으로 여겨졌던 에이즈도 만성질환 정도로 길들여 놨음은 물론, 인류를 끝까지 괴롭히는 마지막 넘사벽 질환인 암도 환부만 타깃으로 삼아 주변 장기에 대한 손상 부작용 없이 치료하는 방사선 정밀 조사 기술이 현실화하였다.

이에 따라 인간이 120세까지 사는 것이 가능하리라는 장밋빛 전망이 쏟아지고 있고, 배부른 인간은 재력이 준비가 안 된 채 오래 사는 것이 과연 좋은 일인가? 하는 투정을 하고 있던 바로 그때, 종말론적 코로나바이러스 재앙이 100년 전과 아주 유사한 형태로 우릴 덮쳐온 것이다.

아무리 삶이 힘들고 천국이 좋다지만, 극심한 고통 속에 시한

부 삶을 사는 경우가 아니면 지금 죽어 천국에 가고 싶은 사람이 어디 있겠는가.

막강한 군사력과 첨단과학 기술력을 뽐내 온 세계 최강 미국도 도대체 그동안 뭐 하느라 이렇듯 대비가 허술했는지 도대체가 이해 불가이다. 미국은 10일 현재 확진자 근 49만 명에 사망자 1만 8천 명으로 지구 전체에서 국가별 하루 최다 사망 기록도, 최다 감염의 불명예도 동시에 뒤집어쓰고 있다.

특히 뉴욕 일원에서 벌어지고 있는 비극은 가히 의료시스템의 붕괴라 할 정도로 목불인견의 대참사다. 세계 초일류 선진 강대국을 자처해 온 미국이 이런 비상사태에 대한 대비가 전혀 안 된 채 맥없이 당하고 있는 것은 수모에 가까운 일이다.

우리 동네에서도 드디어 돌도 씹어 삼킬 왕성한 나이인 17세의 고등학생이 저세상으로 갔다는 슬픈 소식이 전해졌다. 어느덧 시니어 대열에 들어선 나는 그 소식에 더욱 움츠러진다. 검은색 도포에 고깔을 눌러쓴 뾰족 턱의 죽음의 사자가 뜰채를 들고 이리저리 수조를 헤집는 듯한 공포감에 나는 최대한 그의 눈에 뜨이지 않으려 바닥에 납작 붙어 눈알만 껌벅껌벅 움직이는 광어요, 도다리처럼 쫄리는 심경이다.

이렇듯 바이러스 3차 대전의 포성으로 암울한 이 전장, 죽고 나면 미안할 필요도 안쓰러울 필요도 없다고 생각하면 그만일 삶의 막다른 정거장에서도 서로를 진심으로 염려하며 안부를 묻고, 마스크도 선뜻 나누어 주는 아름다운 보시의 정신은 늪지의 진흙 속에 도도히 피어난 한 송이 연꽃처럼 세상을 환하게 비추어 준다.

우리가 비록 은행에 많은 잔고를 쌓아 놓지는 못했지만, 이렇듯 가슴이 따스한 이들이 주변에 있는 한 인생을 멋있게 살아온 것이다. 코로나의 덫에 걸려 불운하게 내일 죽게 돼도 어쩔 도리가 없지만, 그런 일이 현실이 되기 전에 사랑하는 이들과 목소리라도 서로 들을 수 있게 전화로나마 인사를 나누어야 할 거 같다. 이 아름다운 세상을 함께해 줘 고마웠다고…. 그러니 최대한 잘 버텨 함께 살아내자고.

람블라에서 온 손님

2020-05-16 (토)

"미안해요. 요즘처럼 불확실한 시대에 10년 장기리스를 줄 수는 없네요. 길어야 3년입니다."

이탈리아에서 코로나바이러스로 인한 대량 감염 및 사망 사태가 빚어지면서 이웃 나라 스페인도 뒤이어 감염이 확산일로에 있던 지난 2월 말, 나는 공교롭게도 2명의 이탈리안 파트너와 함께 지근거리에서 한동안 일을 해야 했다.

40대 초반인 알프레도는 스페인 바르셀로나의 세계적인 관광지 '람블라' 거리에서 최고의 이탈리아 식당으로 평가받은 바 있는 유명 식당을 10년째 운영 중인 셰프 레스토런터이다.

유명한 가우디 성당이 있는 곳이고, 발롱도르상 6회 수상에 빛나는 축구 스타 메시가 뛰고 있는 바르셀로나 FC 팀의 홈구장이 있는 곳이기도 해 주말이면 화려한 메시의 발재간을 보러 경기장에도 가끔 간다 하여 나의 큰 부러움을 샀다.

그런 그가 나와 한 사무실을 공유하고 있는 버클리 MBA 출신의 영민한 투자가이며 같은 이탈리안인 루이지와 파트너가 돼 실리콘 밸리의 명소인 스탠퍼드 정문 앞 팔로알토 다운타운에 2호점을 개설하는 프로젝트를 도와달라고 하여 한동안 함께 일을 했던 것이다. 샌프란시스코의 다른 유명 지역은 일찌감치 접고 꼭 여기서만 하길 원한다 하여 피차 시간 낭비 없이 후보지를 집약해 장소 물색에 피치를 올렸는데, 그만 마의 SIP, '셸터 인 플레이스' 명령이 떨어지면서 모든 것이 '동작 그만' 상태가 돼버렸다.

맥 빠진 알프레도는 기약 없이 바르셀로나로 돌아가면서 내가 추천한 곳 중의 한 군데 마음에 정해둔 곳의 리스를 알아봐 달라고 했고, 그동안 두 달째 속 터지게 회신이 늦는 미국인 건물주와 협상을 해왔으나 씁쓸하게도 오늘 최종 불가 회신을 받은 것이었다.

유럽에서도 코로나의 감염 확산세가 가장 심각하다는 이탈리아와 스페인 두 나라를 연고로 둔 비즈니스맨들과 일을 해야 하는 상황이 처음에는 얄궂기도 했었다. 하지만 우물쭈물 꺼리면서 상담할 수는 없는 일. 나는 모든 걸 운에 맡기며 마스크도 없이 미팅도 자주 하고 맛난 이탈리아 피자에 맥주를 곁들이며 우의도 쌓으면서 조카뻘 그 친구들과 함께 정말 열심히 일했음에도 이리 아쉽게 된 것이다.

조만간 자택 격리 명령이 풀리고 비즈니스가 재가동되면 주상

복합으로 재개발하거나 그럴 계획이 있는 바이어에게 높은 가격으로 팔고 싶은 건물주 입장에서는 제아무리 국제적으로 이름난 레스토랑 2호점을 오픈한다고 해도 10년이라는 장기계약으로 묶이고 싶지 않다는 것이고, 근사한 식당을 오픈하려는 이들 파트너 입장에서는 초기 투자가 만만치 않은데 최소 10년 리스가 보장되지 않으면 시작하기 어렵다는 데에 피차 구조적인 어려움이 있었던 것이다. 온 세상이 코로나바이러스로 꽁꽁 얼어붙어 있는 것 같지만, 이렇듯 엄동설한 시내의 두꺼운 얼음장 밑에서도 고기들이 움직이는 것처럼 일은 조금씩 조금씩 추진되고 있다.

지난 토요일엔 메모리 반도체 분야의 기술 특허를 다수 보유하고 있는 실리콘 밸리의 세계적 기업인 램버스(RAMBUS)에 다니는 중국인 엔지니어와 함께 집 근처 바닷가로 13킬로 산책하러 나갔다. 경제불황 스트레스 지수가 극도로 높은 이 마당에 한국의 자랑인 삼성전자는 얼마 전 월가의 1분기 수익 예상치를 달성했다는 반가운 소식을 발표하여 신선한 충격을 안겨주었다. 친구가 일하고 있는 램버스도 회사의 두 주요 고객인 삼성전자와 SK 하이닉스의 선전으로 대만의 세계 제1의 파운드리 회사인 TSMC가 생산해 이들에게 공급하는 메모리 반도체 관련 칩 주문량이 별 영향을 받지 않아 다행이라는 사내 분위기를 내게 전해주었다.

코로나 재택명령 3개월로 접어들면서 언제 바이러스가 내 몸에 욱여들어 올지 몰라 불안한 마음을 빼고 나면 의외로 나는 한결 강건해진 느낌이다. 일이 거의 없어 지갑은 얇아졌지만, 업무 부담도 함께 줄었고, 새벽 운동 하러 갈 체육관도 문 닫은 지 오래라 바지런 떨 일 없는 나는 늦게까지 정말 푹 잔다. 거의 중천에 뜬 햇살이 눈을 마구 찌르는 8시면 일어나 샤워하고, 완전히 쪼그려 앉는 딥 스쿼트 스물, 푸시 업 서른 개로 아침 체력을 다진 뒤 맥도널드 커브사이드에서 주차한 차창을 통해 커피를 받는다. 그리고 고요한 바닷길을 걷고 돌아와 컴퓨터 앞에 앉아 SBA 긴급자금 신청한 것은 언제 나오나 조회도 하고 좋아하는 가요를 따라 부르며 노래방 놀이도, SNS도 하면서 시간을 보낸다. 해 질 녘이 되면 또다시 집을 나서 이번에는 동네를 아주 멀리까지 산책해 하루 만 사천 보를 채운다.

모처럼 거울을 쳐다본다. 처음 보는 웬 장발의 홀아비가 우두커니 서서 내게 말을 건넨다. 코스트코 옆 리사 아줌마네 월남미용실에 가야 하지 않냐고.

즐거운 소리
2020-06-20 (토)

"오늘도 기다리는 동백 아가씨~"

지금 생각하면 웃음이 나기도 하는, 70년대에는 솔직히 과히 불쾌했다고까지 할 수는 없지만 국가가 개인의 표현의 자유 등을 간섭하던 시절이 있었다. 경제개발 5개년 계획으로 불붙은 나라의 경제는 오늘날 중국이 그래온 것처럼, 수년간 세계 최고의 성장률로 지구촌을 놀라게 하며 나라 전체가 수천 년 내려온 가난의 질곡에서 벗어나기 위한 걸음마를 성큼성큼 하고 있을 때였다. 돈암동 산동네 골목에 "머리카락이나 베갯속 팔아~요"라는 행상 아줌마들의 귀 익은 장단의 낮은 외침이 들려오면, 동네 아낙들은 미장원 갈 돈을 아끼느라 야매로 손질받을 때까지 길러두었던 머리를 풀었다. 행상 아줌마의 가위에 맡겨져 숭덩 잘려진 머리카락을 가발 제조용으로 팔고 받은 쌈짓돈으로 아이들 연필도, 실내화도 사주고 했다.

당시 국가에서는 한창 일해야 할 젊은이들이 혹시라도 퇴폐와 향락에 빠져 모처럼 불붙은 가난 탈출 대과업에 헌신해야 할 국민의 근로의욕이 행여 식을세라 경찰력을 동원해 귀 덮은 머리카락과 무릎 위로 짧아진 치마의 길이를 30cm 대자로 재어서는 위반자들을 길옆에 쳐 놓은 새끼줄 안에 뻘쭘히 들어가 있도록 하였다. 퇴폐적이거나 왜색이 짙은 가요는 금지곡에 포함시켜 방송국의 전파를 못 타도록 하기도 했다.

십여 마리의 펠리컨들이 흰 구름 아래 물 위를 떠다니며 잡은 아침 물고기를, 부리를 한껏 위로 젖혀 맛나게 먹던 한가한 바다를 따라 이어진 구글 캠퍼스 옆 쇼얼라인 아침 산책길이다. 오늘 선곡한 노래는 요즘 어찌 된 일인지 출연이 뜸한 국악 소녀 송소희 버전의 '동백 아가씨'이다. 믿을 수 없으리만치 구성진 국악 천재 소녀의 유튜브에 맞춰 콧노래를 흥얼거리던 나는, 어린 그녀가 "내 가슴 도려내는~" 부분을 열창하는 대목에선 아찔한 소름마저 돋았다. 집에 돌아와 컴퓨터 앞에 앉아 이미자 선생님의 원곡으로 다시 틀고는 차분한 목소리로 따라 부르며 녹화해 유튜브로 만들어 페이스북에 올렸더니 그새 25명이나 클릭했단다. 애틋하리만치 서정적인 이 노래가 어찌 왜색풍이라는 딱지가 붙여져 그 오랜 세월 금지가요의 낙인이 찍혀야 했는지 솔직히 아무리 생각해 봐도 어리둥절하다.

각설하고, 한국인들처럼 흥이 많아 어깨춤이 절로 나는 민족에게 만일 음악이 없었다면 어땠을까. 코로나바이러스로 집안에 봉쇄돼 그리운 사람을 만나고 싶어도 만나지 못하는 요즘의 처량한 우리의 일상은 소살리토에 거주하는 어느 선배님의 말씀대로 벽에다 머리라도 찧고 싶을 정도의 삭막함 그 자체인데, 귀를 즐겁게 해주는 음악마저 없다면 그 고통은 아마 더욱 견디기 어려웠을 것이다. 내가 태어나 유아기를 막 벗어나 오감을 느끼기 시작할 무렵부터 귓가에 들려오기 시작한 즐거운 소리 '음악'들은 지금도 생생하다.

선친은 1945년 해방이 되자 일본 동경에서의 국민학교 교사직을 그만두고 현해탄을 건너는 귀국선을 타고 부산으로 돌아와, 유엔군 군수 관련 사업으로 재산을 키웠다. 얼마 후 김해읍 광대현 고을에 마산 가는 2량짜리 기동차가 멀리 보이고 흐드러지는 진달콤 탱자 향기가 그윽했던 마을에 환갑의 할머니 소일거리로 오천 평 정도의 전답을 사셨다. 겨우 3살 무렵이었던 나는 초량 시외버스 터미널에서 할머니의 손을 놓칠세라 꼭 잡은 채 버스를 타고 농장이 있던 김해로 가서 몇 달씩 머무르기도 했다.

할머니가 청동 재떨이에 두 번 '깡깡' 두드려 비운 곰방대에 쌀 됫박에 가득 담아 놓은 담뱃잎 가루를 꼭꼭 눌러 채워 넣은 다음 성냥을 통에 붙은 화약 가루 판에 '치익' 그어 불을 붙여 담배를 피실 때면 집 뒤 둑길로 엿장수 아저씨가 리듬에 맞춰 가위를 찰캉거리며 지나갔고, 대청마루에 있던 일제 라디오에서는 아름다운 미국 경음악 '워싱턴 광장'도 박재란 님의 '산 넘어 남촌에는 누가 살길래~' 하는 가요도 차례로 흘러나왔다.

이후 부친의 사업 실패로 우리 집은 생소한 서울의 돈암동 산동네로 이사를 했고, 나는 윗동네 살던 춘옥이한테 경상도 사투리를 쓴다며 실컷 놀림을 받다 국민학교에 입학했다.

69년 초딩 4학년이 되자 우리 반은 운 좋게도 합주반으로 지정돼 학교에서 제공한 악기로 온 반 아이들이 악기를 하나씩 배정받게 되었다. 나는 멜로디카 연주를 맡아 몇 달간 음악 시간마다 열심히 연습한 뒤에 이웃 동네인 종암동 숭인 국민학교에서 열린 합주대회에 참가하기도 했었다. 그 후로는 국영수 중점 과목에 밀린 탓에 음악은 영원히 가까이하기엔 너무 먼 당신이었다.

2001년 미국행 H1-B 비자를 기다리는 동안 분당에서 꼬맹이들 다니는 피아노 학원을 3개월 다니며 바이엘을 배운 적이 있다. 역설적이게도 이번 코로나바이러스는 내게 그때 중단했던 피아노의 꿈을 다시 이어갈 수 있도록 천금 같은 여유시간을 선물해 주었다. 온라인으로 61키 뮤직 키보드를 구입한 후 거의 매일 밤 미국인 유튜버 여선생님으로부터 근 20년 만에 피아노를 무료로 배우는 재미가 보통 쏠쏠한 게 아니다. 이젠 C, D, F, G, Am 등 5가지 기본 코드는 이제 눈 감고도 양손으로 누를 수 있을 정도가 되었다. 과연 자가격리 조치가 해제될 7월이 되면 작곡가 포스터의 아름다운 가곡 '뷰티플 드리머'를 연주하며 멋지게 노래 부를 수 있게 될까?

별이 빛나는 밤에

2020-07-25 (토)

저녁해가 지평선에 걸려 넘어가기 직전 안 넘어가려고 몸부림치는 듯한 순간의 노을은 정말 아름답다. 이곳 북 캘리포니아 샌프란시스코 베이의 해변 습지에서 바라보는 해 진 뒤 한 시간 정도 지난 어두운 하늘, 저 깊은 곳으로부터 뿜어져 올라오는 검붉은 잔양이 아스라한 이른 밤하늘도 너무 아름답다.

나는 지금 아주 오랜 영원과도 같은 시간 끝에 우리가 살고 있는 밤하늘에 다시 찾아왔다는 진객을 만나겠다는 일념으로 소년처럼 설레는 가슴을 진정시키며 인적 드문 밤 바닷가에 나와 있다. 낮에는 썰물로 바닥을 드러냈던 갯벌 위에는 어느새 깊게 밀물이 들이찼다. 이리저리 일렁이는 검은 물결이 달빛에 반사되니 풀벌레들만 찌륵거리는 고요한 해변에는 적막이 흐른다.

혜성 네오위즈에 관한 이야기이다. 지구에 근접하는 혜성 중 최대의 혜성은 약 75년 주기로 방문한다는 핼리 혜성인데, 우리

아이들이 태어나기도 전인 지난 1986년 지구에 근접했을 때 온 지구인들의 엄청난 관심을 끌었던 기억이 새롭다. 오리건주 경계 부근에 있는 고도 1만 4,000피트의 샤스타 마운틴, 234년 전인 1786년에 마지막으로 폭발했던 아름다운 휴화산 산록의 호숫가에서 로컬 사진작가가 새벽에 찍었다는 혜성의 사진을 보니, 긴 꼬리를 호수의 수면에 투영한 모습으로 찍혔는데 그렇게 아름다울 수가 없었다. 호수에 비친 모습까지 사진에 담겼으니 나도 육안으로 볼 수 있다는 기대를 했다.

어둠 속에 두런두런 말소리가 들리는 쪽으로 가보니 두어 명의 아마추어 천문인들이 삼각대 위에 천체망원경을 올려놓고 또 손에는 구소련 시대의 골동품일 것 같은 대형 망원경을 들고 열심히 혜성을 찾고 있었다. 찾았는지 물어보니 저 멀리 해가 진 방향에 있는 공원에서 보이는 세 그루 나무 중에서 가운데 나무 바로 위, 그 나무의 키만큼 떨어진 높이에 있다고 알려준다. 나는 아무리 눈에 힘을 주고 그쪽을 바라보아도 도통 오리무중 찾을 길이 없다.

어느새 밤 10시. 멀리 바다 건너 이스트 베이의 나트륨 등 불빛이 시야를 간섭한다. 칠흑 같은 하늘이 아니라 육안으로는 볼 수 없다는 걸 알고, 소형일망정 망원경을 챙겨오지 못한 나는 못내 아쉬워졌다. 코로나로 사회적 거리를 유지해야 하는 답답한 시절만 아니었다면 넉살 좋게 망원경 한 번만 보자고 했을 텐데 철없이 그럴 수도 없는 일이다.

　망원경으로 한참이나 혜성을 바라보던 친구는 금성은 저기 있고 목성은 저기 있다고 내게 친절히 가르쳐주지만, 국자 모양의 북두칠성과 그 국자의 손잡이 끝에 있는 별인 폴라리스(Polaris) 북극성 정도만 찾아낼 수 있었고 나머지 태양계의 별들은 도대체 드넓은 저 밤하늘 어디에 있는지 찾을 도리가 없다.

　천체망원경을 통해 내 눈으로 태양계의 별을 볼 수 있었던 귀한 기회가 딱 한 번 있었다.

　한국의 웬만한 4년제 대학 못지않은 멋지고 넓은 캠퍼스의 풋힐 칼리지에서 커뮤니티 특별 교육 프로그램으로 천체망원경으로 별을 탐사하는 세션을 연다는 공지를 로컬 신문에서 봐두었다가 참가했다. 벌써 7년쯤 전의 일이다.

　교수님이 가리키는 손끝을 따라 밤하늘을 서에서 동으로 빠르게 가로지르며 흐르는 별 모양의 우주정거장을 바라본 뒤, 차례를 기다려 교수님이 잘 조준해 놓은 장통의 천체망원경 안을 들여다보았다. 세상에나…. 정말 여러 개의 멋진 고리가 돌고 있는 토성이 보이는 게 아닌가. 지구가 동쪽으로 자전하고 천체도 운항하므로 수동식 천체망원경으로는 초점을 별에 맞춰 계속 조정하지 않으면 놓치게 된다는 설명도 피부에 깊이 와닿았다. 태양계에서 목성 다음으로 큰 별이라지만 망원경 안에서는 쌀알만큼 작게 보였던 고리 달린 아름다운 토성을 내 육안으로 직접 바라

봤을 때의 감격은 지금도 잊을 수가 없다.

 코로나로 근 6개월째 얼굴 한번 보지 못한 동문이나 지인들은 이렇게 카톡으로 6,800년 주기로 찾아왔다는 네오위즈 혜성 소식과 관찰 경험 등을 서로 나누며 안부를 전한다. 코로나의 위세에도 시들지 않고 근황을 나누는, 혜성보다도 멋진 그들이 있어 우리는 이 지루한 기간을 이겨내고 있는지도 모른다.

금잔디 광장의 추억

2020-08-29 (토)

이게 몇 년 만인지 모르겠다. 새벽 3시 반에 일어나 공부하고 있다니…. 얼마 전 업종을 추가해 인슈어런스 에이전시 오너 타이틀을 새로 달면서 7과목을 셀프 스터디로 마쳐야 하는데, 1과목만 마치고는 다 한 걸로 착각했다가 뒤늦게 밀린 숙제를 부랴부랴 하는 중이다. 오가는 이메일을 허투루 귓등으로 읽은 것이 잘못이었다. 지나온 삶을 돌아보니, 빛나는 성과와 언제나 연결된 것만은 아니지만, 누구처럼 열심히 공부했던 순간이 내게도 몇 번 있었다.

78년 1월부터 떠꺼머리총각으로 중앙은행인 한국은행에서 주경야독하던 시절이다. 국제금융부 회계팀에서 1년간 일하다, 생애 처음으로 창구에 앉아 떨리는 마음으로 외환은행과 조흥은행 등 5대 시중은행의 국제부 직원들을 고객으로 매일 맞이하는 일을 했었다. 해당 은행들은 당시 정부의 수출 드라이브 정책으로 욱일승천의 기세로 스웨터, 가발, 에나멜 웨어(법랑 식기), 기계류 등을 엄청나게 수출하던 삼성, 대우, 현대 등 종합상사를 비롯한 중견 무역업체들을 상대로 수출금융인 '네고(Negotiation)'를 해 주고 그에 대한 채권인 수출환 어음(Bill of Exchange)을 중앙은행으로 가져와 담보로 제출하고 재할인을 받아 갔다.

내 업무는 그 은행들이 수출기업에 대한 네고를 계속할 수 있도록 필요한 외화 유동성을 재할인 형식으로 채워주는 일이었다. 바쁜 하루의 일과를 마칠 오후 4시 반 무렵이면 전산부에서 일하던 고교 동창 규환이를 구내식당에서 만나 자장면을 같이 먹고 함께 등교할 준비를 했다.

은행 근처인 태평로에서 우이동 가는 8번 시내버스 동북 운수를 타고는 비원과 창경궁의 돌담길을 지나 명륜동 캠퍼스로 매일 등교를 하느라 나는 그 아름다운 금잔디 광장에 한 번 앉아본 적이 없었다. S 대를 지원했다가 낙방한 사람들이 많이 간대서 S' 대학으로 알려졌던 그곳에서 저녁 6시 첫 교시가 시작될 때만 해도 또렷했던 의식은 2교시가 되면 학교 오기 전에 먹었던 자장면이 배 속에서 불어 오르며 사정없이 하품이 쏟아졌고, 나는 청상처럼 허벅지를 꼬집거나 볼펜으로 찌르며 졸음과의 사투를 벌이곤 했었다. 수업을 마친 9시부터 자정까지는 바로 위층의 법정대 도서관에서 공부하고, 다음 날은 독일어나 일본어를 배우기 위해 학원에서 7시 새벽반 강좌를 듣고 출근했으니, 그 시절 나의 하루는 얼마나 팍팍했겠는가…. 한 번도 힘들다고 생각한 적은 없지만, 주말을 틈타 초딩 단짝 친구 중 한 명이었던 여수에서 전학 온 기철이네 집에 놀러 가면, 어머니가 외아들 친구라며 그렇게 맛있게 여수식 장엇국을 끓여 주셨었다. 순식간에 한 그릇을 뚝딱 해치운 나는 친구와 이야기를 나눌 새도 없이 그대로 쓰러져 한 시간가량 달콤한 낮잠을 푹 자고 깨면, 친구는 넌 자러 왔냐, 놀러 왔냐 하며 볼멘 표정을 지었다. 그 정도로 내 몸이 나에게 피곤하다는 아우성을 치던 시절이었다.

고교에 입학할 무렵부터 4년째 와병 중이던 아버지는 생명의 촛불이 꺼져가는 걸 느끼셨는지, 매일 자정이 다 돼서야 파김치가 돼 귀가했다가 새벽같이 나가는 아들과 살가운 이야기를 나누고 싶어 하셨다. 좀 빨리 돌아오면 안 되느냐는 말씀을 힘없이 하셨다. 가뜩이나 없는 시간, 공부를 더 해야 하는데 맥 놓고 한가하게 일찍 귀가할 수는 없다며 58세를 일기로 곧 돌아가실 아버지의 소원을 못 들어 드려 불효를 저질렀던 것은 내 일생일대의 후회막급한 일이었다. 지금 세상에는 아주 간단한 수술로 완치된다는 심장판막증으로 54세에 몸져누우시기까지 아버지는 오퍼상을 하셨었다. 스미스 코로나(?) 타자기를 밥상에 올려놓으시고, 먹지를 넣고 겹친 편지지에 타닥타닥 타이프를 쳐서, 알루미늄 냄비, 유리 식기, 스웨터, 한천(agar-agar) 등의 수출가격을 기재한 오퍼 레터를 외국 바이어에게 보내셨다.

사우디, 미국 등지의 바이어로부터 L/C(수출신용장)를 받으시면, 해당 업체와 조율해 납기에 맞춰 무사히 선적한 다음 은행에 가서 네고하시는 거였다. 그런 날은 마치 잔칫날 같아서 우리는 모처럼 맛난 저녁도 먹고, 나는 밀린 수업료도 받아낼 수 있었다. 대학 2학년이던 19살 봄, 아버지는 그렇게 허무하게 돌아가셨고, 부서 이동으로 문서부로 발령이 난 나는 은행 내 사보인 '한은 소식'의 취재, 교열 및 편집기자로 2년간 일하였다. 한 달에 한 번씩은 조선 8도에 산재한 지방 지점과 출장소 등을 탐방하는 기사도 썼다.

그러다 학업에 전념하기 위해 은행을 그만두고 받은 퇴직금으로 4학년 2학기 등록금을 낼 수 있었고, 우이동과 경기도 광주읍 하산곡리 등에 있는 고시촌에 들어가 하루 15시간 공부하는 강행군을 했는데 그때가 아마 내 인생에서 제일 많은 공부를 했던 때가 아닐까 싶다. 이렇다 할 성과를 못 보고 더 이상 군복무를 미룰 수 없어 공군 장교로 입대를 한 것이 1983년 2월이었다. 제대 이후 2002년 1월, 이민오기 전까지 은행에서 잔뼈가 굵은 내가 서울역 앞 대우센터 안에 있는 대우그룹 전담 점포의 지점장을 하다 교포은행의 오퍼를 받고 실리콘 밸리로 왔다는 이력은 전에도 소개한 적이 있다. 3년 정도 일하다 내 사업을 하겠다며 그만두고, 스탠퍼드 라이브러리로 매일 도시락을 2개씩 싸서 역시 자정까지 3개월간 공부해 부동산 브로커 시험 첫 응시에 시원하게 합격했던 것이 14년 전의 나의 마지막 열공의 기억이다.

죽을 때까지 해야 하는 것이 공부라지만, 의무적으로 해야 하는 공부는 아마도 이번이 마지막이 아닐까.

헬로, 미스터 하아그로브!

2020-10-03 (토)

'후다닥~' 나는 침대에서 벌떡 일어나 총알같이 주방으로 달려간다. 치~익… 가스레인지의 불을 끄고 벌겋게 달아 연기가 나는 냄비 바닥에 부랴부랴 찬물을 붓는다. 일요일 오후, 미캐닉에 차가 있는 관계로 내 일과 중 최우선 순위인 쇼얼라인 산책도 못 가고 침대에서 친구와 채팅하면서 노닥거리고 있는데 삶고 있던 양배추가 눌어붙어 타는 냄새가 코끝에 전해 오는 게 아닌가. 스모크 알람이라도 시끄럽게 울면 의자에 올라가 스위치를 리셋해야 해 성가시게 된다. 냄새를 맡을 수 있는 걸 보니 아직 코로나바이러스를 염려할 상황은 아닌가 보다. 채팅 친구는 밴쿠버에 거주 중인 미 해병 베테랑으로 월남전에도 참전했던 67세의 미스터 하아그로브인데, 한국 문화와 한국 사람을 그렇게 좋아한다며 첨성대 사진을 보내며 얼마 전 친신을 해오더니 재미있는 포스팅을 발견하면 날 보라고 메신저로 링크를 자주 보내줘 요즘 내 스마트 폰은 띵~ 띵 하는 알람 소리로 바쁘다. 같은 태평양 시간대에 사는 두 독신 남자끼리 채팅의 화제는 여러 분야로 국경을 넘는다.

바른생활 과목에 특히 강세를 보이며 일생을 수더분하게 살아온 나는 데모나 반정부 활동을 한다든지 하는 것과는 거리가 먼 라이프스타일을 살아왔다. 한데 불쌍한 아이들이 많이 죽은 해난사고를 갖고 전직 대통령에게 덤터기 누명을 씌워 탄핵질을 한 끝에 정권을 찬탈함으로써 국민을 양분시켜 극한 대결로 몰고 간 한국의 현 정권이 일삼는 이해 못 할 행태를 보고 나는 사뭇 달라졌다. 이성을 잃은 정적에 대한 구금, 어이없는 선동질로 인한 대일 외교 관계의 파탄, 원전 산업의 자폭, 소득주도성장으로 인한 고용 생태계의 파괴, 대미 동맹 훼손 시도…. 북한과 중국에 대한 어이없는 저자세 외교 행태, 그리고 정권 실세들의 위선적인 추악한 행태에 관한 보도 등을 보면서 크게 실망해 가출한 나의 어이는 요즘 돌아올 생각을 안 한다.

하아그로브 씨는 월남전에 미 해병으로 참전했다 캐나다로 돌아간 후 지금껏 캐나다 해병 전력의 증강 프로젝트에도 민간 전문가의 자격으로 관여하고 있다. 이중 국적인 그는 정치적으로는 미 공화당 성향인데, 주말이면 식물원으로 발런티어를 나가 원예일로 재능 봉사도 하는 자연을 사랑하는 목가적인 사람이다. 4시간 정도의 빡센 노동의 봉사 시간을 마칠 무렵이면 다른 자원봉사 여성들과 티 타임을 가질 수 있는데 더러는 데이트로 이어질 때도 있다고 한다.

그는 한국의 혼란한 정치 경제 상황에 대해 이미 소상히 알고 있어 내가 무슨 말을 하는지 잘 이해한다면서, 요즘 한국은 '없는 게 없는 세계가 알아주는 선진국'인데 근면한 한국인들이 지난 오십 년간 한강의 기적으로 피땀 흘려 이룩한 세계 6대 공업 생산국(중·미·일·독·인도에 이은)이라는 빛나는 성취를 하루아침에 무너뜨리는 일은 없어야 할 것이라며 외려 나를 위로해 준다.

요즘 식사 때 야채라고는 김치 몇 점 먹는 거밖에 없다 보니 아침마다 화장실에서 애를 많이 먹는다. 최근 한 일주일간은 헤모로이드 때문인지, 철분 영양 보조제를 다른 브랜드로 바꾸었기 때문인지, 변기가 온통 벌건 피로 물들어 나를 아연하게 만들었었다. 몇 달 만에 가끔 오는 증상이기도 하지만 이번엔 좀 심해서 내 몸에서는 지금 부족한 피를 바삐 만들어내느라 조혈 모세포가 과로하는 데서 오는 것이 분명한 아득한 피로감마저 느껴진다. 이러다 코로나바이러스보다 빈혈로 먼저 쓰러지는 건 아닌지 염려가 될 정도다.

올해 초에 받은 위장/대장 더블 내시경 검사에서 아무 문제가 없었으니 대장암 등 병변을 의심할 필요는 없겠고, 그렇다면 귀차니즘으로 인한 섬유질 섭생의 부족과 새로 추가한 비즈니스로 한 달 넘게 책상에 앉아 열공하며 머릴 싸매 생겼을 스트레스에 그 의심의 화살을 돌릴 수밖에 없었다. 그래서 부랴부랴 마음먹고 잘 익으면 연해진 잎에서 단물도 맛있게 배어 나오는 양배추를 한 통 사서 삶던 중에 냄비를 태울 뻔한 것이다. 그 정도로 야채를 더 많이 섭취하면서 사는 것이 최선이지 달리 천년 산삼을 달여 먹는다 한들 더 특별한 효능이 있을 거 같지는 않다.

 코로나로 위축된 중에도 어김없이 찾아온 한국 최대의 명절 추석을 맞아 가황 나훈아의 공연이 한국 방송 사상 최고의 순간 시청률이라는 엄청난 대박을 올리며 피로에 지친 귀성길 국민을 많이 위로해 주었다는 고국발 흐뭇한 소식이 방금 들려왔다. 이역만리 미국에 사는 우리에게는 더욱 그리운 고향의 추석이다. 휘영청 밝은 보름달을 바라보며 바닷길을 걷는 문-라잇 하이킹을 위해 집을 나선다.

쇼얼라인의 올빼미

2020-11-07 (토)

밤새 미국 대통령 선거 개표 방송을 보느라 다들 잠들을 설쳐서인지, 아니면 아침 기온이 47도로 급강해서인지 매일 다니는 바닷가 산책로가 정말 한적하다. 지난 7개월간 코로나로 체육관에 안 가는 대신 아침저녁 무슨 일이 있어도 꼭 하는 10킬로 산책 중 약 6킬로 구간의 아침 산책길 반환점인 쇼얼라인 골프장의 파킹랏에도 골퍼들의 차량이 텅텅 비었다.

산책로에서 몇 발짝 떨어지지 않은 풀밭에 다람쥐처럼 굴을 파고 사는 희귀 보호새로 이 공원의 명물인 땅굴 올빼미(Burrowing Owl) 굴을 지날 무렵이다. 한 달 전까지만 해도 거의 매일 보던 60대 후반의 멕시코계 은퇴 공무원 프랜시스코가 오랜만에 "하이" 하며 반갑게 손을 흔든다. 일 년 내내 똑같은 모자, 옅은 녹색의 플리스 잠바와 단출한 회색 바지 차림으로 두꺼운 검정 뿔테 안경을 쓴 근엄한 표정으로 바닷길을 터덕터덕 걸어가는 그의 규칙적인 일상에 나는 경의를 표한다.

좀 지나니 이번에는 내 나이 또래나 됐을까 한 안젤리나다. 눈치만 보다 2달 정도 지난 어느 날 내가 먼저 말을 걸어 인사를 나눈, 동구에서 온 듯한 악센트의 그녀도 달포 만에 어제오늘 연이틀 마주쳤다. 쌀쌀한 날씨에 따끈한 맥도널드 커피를 마시며 걷는 내가 부러웠는지 "맛있겠네요." 하며 은은한 라벤더 내음을 풍기며 지나간다.

경제·군사력 등 모든 분야에 있어서 넘사벽, 비교 불가의 최강국 미국에서 진행되는 4년 만의 지구촌 초특급 이벤트인 대통령 선거라 세계 여러 나라 수십억 명의 관심은 온통 개표 방송으로 쏠린 밤이 긴장 속에 흐르고 아침이 밝았다. 내게는 미국 시민권을 딴 지 1년 만에 처음 맞이한 제46대 미국 대통령 선거다. 세 번인가 걸쳐 약 300불을 보냈더니 붉은 성조기가 멋지게 그려진 짙푸른 셔츠를 트럼프 캠프에서 보내주었다.

나는 초미의 관심을 두고 판세를 분석하면서 나의 예상대로 결과가 나오길 간절히 원했다. 선거전까지만 해도 고전할 것으로 예상했던 플로리다와 펜실베이니아 등 대형 경합주에서 트럼프가 기대 밖 선전을 하고 있다는 희소식에 나는 마치 내가 대통령이라도 될 것처럼 우쭐해져서는 한국에 있는 친구, 지인들에게 생생한 개표 상황 정보를 보내주느라 바빴다.

한껏 고무된 나는 김해에 사는 67세의 큰누이가 엄마 같은 정성으로 바리바리 챙겨 어제 보내준 간편식 포장 음식 중에서 육개장과 앙증맞은 깻잎무침 통조림을 들고 부엌으로 향했다. 마켓서 사 온 갖은 나물과 계란프라이 2장을 고봉밥에 얹고 고추장과 참기름을 넣어 맛있는 비빔밥을 만들었다. 따끈하게 데운 육개장에 한 해가 저물어 가는 이맘때면 꼭 사서 음미하는 달쭉한 송년주 에그노그 두 잔을 반주 삼아 디너를 즐기고 밤 11시경 행복한 마음으로 잠자리에 들었다.

그런데 이게 웬일인가. 역사는 밤에 이뤄진다더니 샤워를 마치고 아침 산책하러 나가기 전 아침 뉴스를 접한 나는 내 눈을 의심하였다. 밤새 포만감에 빠져 깊이 잠든 사이에 개표가 시작된 미시간주의 막판 우편 투표함에서 무려 '13만 표 : 0표'라는 이상하리만치 압도적인 바이든 몰표가 쏟아져 상황이 반전돼 가고 있다는 것이다….

아직 최종 선거 결과가 확정된 것은 아니지만 지난 선거 때부터 트럼프 대통령을 그렇게 미워해 그로부터 '가짜언론'으로 매도당하는 등 피차 감정이 상할 대로 상한 CNN 등의 방송에서는 이번에도 오기에 가까운 90% 이상의 확률로 바이든의 우세를 점쳤었다. 하지만 막상 뚜껑을 열어보니 바이든은 예상에서 크게 벗어난 채 고전하다 막바지에 가까스로 승기를 잡는 듯한 상황이다. 누가 당선되든 그들은 이번에도 언론사로서의 신뢰성에 또 한 번 커다란 타격을 입는 것은 피할 수 없게 되었다. 언론의 존재 이유는 선호하는 후보에 대한 바람 잡기식 여론몰이나 희망 사항을 전달하는 데 있는 게 아니라, 누구나 수긍할 수 있는 사실 보도, 정확한 여론 조사를 통한 민심의 객관적인 전달을 하는 데에 있는 것이라는 본분을 재차 망각하고 있는 것은 참으로 낯 뜨거운 일이다.

나는 이번 지구촌 최대의 자유민주 방식 대통령 선거의 진수를 바라보면서, 4년마다 선거를 치르느라 임기의 25%에 해당하는 근 1년이라는 소중한 시간을 불확실 속에 보내야 하는 미국 체제가 종신집권의 길을 열어놓은 시진핑 체제하의 중국식 전체주의와 대결하는 데 있어서 과연 얼마나 오래 경쟁력을 유지할 수 있을지 깊은 회의가 든다. 트럼프가 없는 미국은 중국의 파상 공세에 속절없이 수세에 몰릴 것이란 걱정이 나의 뇌리에서 떠나지 않으니 이를 어쩌나.

슬픔만 남아
2020-12-12 (토)

반밖에 안 남았나, 반이나 남았나? 1849년 러시안 리버에서 사금이 대량 발견돼 캘리포니아 골드러시를 촉발했던 지역인 주도 새크라멘토까지 약 3시간 거리의 비즈니스 출장길이다. 차에 시동을 걸고 나는 대시보드의 가스 게이지를 바라보았다. 지난 10월 부업으로 업종을 추가해 파머스 보험 에이전시 오너가 되면서 받은 8천 불의 사이닝 보너스로 새로 산 차라 탈 때마다 흐뭇한 미소가 번진다. 작년 초 전혀 예상치 못한 귀인이 전화를 걸어와 3건의 의미 있는 딜을 잭팟처럼 성사할 수 있었던 새크라멘토는 어느덧 내게 행운의 도시 같은 느낌으로 다가온다. 중간 정도 지점일 바카빌의 코스트코 가스 스테이션을 찾아내 입력하고 내비가 안내하는 라우트를 보니, 반대쪽인 플레젠튼 방향으로 동진할 것으로 예상했던 것과는 반대로 프리웨이 101을 따라 북상해 샌프란시스코 공항을 지나 도심을 거쳐 베이 브리지를 건너 버클리를 지나라고 한다.

새크라멘토는 과연 이번의 방문에서도 아름다운 성과를 빚어 줄 것인가? "잊을 수 없는 우리의 사랑, 이 가슴에 슬픔만 남아…" 20여 곡 노래 모음을 듣다 보면 어느새 나를 새크라멘토에 데려다주는 유익종의 잔잔한 유튜브 가요를 틀고 오디오의 볼륨을 조금씩 올리며 따라 불러본다.

약 30분을 달려 SFO 샌프란시스코 공항 인근의 대학 13년 선배인 남 선배님의 사무실이 있던 밀브레를 지날 무렵이다. 나는 무언가 상실감에 울적해졌다. 이제 20년 차로 들어가는 나의 샌프란시스코 베이 이민 기간 중, 특히 최근 지난 7~8년간 흉금을 털어놓고 마음속 깊은 이야기를 나눌 수 있었던 인자한 큰형님 같았던 남 선배님이 더 이상 이 세상 사람이 아니기 때문이다. 그분은 훌륭한 멘토요, 친구이자 내 인생 최고의 팬이었다.

선배님이 내게 해주신 간증에 따르면 약 40년 전 형수님 가족의 초청이민으로 오기 싫은(?) 미국에 도착했을 무렵만 해도 좌충우돌 지표 없는 삶을 사셨다고 한다. 그러던 중 과음으로 엄청난 각혈을 하며 사경을 헤매다 기적적으로 건강을 회복하였고, 이후 독실한 예수님의 제자가 되었다고 했다. 미국인 회사에서 일하시다 독립해 30여 년간 해외 주둔 미군기지에 대한 관급 전기자재 공급사업을 탄탄한 궤도로 올려놓는 동안 거의 하루도 빼먹지 않고 매일 밤 10시 30분까지 사무실에 남아 열심히 일하는 한편, 주변 사람들 한 명 한 명을 위해 정성으로 기도하시던 분이다.

　사랑이 가득 담긴 따뜻한 카톡 메시지를 보내며 댓글로 격려해 주었고, 회사 사장이라는 바쁜 스케줄에도 불구하고 누구든 샌프란시스코 공항에 라이드가 필요한 분이 있으면 손수 운전해 주시던 정말 가슴이 따뜻한 분이었다. 라이드가 필요한 사람들을 위해 봉사하면서 영적인 대화를 나눌 수 있는 것이 얼마나 소중하고 기쁜 일인 줄 모른다고 하실 때에는 성인이란 바로 이런 분을 두고 말하는 거 아닐까 하는 생각에 나는 가슴이 항상 서늘해지곤 했었다. 그러던 선배님은 지난 5월 말 불의의 언덕길 자전거 낙마 사고로 너무도 갑작스럽게 이 세상을 떠나시고 말았다.

　생애 마지막 5년간을 남 선배님은 샌프란시스코의 가장 위험한 거리로 악명 높은 텐더로인 지역에서 홈리스들을 돕는 사역을 하는 한인 교회의 일원으로 주말마다 무료 급식 봉사를 해 왔었다. 오랜 길거리 생활로 악취에 찌든 그들을 전혀 꺼리지 않고 친구삼아 다정히 허그하고 손 내밀어 교회로 데려와 사랑을 나누는 일을 몸소 실천하며 살아오신 분이었다.

　그런 사정을 아는 몇몇 동문이 선배야말로 '달라이라마'와 같은 반열의 살아있는 최고의 성인이라고 웃으며 치켜세워드리면, "교회 장로에게 달라이라마라 하면 우쩌노?" 하시며 티 없는 아이처럼 파안대소하시곤 하였었다. 겨울의 초입에 들어선 지난 주말의 오후, 바닷가에서 물새들을 완상하며 허전한 마음을 달래고 돌아와 차에서 막 내릴 때였다. 낯선 번호로 전화벨이 울리기에 주저하며 받아보니 웬 젊은 여인이다. 얼마 전 UC 어바인의 도시개발학과 종신 교수로 임용된 선배님의 따님 슬기 씨였다.

"아빠의 회사는 이어받을 사람이 없어서 금년 말로 문을 닫기로 했거든요. 사무실에 와서 유품을 정리하던 중에 아빠가 선생님의 한국일보 주말 에세이를 밑줄 그어가며 열심히 읽으시고 모아 놓은 스크랩북을 발견해서 알려드리려고요. 아빠는 구름 위에서 웃으며 내려다보실 거예요."

이 세상이 쓸쓸할 때 전화 걸거나 만날 수 있는 사람이 있는가? 그렇다면 당신은 성공한 삶을 살아온 것이다. 어쩌다 사무실을 찾아가면 항상 사랑하는 막냇동생을 바라보듯 인자한 눈길로 이야기를 들어 주시고 맛난 디너를 꼭 사 주시던 남 선배님이 더 이상 이 세상 분이 아니란 사실, 그래서 나는 더 이상 성공한 사람이 아니라는 그 사실을 받아들여야 하는 것이 고통스럽다. 부모님이 돌아가신 이후 처음 느껴보는 억울한 박탈감이다. 무심한 하나님이 내게 왜 그러셨을까…. 코로나바이러스의 창궐로 온 세상이 만신창이가 된 채 애환의 2020년이 이렇게 저물어 간다. 새해에는 나도 누군가에게 따뜻한 화롯불 같은 존재가 되어 생전의 선배님에게 진 빚을 갚고 싶다.

제7장

흐르는 강물처럼

갈등 속에 취임한 바이든

2021-01-23 (토)

　78세로 사상 최고령인 조 바이든이 조금 전 제46대 미합중국 대통령으로 취임한 모양이다. 트럼프 전임 대통령이 CNN 등과 함께 그렇게 껄끄러워했던 NBC 공중파 채널을 보니, 알링턴 국립묘지에 도착한 바이든 일행이 헌화하기에 앞서 21발의 예포가 발사되고 있다. 펑, 펑… 이어 바이든을 태운 리무진 차량 행렬이 경광등을 켜고 행사장으로 이동하고 있다.

　트럼프의 재선을 바랐던 7,500만 명의 미국 시민들은 씁쓸한 심경으로 이를 지켜보거나 들로 나가 산책하면서 분을 삭이며 애써 외면하고 있을 것이다. 3만 명의 병력이 워싱턴 디시를 철통 경비하고 있다는 소식을 접한 국내외 트럼프 지지자들은 마치 취임식장에 무슨 사변이라도 터져서 트럼프 2기 정부가 시작되기라도 할 것처럼 극단적인 상상의 나래를 폈나 보던데 그게 어디 가당키나 한 일인가. 멜라니아 여사가 이틀 전인 월요일 백악관 고별사를 발표할 때 이미 오늘 취임식 행사 중 특별한 일은 없을 것이라는 것을 암시했다고 봐야 옳다.

같은 시각, 테두리 없는 오렌지색의 크고 밝은 정육면체가 점점이 박혀있는 넉넉한 품의 실크 혼방 원피스인 구찌 카프탄(Caftan)을 맵시 나게 입은 멜라니아 여사가 플로리다의 팜비치 국제 비행장에 착륙한 에어포스 원 전용기에서 트럼프 대통령과 함께 손을 흔들며 트랩을 내려오고 있다. 반트럼프 정서의 CNN 등은 미인 퍼스트레이디인 멜라니아의 고별사는 별로 소개하지 않는 대신, 사상 최저의 영부인 호감도를 기록한 채 그녀가 떠났다는 기사를 톱으로 올리고 있다.

어쨌든 바이든은 전임 대통령으로부터 영접을 받지 못하는 최초의 대통령이 돼 백악관에 입성하였다. 미국은 이렇게 극한으로 갈라진 채 앞으로 4년간의 바이든 시대를 맞이하게 된 것이다.

세계 최고의 위대한 민주주의를 자랑하는 미국이다. 단 1표의 차이로 패배했다고 해도 이를 겸허히 승복해야 하는 것은 누구도 이의를 제기하지 못할 공정하고도 객관적인 선거여야 한다는 것만큼이나 당연하다. 이제 바이든의 취임으로 트럼프가 지난 4년간 추진해 왔던 굵직한 정책들은 상당 부분 취임 첫날의 행정 명령으로 무효가 된다고 하니, 쌓았다가 허무는 철부지 연인들의 바닷가 모래성도 아니고 이런 국력의 낭비가 어디 있을까 싶다.

미국이 꾸준한 황소걸음으로 전진하며 내실을 다져도 버거울 판에 민주주의라는 핑계로 갈지자로 갈팡질팡하고 있을 때, 미국 최대의 패권 도전국인 중국은 공산당 1당 독재의 전체주의적 효율을 과시하며 무서운 속도로 육박해 오고 있다. 미국인들이 이를 그저 태평하게 계속 바라보고 있어야 옳은가.

트럼프 시대의 종언과 함께 미국의 코비드-19 사망자 수는 40만 명을 넘어섰다고 한다. 이는 '69년 8월 뉴욕주 알바니 가는 길 중간에 있는 '맥스 야스거' 목장에서 개최된 전설적인 우드스톡 록 페스티벌에 모인 인산인해의 참가자들 또는 2차 세계대전 중 희생된 미군의 숫자와 비슷한 규모라 한다. 또한 그간 미국인 최대의 사망원인이었던 중풍, 알츠하이머, 당뇨, 독감 및 폐렴 등 5대 질병으로 인한 사망자 수를 더한 것보다도 더 많은 숫자라니 그저 말문이 막힐 뿐이다. 미국 사상 최대의 사망자를 기록한 세기적 사변으로 현재 진행 중인 것이다.

5월 초가 되면 사망자 수는 57만 명이 될 것으로 예상된다는데, 이쯤 되면 중국에서 발발한 코비드-19 바이러스 방역 세계대전에서 미국은 참패하고 있다고 봐야 옳다. 지난 한 세기 지구촌 유일의 슈퍼 파워로 군림해 온 미국은 중국발 방역 전쟁에는 실상 얼마나 취약한지, 나라의 몰랐던 현주소를 너무나 적나라하게 보여준 지난 1년이었다.

우연히 내 생일인 오늘, 갈등 속에 취임한 바이든이 4년의 임기를 성공리에 마치고 존경받는 대통령으로 남으려면, 천신만고 끝에 세계 최강 미합중국 대통령이 됐다는 흥분을 가라앉히고, 성공적인 코로나 방역과 함께 6조 달러대의 대중국 부채와 천문학적인 무역역조에 어찌 대처할 것인지 현명한 대안을 곧 제시하고 실천에 옮겨야 할 것이다. 아울러, 아무리 밉더라도 트럼프가 했던 정책 중 의미 있는 것은 계승해 국력의 낭비를 피하면서 누구에게도 의심받지 않을 과학적이고도 공정한 선거 체제를 확립해 미국의 민주주의를 반석 위에 올려놓아 양극으로 분열된 국민을 하나로 통합하는 일이 그의 최우선 과제가 아닐까.

흐르는 강물처럼
2021-02-27 (토)

애애~ 우후! 올라선 저울 위에서 나는 오른팔을 위로 뻗으며 환호한다.

어젯밤 저녁 식사로 전날 먹다 살을 발라 냉장고에 넣어 뒀던 코스트코 통닭 조금과 전자레인지에 2분 돌려 듬성듬성 썬 야채 맛 소시지 1개를 요즘 한국산 라면의 공세에 시달리고 있다는 일본산 작은 컵라면 1개와 함께 간단히 때우고는 소주잔에 부은 1잔의 보드카를 원샷으로 털어 넣고 잠을 청했다. 예감했던 대로 밥과 국수 같은 탄수화물 폭탄을 며칠째 원수 보듯 멀리하며 소식했더니 하룻밤 새 2파운드가 더 준 것이다.

해방 후 25세 때인 1946년 일본서 귀국해 고향인 울산에서 마필 관리 같은 허드렛일을 하다, 얼마 안 있어 부산에서 시모노세키행 밀항선을 타고 다시 도일, 동경 신주쿠에서 바닥부터 고생하면서도 틈틈이 문학작품 읽기를 게을리하지 않던 중 독일의 세계적인 대문호 괴테의 고전 명작인 『젊은 베르테르의 슬픔』 속의 아름다운 여주인공에 매료됐다는 고 신격호 회장. 그가 타계한 지도 꼭 1년이 됐다. 그는 27세이던 1948년, 그녀의 이름을 따 '롯데'라는 이채로운 이름으로 껌 사업을 하는 제과업체를 동경에서 창업하여 형제들과 함께 오늘날 한일 양국에 걸친 롯데·농심 등의 대그룹으로 키워냈는데, 서울 올림픽이 열린 해인 1988년엔 한국인 사상 전무후무한 기록인 포브스 선정 세계 4위의 대부호로 랭크된 적도 있다니 새삼 놀라울 뿐이다. 그는 문학청년의 순수 감성을 지니고서도 일세를 풍미한 발군의 기업인이었다. 그와 동시대에 일본에서 자수성가한 전설적인 대만인으로는 2007년 작고한 고 안도 모모후쿠(오백복 吳百福) 회장이 있다. 1958년, 48세 때인 그가 세계 최초로 개발한 인스턴트 라면인 '치킨 라멘'으로 유명한 세계적인 라면회사가 바로 요즘 한국 라면 업체들의 등쌀에 시달린다는 니씬(NISSIN)이다. 젊어서 하도 여러 번 실패를 겪으며 고생했다는 모모후쿠 회장이 얼마나 대단한 집념의 사나이였는지는 "넘어지더라도 절대 빈손으로는 안 일어난다. 흙이라도 한 줌 쥐고 일어난다."라는 그의 유명한 일화가 잘 말해준다. 성공한 기업가들이 그런 투지 없이 우연히 만들어지는 것은 아니다.

갓 구워 내 뜨겁기까지 한 코스트코 통닭은 초록의 하이네켄 병맥주와 곁들일 때 얼마나 더 맛있는지 모른다. 코스트코 통닭에 딱 한 가지 불만이 있다면, 북녘 동포들이 들으면 말 그대로 '배부른' 소리가 되겠지만, 앉은 자리에서 독신들이 홀로 먹기엔 양이 너무 많다는 거다. 오늘 아침 샤워 후 실오라기 하나 걸치지 않은 나신으로 올라선 저울의 디지털 계기판이 마의 214를 아슬아슬 깨면서 파란색 숫자가 명멸하더니 213.8 파운드를 찍은 것이다. 4파운드만 더 빼면 보름 새 총 12파운드를 줄여 날씬했던 10년 전 체중으로 돌아가는 거다. 1978년 1월, 명륜동 모교의 비원 뒤편 산비탈에 있는 종합 운동장의 관중석 벽에 붙여놓은 합격자 명단에서 내 이름을 발견했을 때만큼이나 신이 난 나는, 새로 산 S사의 최신 5G폰으로 얼른 찍어서 페이스북에 동네방네 자랑질 포스팅을 올려놓고는 구글 본사 캠퍼스 옆 '쇼얼라인 레이크'의 트레일 헤드로 차를 몬다. 위도상 훨씬 남쪽인 텍사스의 주민들이 한파로 죽을 고생을 했다는 보도에 왠지 미안한 마음이 들 정도로 새털구름이 은은하게 깔린 온화한 샌프란시스코 베이의 하늘을 올려다보면서 만 사천 보 아침 산책의 첫발을 힘차게 내디딘다.

혹독한 겨울은 이렇게 끝나가고 우기에 비를 흠뻑 맞은 들판은 파릇파릇 풀이 돋아 온통 장관을 이루고 있다. 바야흐로 봄이다. 코로나로 50만 명이 넘는 엄청난 인명이 누적 희생된 암울한 겨울도 예방접종을 맞는 사람들이 여기저기 보이는 봄이 동구 밖까지 다가오면서 이윽고 기세가 꺾일 기미가 보인다. 아무리 힘들다 해도 희망이라는 종이배를 태운 세월이라는 도도한 강물은 이 구비 저 구비 돌면서 유유히 흘러간다.

목련은 지고 벚꽃이 피니

2021-04-03 (토)

　느긋하게 푹 자고 일어난 주말의 늦은 아침 햇빛이 환히 들어 밝고 따사해진 욕실에 들어선다.

　사각사각… 머리에 북실북실 뭉개낸 샴푸 거품을 한 움큼 떠서 얼굴과 턱선에 바른 뒤 왼손가락의 촉각이 전해주는 대로 까끌까끌한 부분을 찾아 따라가며 조심스럽게 면도기를 움직이자 얼굴은 이내 미끈미끈해진다. 정수리에 뿌려진 더운물이 어깨를 타고 등골을 따라 발끝까지 전신에 흘러내리자, 밤새 몸 안에 갇혀있던 한숨이 "아~" 하는 낮은 신음을 타고 터져 나온다.

　어제저녁엔 중요한 비즈니스 미팅을 위해 오클랜드에 갔다가 중간에 변호사 사무실이 있는 더블린에도 다녀오느라 밤이 이슥해서야 집에 닿았다. 한 150마일 정도 달렸나? 이렇게 오래 애를 쓰고 많은 이들이 바라고 있으니, 일이 잘 진행됐으면 좋겠다는 간절한 바람을 가져보지만, 가끔 어디로 튈지 모르는 변수가 발생하는 경우가 왕왕 있어 성사될 때까지 항상 긴장을 늦출 수 없고 노심초사해야 하는 것이 덩치가 큰 커머셜 부동산 딜의 묘미이자 애환이다.

세상에나. 이번의 바이어는 어찌나 열심히 사는 분인지… 꼭두새벽에도 필요하면 문자를 보내며 열의를 보인다. 20대 초반에 도착해 이민 기간이 벌써 40년 가까이 흘렀고 미군에도 보병으로 자원 복무한 경험이 있다고 하여 다 그렇게 되는 건 아니겠지만, 번득이는 무테안경 너머 예리한 표정으로 그가 구사하는 영어가 얼마나 유창한지 나는 언뜻언뜻 놀랄 때가 많았다. 세련되고 맥을 빨리 짚어나가는 한국어 구사 능력이야 두말할 나위도 없다. 나는 2000년 초반 IMF 사태로 대우그룹이 공중분해 되던 안타까운 기간 중 본사 사옥에 있는 그룹 전담 은행 점포를 맡아 3년여 기간 동안 일하면서 적어도 일반인보다는 깊은 정보를 접할 수 있었는데, 그 대우그룹의 고 김우중 회장이 아마 젊은 시절 이렇게 열심히 뛰며 세계 경영을 위해 매진하지 않았을까 하는 기시감에 감탄한 적이 한두 번이 아니다. 중키에 살짝 머리가 벗겨진 외모도 아주 똑 닮았다.

오클랜드에서 집으로 오는 방향을 택할 때 나는 몇 초간 망설였다. 다리를 맨 나중에 건너는 밋밋한 880 프리웨이를 택할 것이냐, 아니면 약간 도는 듯하지만 샌프란시스코를 거쳐서 101번 프리웨이를 타고 내려오느냐? 전광석화, 어느새 나도 모르게 차는 달빛 교교한 베이 브리지를 올라타고 있다. 차창 밖 무심한 바다를 내려다보니 마피아의 전설적인 두목 알 카포네가 40세인 1939년까지 갇혔다가 매독성 치매로 병보석된 연방 교도소 자리가 아직도 유적으로 남아있는 알카트라즈섬이 샌프란시스코 베이에 오도카니 떠 있다. 저 멀리 내해가 태평양으로 빠져나가는 곳에는 아름다운 금문교가 한 장의 그림엽서처럼 수줍은 자태로 야경을 멋지게 장식하고 있다.

금문교야 더 이상의 설명이 필요 없지만, 나는 기막히게 웅장한 베이 브리지의 위용과 미학에도 일찌감치 반해서는 건널 때마다 탄성을 지르게 된다. 오클랜드에 갈 때면 일부러라도 꼭 들르는 한인마켓에서 산 두텁떡 한 팩을 뜯어 휘영청 떠오른 보름달을 바라보며 한입 아웅 맛있게 베어 먹는다. 연두색 콩고물이 운전하고 있는 무릎에 솔솔 떨어진다. 오늘 저녁은 이걸로 마쳐 이제 관성이 붙은 다이어트에 박차를 가할 생각이다. 아직 견고하게 버티고 있는 마의 210파운드 벽은 2파운드 차로 한 달 넘게 깨지는 못했지만, 나는 이번 팬데믹 기간 중 오히려 10파운드 가까이 체중을 줄였으니 이만하면 상당히 남는 장사다. 비결이라면 열심히 걷되 식탐을 절대 줄여야 하고, 그래도 몸 안에서 식욕이 아우성칠 때는 무조건 또 밖으로 나가 산책하며 먹지 않고 달래주는 것인데 나름대로 참 효과가 있었다.

한동안 코로나 백신을 먼저 맞을 수 있는 65세 이상 시니어분들이 그렇게 부럽더니, 목련이 지고 벚꽃이 피기 시작하면서 캘리포니아의 백신 사정이 한결 나아져 50세 이상은 지금, 그리고 보름 뒤에는 누구나 접종 예약을 할 수 있다는 낭보가 날아들었다. 인터넷에서 10여 분 클릭 클릭을 반복한 끝에 나는 드디어 20여 일 뒤 1차 접종을 받는 스케줄을 받을 수 있었다. 아직 백신 사정이 녹록지 않은 한국의 친구들에겐 괜히 미안한 생각도 들지만, 드디어 내 생애 최대의 사변이 끝나가는 밝은 빛이 저 멀리 터널 출구에 비치기 시작했다. 지독한 인고와 연단이 강요된 이 세월, 망각하고 싶은 이 세월을 함께 버텨내온 사랑하는 모든 이들과 함께 바이러스 3차 대전 전승 축제가 벌어질 것만 같은 타임스퀘어에 나가 개선한 수병처럼 기쁨의 입맞춤을 나누고 싶다. 가자.

5월의 콜리플라워 사랑
2021-05-08 (토)

'톡. 톡. 클릭 클릭… 자 다 됐어요.'

와우! 20초도 안 걸린다.

불과 한 달 전 교체해 1,200마일밖에 안 달렸는데 엔진오일과 필터를 점검해야 한다는 메시지가 계기판에서 계속 뜨길래 신경이 쓰였던 나는 오일 체인지 샵에 차를 몰고 가서 좀 봐 달라고 했다. 주인인지 매니저인지, 아주 친절한 친구가 날 보고 잠깐 차에서 내려보라 하더니 운전석에 앉아 계기판의 리셋 메뉴를 찾아 능숙한 솜씨로 몇 번 누르고 나니 거짓말처럼 골치 아팠던 에러 메시지가 사라졌다. '오-썸!' 나는 주먹 부딪기로 그에게 감사를 표했다. 자기 분야의 전문가에게 좋은 서비스를 받고 나면 우리는 정말 흐뭇해진다. 오일 샵도 결코 만만한 비즈니스가 아닌가 보다. 수많은 차의 계기판을 보고 간단한 리셋 조작을 할 수 있어야 한다니 말이다.

"스트로베리, 체리 앤드 언 에인절스 키스 인 스프링~" 멋진 서비스에 기분이 한결 부드러워진 나는 프랭크 시나트라의 딸로 어느덧 팔순이 된 낸시 시나트라가 27세 때인 1967년 리 헤즐우드와 듀엣으로 불러 공전의 히트를 기록했다는 '서머와인'을 흥얼흥얼 따라 부르며 바닷가를 걷는다. 돌아오는 길에 계란을 한 판 사러 들른 코스트코에는 입구 쪽 제일 잘 보이는 곳에 온통 장미꽃 붉은 다발이 한가득 놓여 다른 인기 계절상품들을 몰아내고 자리를 점령하고 있다. 올해도 어김없이 마더스 데이가 다가왔다는 것을 알려준다.

5월은 가정의 달이요, 사랑의 달이다.

오월 오일 어린이날이 오면, 어린 우리는 초등학교 운동장에 모여 '앞으로나란히' 줄 맞춰 서서는 밀가루 반죽에 이스트만 조금 넣어 부풀린, 두 쪽의 맨숭한 맛의 얇은 빵 사이에 하얀 크림을 살짝 발랐을 뿐인 20원짜리 삼립 크림빵을 한 개씩 배급받고는 마치 생일이라도 된 듯 흐뭇해했었다. 우리는 어린이날을 제정해 주신 선구자 소파 방정환 선생님을 그리며 마음속으로 존경과 감사의 뜻을 표했다. 그리고 사흘이 지나면 어머니날이라 문방구에서 카네이션을 사서 할머니와 어머니 가슴에 옷핀으로 달아 드리곤 했다.

"나실 제 괴~로움, 다~ 잊으시고"

초딩 때 어머니날이면, 얼굴도 이쁜 데다 우리 산동네 코흘리

개 무지렁이 남자아이들은 언감생심 꿈도 못 꾸던 피아노를 벌써 체르니까지 떼, 선망의 여학생 중의 한 명이었던 윤영이가 앞에 나가 공주 같은 자태로 반주하는 풍금에 맞춰 이 노래를 제창했었다. 그러다 이 대목에 이를 때면 나는 괜히 목이 메어져 붉어진 눈시울로 노래를 잠깐 멈추고는 교실 천장을 올려다봤다. 실토하자면, 어머니가 돌아가신 지 어언 10년째, 환갑이 지난 지금도 그렇다.

"언능와~ 매시 포테이토용으로 씨알 굵은 좋은 감자를 벤더가 들여놔 줬어. 대홍단 감자 못지않게 큰데 몇 개 줄 테니까…. 정말 맛있네."

함경도 출신 실향민 가족의 막내아들로 태어나 모교 졸업 후, 내가 '83년 공군 소위로 복무를 시작한 오산 비행장 바로 옆 도시인 평택의 평택종고의 총각 물리 선생님으로 부임해 2년간 봉직하던 중, 서울대 간호대를 졸업해 미국에 취업한 큰누나의 초청으로 45년 전 온 가족이 미국으로 건너왔다는 H 선배의 살가운 전화다. 미국에 도착해 7살 터울의 역시 서울대 출신의 큰형님과 함께 UC Davis에서 청운의 꿈을 안고 공부를 하다 큰형님이라도 박사학위 공부를 편히 마칠 수 있도록 자신은 학업을 중단하고 부모님을 모시며 홈 디포 파트타이머 등 일을 하며 이민 초창기 생활을 힘겹게 이어갔다고 한다. 그러다 42세에 부인과 함께 서니베일에 있는 미국 스테이크 식당을 인수해 27년째 성공적으로 운영하면서 실리콘 밸리 최고의 부촌에 큰 집도 장만한 성공한 레스토란터가 되었다. 식당이 위치한 대형 쇼핑센터는 불어닥친 실리콘 밸리 재개발 광풍에 예외 없이 쓸려, 입주해 있던 20여 다른 가게들은 리스 연장을 못 받은 채 속속 쫓겨나 이제는 가게가 3곳만 남아 황량한 바람만 쓸쓸히 불고 있다. 다행히 잔여 리스 기간이 상당히 남은 선배는 이제 막 팬데믹에서 회복되기 시작하는 비즈니스를 계속하면서 새 건물주와 리스 바이아웃 협상을 진행 중인데, 원만히 타결되면 미련 없이 은퇴할 계획이라 한다. 콤프레서까지 돌려 가게 안의 온갖 장비를 웬만한 수리공 못지않게 직접 고쳐가며 알뜰하게 관리를 해 왔다는 선배가 웃으며 넋두리한다.

"다음 세상에 태어나면 레스토랑은 절대로 안 할 거야. 정말 지긋지긋해. 지난번에 2개 준 콜리플라워는 다 먹었어요? 또 줄게."

신록의 계절, 푸르른 5월은 우리에겐 사랑과 감사가 넘치는 아름다운 계절이다.

에루화, 병가지상사!

2021-06-12 (토)

"덕환, 넌 벌써 이 세상 사람들 90%보다 훨씬 더 많이 알고 있어. 수학을 전공한 액츄어리(보험계리인 Actuary)들이나 알아야 할 복잡한 수식까지 이해하려 들 필요는 없어."

완벽히 준비되지 않았으면 남을 가르치거나 부모가 되겠다거나 하는 일에 선뜻 나서지 않던 경향이 있는 내가 어떤 부분을 꼬치꼬치 캐물었을 때 그가 해준 말이었다. 맞다. 수영을 완벽히 배운 다음에야 풀장에 들어가겠다고 해서는 영원히 수영을 배울 수 없는 것처럼 지나친 완벽만을 추구하다 날 샐 수는 없는 일이다.

줌 화면 저편으로부터 쩌렁쩌렁하게 들려오는 힘찬 목소리의 주인공은 지난 20여 년간 산호세 지역본부의 총괄 대표로 일하다 은퇴한 뒤 지금은 에이전시 오너들 교육 컨설팅을 담당하는 나의 사부, 칠순의 데이브 영감님이시다. 내가 부족한 영어 실력으로 이미 배웠던 걸 묻고 또 물으면 가끔 역정도 내시지만 결코 밉지 않은 분이다.

지난번의 비즈니스, 워컴, 주택보험에 이어 오늘은 생명보험에 관한 교육이다. 파머스 유니버시티에서의 혹독한 5주 교육을 마쳤지만 배움엔 끝이 없다. 다양한 편의성으로 선풍적인 인기를 끌고 있는 '유니버설 라이프'가 캐시 밸류의 축적이 없는 기한부 상품 '텀 라이프'보다 보험료가 높을 수밖에 없는 영속성 생명보험 시장에서 거의 70%를 점유하고 있다며 그가 해준 거의 1시간 동안의 일대일 줌 트레이닝을 마칠 무렵 내 얼굴에는 슬며시 철없는 미소가 번져나갔다. 42세에 이민 와 근 20년을 미국에 살면서 나름 전문 분야라 할 수 있는 보험 에이전시의 오너가 되고 또 상품 전반에 대해 미국인 컨설턴트에게 1시간의 줌 트레이닝을 영어로 수강하고 대화하며 질문할 수 있는 수준에 이르렀다는 것에 대한 뿌듯함 때문이었다.

내가 철없다 한 것은 내용을 알아듣기만 하면 마치 수입이 저절로 생기기라도 하는 것처럼 잠시 착각했기 때문이다. 현실은 절대 그렇지 않다. 알아들어 흡족하다는 자기만족 레벨에서 벗어나 실제로 누군가에게 서비스를 팔았을 때야 비로소 의미가 생기는 것이다.

실력 있는 주방장의 입맛 소문을 듣고 삼삼오오 찾아간 식객들이 긴 줄 서기를 마다하지 않는 유명 냉면집도 아닐진대, 내

상품이나 서비스를 사려고 자발적으로 찾아오는 사람은 아무도 없을 것이다. 아는 사람들에게 부탁하든, 신문이나 인터넷을 통해 불특정 대중에게 광고하든 그 무엇인가를 파는 행위는 기실 모든 경제행위의 근간이 되는 것임에도 한국인들에게는 오랜 세월 '사농공상'이라며 상공업을 천시하던 풍조가 있어 남에게 무언가를 부탁하거나 파는 것에 대해 겸연쩍어하는 DNA가 있는 것이 사실이다.

잘 아는 사람에게조차 괜히 헛기침하고 나서야 말을 꺼낼 수가 있고, 말하는 동안에도 식은땀도 가끔 흘리며 얼굴도 좀 붉어지는 것이다. 바로 거절하면 어쩌나 하는 두려움 때문이다. 그런 심리적 장벽을 극복하는 방법이라면 세상의 거의 모든 이가 그 무언가를 팔면서 살고 있다는 것을 자각하며 스스로 담대해지는 것이다. 즉, 그들처럼 나도 파는 것뿐이니 거절당하더라도 멋쩍어지지 말고, 무거운 기분을 가상의 마음속 칠판지우개로 싹 지운 뒤 다른 사람을 노크하면 되는 것이다. 에루화, 병가지 상사!

나의 본업인 부동산 중개업은 15년간의 산전수전 노하우가 쌓여 큰 맥을 짚어가며 시간 관리를 할 수 있는 경지에 이른 반면, 경기와 사업 운에 따라 부침이 심해 머릿속 공상으로 보내는 시간도 많은 편이었다. 거기서 축적된 경험을, 역시 10여 년 전 합격했지만 2년마다 500불씩이나 갱신 수수료를 내면서도 장롱 속에만 고이 모셔뒀던 보험 라이센스와 접목해 활용하느라 나는 요즈음 바쁜 일과를 보내고 있다. 생소한 분야였던 비즈니스, 워컴, 자동차, 주택은 물론이고 라이프 등 보험업계 전반에서 활약하고 있는 유능한 전문인들과 생생한 현장경험을 서로 나누며 교류하다 보니, 이 세상은 정말 내가 모르는 분야가 너무 많다는 사실 앞에 겸손하게 된다.

넓어진 시야로 보니 이 세상 부동산이 아닌 것이 없고, 보험이 관여되지 않은 곳이 없다는 것을 알게 되었다. 이민 비행기에서 막 내려 무엇을 할지 아직 방향을 정하지 못한 분들이 있다면 고민하느라 시간만 허송하지 말고, 보험/재정 분야에 한번 과감히 뛰어들어 보라고 권하고 싶다. 짧은 영어가 분명 걱정일 텐데 바로 지금부터 시작하면 더딜지언정 영어는 분명히 조금씩 조금씩 속살을 보여줄 것이다.

롬바르드 꽃길의 수국
2021-07-17 (토)

　수선화? 아닌데⋯ 아, 너무도 아름답게 소담한 색으로 활짝 핀 이 꽃 이름이 뭐였더라⋯.

　팬데믹이 오기 전 해인 2019년 봄이니 어느새 2년이 흘렀나 보다. 벌써 50년 전 초딩시절 이야기이다. 여학생 중에서는 제일 공부도 잘하고 앞에 나가 발표도 어찌 그리 잘하던지, 사춘기가 올 둥 말 둥하던 우리 남학생들 사이에서 선망의 대상이었던 채식이가 인터넷 동창회 밴드에서 소통 끝에 생애 첫 미국 여행길에 이곳을 들러 근 50년 만에 재회를 했다.

　유학생으로 이민 오셔서 인텔리 할아버지가 되신 가든그로브의 숙부댁에 짐을 끌러놓고는 다음 날 바로 내가 사는 샌프란시스코로 렌터카를 빌려 두 살 위 터울의, 그러니까 내게도 2년 선배가 되는 역시 우등생 출신 언니분과 함께 다니러 왔다.

　당시는 4월 초라 꽃들이 이렇게 활짝 피기 전이어서 꼬불꼬불

아기자기 내려가는 언덕길 외에는 별다른 감흥이 없었는데, 이번 일요일 날 모처럼 달린 샌프란시스코의 롬바르드 꽃길에는 화려한 색채의 하이드랜저(Hydrangea 수국)가 만개해 장관을 이루고 있었다. 아직 팬데믹의 영향권에서 완전히 벗어났다고 할 수는 없는 상황이라 관광객은 2년 전보다 훨씬 줄은 채였다. 혼자 보기엔 너무 아까워 서행해 내려가는 차에서 찍은 스마트 폰 영상을 초딩 동창 밴드에 올렸더니 친구들의 탄성이 환청인 듯 내게 들려오는 듯했다. 주말에 이렇게 타운에서 벗어나 보기도 얼마 만인지.

　지난 6월 초에 비로소 두 차례의 백신을 모두 맞고 한숨 돌리기까지 짧은 거리나마 드라이빙하는 것조차 번거로이 여기며 살다 보니 주말에 딱히 사는 타운을 벗어난 기억이 별로 없었다. 불과 2년 전까지만 해도 주말이면 무작정 차를 몰고 산타크루즈로 내달려 보드워크 해변 테마파크를 거닐다 라벤더 향기 짙은 이름 모를 카페의 패티오에서 런치를 하고는 1번 도로를 따라 운전하다 보면 해 질 무렵 페스카데로 해안 절경의 피전포인트 라잇하우스에 도착하곤 했었다.

　등대 밑 호젓한 벤치에 망부석처럼 앉아 태평양 망망대해를 바라보며 두고 온 고향 땅 인환의 거리에서 스쳐 갔던 아름다운 추억들을 떠올려본다. 무단히 센치해진 나는 '이역만리 이곳에서 이렇게 늙어가는구나' 하며 투정도 살짝 부려보는 것이다.

하와이 호놀룰루쯤 넘어간 저녁해가 만들어내는 인적 드문 해안에서의 석양은 어찌 그리 아름다운지 잠시 넋을 잃고 바라보다 보면 사방은 이내 칠흑 같은 어둠에 잠겼다. 오가는 차도 별로 없는 절경의 퍼시픽 코스트 1번 하이웨이 시골길을 한참을 북상하다 보면 몬터레이 못지않은 아름다운 하프문 베이에 도착하게 된다.

이내 방향을 오른쪽으로 돌려 92번 도로를 타고 크리스털 스프링스 저수지가 있는 울창한 산을 넘고 한때 세계에서 가장 아름다운 하이웨이라 불렸다는 280 프리웨이를 만나 30마일가량 남하해 집에 도착하면 총 150마일의 훌륭한 일요 드라이브의 추억을 쌓을 수 있었다.

무슨 바람이 불었는지 지난 일요일엔 팬데믹을 핑계로 도저히 집 근처에서만 맴돌 수는 없다는 강박감이 밀려와 나를 무작정 달리게 했다. 방향은 북쪽으로 잡았는데…. 하프문 베이 근처 야생화가 흐드러져 있을 이름 모를 절벽 해안 길을 산책하며 하루를 보낼까 하다가 아무래도 사람들 구경하는 재미가 솔찬히 있을 샌프란시스코로 향했다.

유명한 롬바르드 꽃길 인근 케이블카 길에서 근 30여 년간 리커스토어를 운영 중인 팔순의 P 어르신께 오랜만에 인사드리고 꽃길도, 피셔맨즈 워프도 구경하며 하루를 보내면 팬데믹발 이런저런 상념에서 잠시나마 벗어날 수 있을 것 같았다. 수십 년 한국일보 독자님이신 이 어르신과의 만남은 참으로 귀한 인연이다. 5년 전인가 내 수필을 보시고 수소문해 전화를 주신 후 세대를 뛰어넘어 이런저런 지나온 인생 이야기를 서로 나눌 수 있게 되었으니, 이보다 더 아름다운 인연이 어디 있을까.

이 어른이 낯선 미국으로 이민 와 수십 년 생업 전선을 꿋꿋이 지켜오신 뚝심을 생각하면 정말 존경하지 않을 수 없다. 이분처럼 (멀리 LA에서도) 귀한 전화를 걸어주셨거나, 우연히 토너먼트에서 한 조가 돼 골프를 치면서 잘 읽었다며 코멘트를 해주신 분들이 내게는 열 손가락으로 셀 수 있을 정도 있는데, 한 분 한 분 떠올려보면 정말 소중하고 귀한 분들이다. 내 인생에 이런 아름다운 인연들이 찾아오리라는 것을 상상이나 했을까.

백신을 맞고 나니 변이 팬데믹이 기승을 부리고 있긴 하지만, 아름다운 이 세상 소풍을 마치면 누구나 하늘로 돌아가야 하는 것이 우리네 인생이다. 이렇게 아름다운 인연의 색실로 하트 무늬를 뜨개질해 날마다 조금씩 조금씩 키우듯 살 수 있다면 이 세상 더 이상 바랄 것이 또 무엇 있을까.

그리운 아줌마

2021-09-11 (토)

"앗다, 즐라도 광주랑께 또 묻고 또 묻는디야~?"

내 일생일대의 숙적이었다가 이제는 절친이 된 경남 양산의 세 살 터울 위 누나와 나는 모처럼 카톡을 하면서 스마트 폰 화면 뒤에서 서로 키득키득 웃는다. 몇 달 전 심각하게 살이 빠진 누나의 카톡 사진을 보고 놀란 나는 얼마 안 되는 몇백 불을 보내며 즉시 병원에 가 검사를 받아보라 권했고, 누나는 다행히 인후암 초기 증상이 발견돼 키모를 맞으며 더 이상의 악화를 막을 수 있었다. 누나가 흉내를 낸 것은, 내가 어린아이였을 때인 '64년, 사업에 실패한 부모님이 20여 년 살던 정든 부산시 서구 동대신동 저택을 떠나 서울역의 오가는 기차들이 훤히 내려다보이는 용산구 청파동 언덕바지에서 몇 달간 셋방을 사시던 끝에, 초등학교 입학 바로 전 해인 '65년 성북구 돈암동의 절벽 위 초가집을 사서 이사를 와 처음 만났던 불알친구 종모네 아줌마로부터 늘 들어왔던 세상 친근한 호남 사투리다.

종모네와 우리집은 근 20년을 함께 살던 돈암동을 재개발로 떠나야 했을 때 장위동으로 수유리로, 또 우이동으로 함께 이사를 할 정도로(아버지들은 모두 50, 60을 못 넘기고 돌아가셨지만) 어머니끼리도 정말 가까워서, 나는 마치 우리 집에 가는 것처럼 친구가 있건 없건 스스럼없이 불쑥불쑥 찾아가곤 했었다. 그러면 아줌마는 점심이면 점심, 저녁이면 저녁, 하시라도 맛있는 식사를 차려 주시곤 하셨다.

친구와는 티격태격, '니가 옳네 내가 옳네' 싸움도 참 솔찬히 하며 자랐지만, 둘 다 결혼해 아이들이 아직 어릴 때는 진달래 피는 봄이고, 단풍 지는 가을이라며 인근의 우이동 그린파크로, 도선사로, 철마다 함께 피크닉 다니기도 했다. 아이끼리도 대를 이어 친구로 만들어 주려 했던, 정말 떼려야 뗄 수 없는 절친한 친구요 이웃사촌이었다. 고입 연합고사를 무난히 잘 치른 '75년 1월, 사춘기의 심한 열병을 앓던 종모와 나는 태어나 처음으로 집을 떠나 호남선을 타고 멀리 전라남도 광주시 학동에 사시던 종모네 외삼촌 댁(조병철 당시 조선대 학생처장)에 놀러 갔었다. 우리는 따뜻한 아랫목에 턱을 괴고 누워 고등학생이던 외사촌 형이 연탄불에 노릇노릇 구워 온 가래떡을 조청에 찍어 먹으면서 트랜지스터로 은은히 흘러나오던 이장희의 "나 그대에게 모두 드리리~" 같은 아름다운 노래에 푹 빠지며 내게 다가올 반쪽은 도대체 어디서 무엇을 하는 누굴까? 하며 파피 러브의 무한 상상의 나래를 펼치곤 했었다.

  사흘인가 지낸 후, 우리는 불과 5년 후 광주 민주화 운동의 거점이 된 화순으로 가서 시외버스를 타고 산길(전라도에 산길이 참 많았었다)을 수 시간 달려 보성군 복내면에 내렸다. 다시 버스를 갈아타고 꼬막으로 유명한 벌교를 지나 이윽고 녹차로 유명한 보성군 율어면의 유학자이신 할아버지(제달동 어른) 댁에 밤이 이슥해서야 간신히 도착하였다. 며칠간 머물며 나는 짚으로 아궁이에 불도 때 보고 투박한 시골 가래떡 기계로 설 떡을 뽑는 구경도 해보았다. 처음 만난 시골 친구들과의 논두렁 밭두렁 축구 시합에서는 도시에서 가져간 축구 신기술인 현란한 페인트 모션도 과시해 시골 아이들의 탄성을 자아내게도 하였다. 할아버지와 작별 인사를 나눈 우리는 이번엔 겸백을 거쳐 탐진강 하구언 개발 공사가 막 시작되던 장흥군 장평읍에 있던, 고래 등 같은 기와집이 뼈대 있는 가풍임을 암시하던 외갓집으로 갔다. 닭머리가 통째로 들어있던 전라도식 새해 떡국을 먹으며 화들짝 놀랬던 기억이 지금도 바로 어제 일처럼 생생하다.

  70년대 초반 모두가 못살던 산동네에서의 팍팍했던 삶 속에서도 종모네 집은 아버님이 국립 중앙도서관에서 안정된 사서 공무원 생활을 하시는 한편 서지학자로도 이름이 높으셔서, 집안에는 항상 수백 년 된 고서가 수백 권 소장돼 있다가 어느 곳인

가로 팔리거나 기증되고는 하였다. 또 부지런한 아줌마는 부업에도 하루 종일 열심이라 인정이네, 베짱이네, 용자네 등 재밌는 별명의 초딩 여자 후배네 아줌마들과 함께 양복의 초벌 틀을 꿰매는 '가닷 일'로 하루 수십 벌씩 바느질하시며 알뜰히 사셨다. 자연히 동네에서 수도 가설도 철제 캐비닛도 닐 세다카의 '유 민 에브리띵 투 미'가 흘러나오던 전축도, 텔레비전도 제일 먼저 장만했을 정도로 여유가 있는 집이 되었다.

중딩이던 내가 불과 세 살 차라 만만했던 누나와 철없는 일로 투닥투닥하던 끝에, 누나가 비닐로 곱게 싼 내 교과서 몇 권을 마당으로 내팽개치며 내 가슴에 결정적인 못을 박으면, 그만 육박전 일촉즉발의 상황으로 번지며 동네가 소란스러워지기 시작했는데, 그럴 때마다 밑에 집의 종모 아줌마는 근심스러운 얼굴로 후다닥 달려 오셔서는 "앗따, 고만하랑게?" 하시며 싸움도 뜯어말려 주셨다. 보험회사에 다니시던, 열 살 정도 위의 우리 엄마가 파김치가 돼 저녁에 귀가하시면 "형님, 은영이 저것, 오메, 썩 발이 같은 년, 싸납등그~." 하시며 주로 누나의 비리를 엄마에게 일러바쳐 내 편을 들어주곤 하셨다.

오늘 출근해 주차장을 걷자니 오동잎이 한 잎 쓸쓸히 길 위에 구르며 가을이 왔음을 내게 알려준다. 10여 년 전 돌아가신, 우리에게 그렇게 잘해 주시던 아주머님을 생전에 찾아뵙고 인사드리지 못한 불효에 후회막급이다.

'아줌마, 천국에서 내려다보고 계시지요? 다시 뵐 때까지 안녕히 계세요.'

꽃 중의 꽃, 복 중의 복

2021-10-02 (토)

"보통은 애 엄마가 키우겠다고 한다던데?"

내 생애 최고의 사변이라 말하는데 일말의 주저도 없는 이번 팬데믹이 터진 작년 4월 이후, 근 17개월 만에 반갑게 만나 이야기를 나눈 아담한 체구와 온화한 표정의 이 흑인 친구는 에티오피아 출신의 52세 재혼남 '디쌀리'이다. 근 10년간 자주 만나던 YMCA가 아닌 이웃 집의 자쿠지에서 재회한 것이었다. 나의 약점을 하나 자수하자면…, 외국인의 이름을 잘 기억 못 한다는 것이다. 방금 통성명을 했으면서도 너무 얼굴을 뚫어지게 쳐다보며 이야기를 듣는 경향이 있어선지 나는 그가 '로버트'였던가 '앤드루'였던가 가물가물해서 꼭 다시 물어보면서 스스로 황당해하는 경우가 많다.

그래서 이번에는 배꼽 옆 살을 살짝 꼬집으며 단단히 기억했다가 잊어먹기 전에 스마트 폰 콘택(연락처)에 단단히 입력해 두었다. 한국전쟁 당시 16개 유엔 참전국의 일원으로 우릴 도와 파병해 준 나라요, 이상하게 잘 기억되는 이름인 셀라시에 황제와 수도인 아디스아바바, 그리고 반세기 전 지구촌 최강의 마라토너로 축구 황제 펠레와 견줄 만큼 이름 높았던 맨발의 비킬라 아베베 그리고 아프리카 국가 중 유럽(이탈리아)의 식민침략 기도를 단호히 물리친 유일한 나라로 국가적 자긍심이 엄청 높다는 나라, 바로 에티오피아다. 그는 '93년 에티오피아에서 독립한 에리트리아 출신 엄마와의 혼혈이라고 말한 적이 있었는데, 피부색 기준의 혼혈만 알고 살아온 나에게는 좀 생소한 개념의 혼혈이었다. 그의 부친은 에리트리아 해방 전선과의 교전 중 그가 유소년기였던 40여 년 전 전사했다고 한다. 그의 표정에 배어 있는 쓸쓸함이 비로소 이해된다.

팬데믹으로 사람들의 라이프스타일에도 많은 변화가 생겼다. 아직도 단축 운영 중인 YMCA로 복귀하는 사람들은 거의 없고 개장 시간이 훨씬 긴 경쟁 피트니스 센터로 이렇게 10년, 20년 된 단골 멤버들이 대거 이동해 왔으니, 모르긴 해도 YMCA의 존립에도 큰 타격이 갔을 것이라는 짐작은 어렵지 않다. 그는 멘로 팍에 위치한 페이스북의 카페테리아에서 풀타임 요리사로 일하고 있는데, 이번에 이 체육관으로 옮기면서 1년 치를 선납하기도 했거니와, 여러 가지 편의성으로 볼 때 YMCA로 다시 돌아갈 이유를 찾기는 어려울 거 같다고 했다. 모처럼 서로의 안부를 묻던 중 우리의 화제는 그와 완전 판박이에 키만 약간 큰 23세의 아들 '히이압'의 얘기로 자연스럽게 이어졌다. 아들은 내가 10여 년간 참가했던 YMCA 수영장의 토요 '딥 워터 아쿠아 부트 캠프' 멤버 중 최연소여서 환갑에 가까운 멤버들이 주축이었던 클래스에서 영 건으로 분위기를 띄워 항상 멤버들의 큰 사랑을 받아왔었다.

비즈니스 전공으로 풋힐 커뮤니티 칼리지를 졸업하고 산호세 주립대로 편입한다더니, 팬데믹 기간 어느새 후딱 졸업하고는 전공을 살려 좋은 직업을 잡고 독립해 나갔다는 것이다. 약 15년간 싱글 대디로 외롭고 힘든 시간을 보낸 보상이라는 듯 그는 홀가분한 표정으로 옅은 한숨을 내쉰다. 성격 차로 전 부인과 이혼할 무렵 어린아이였던 아들이 아빠와 함께 살겠다고 해 이후 주욱 홀로 키워오다 이제야 짐을 벗게 됐고, 팬데믹 직전에는 자신도 18세나 어린, 에티오피아 국화인 칼라 릴리처럼 아름다운 34세의 독일에서 살던 에티오피아 여인을 데려와 재혼한 뒤로 새 신부가 자신을 마치 어린 아들처럼 세심하게 케어하고 사랑해 줘 요즘은 정말 클라우드 나인(지복운)을 타고 있는 듯 절정의 행복감 속에 살고 있다고 한다. 나는 홀로 외롭게 살아온 그에게 찾아온 커다란 행복을 진심으로 축하해 주면서 우리나라에서는 그렇게 나이 차이가 크게 나는 신부를 데려오는 신랑을 '도둑놈'이라 부른다고 알려주며 낄낄 웃으니, 그도 재밌다며 따라 웃는다. 젊은 여자 싫다 할 남자가 어디 있겠냐마는, 나는 너무 나이 차이가 나는 상대는 피하고 싶다고 했다. 젊음 그 자체로 이쁜 여자가 옆에 있으면 날이면 날마다 중독처럼 사랑하게 돼 진이 빠진 쭉정이처럼 삐삐 말라 그만 일찍 죽을 거 같아 두렵다고 하니, 그는 그건 기우일 뿐이라는 것이다. 그냥 매일의 행복한 일과(?)일 뿐이라는 거다. 쩝, 정말 좋긴 좋은가 보다.

　사랑이란? 어려울 거 없다. '관심과 애정이 담긴 섹스'를 말하는 것이다. 여당의 유력한 대권 후보자가 형수에게 내뱉은 어이없는 지독한 욕설이 요즘 큰 화제인데 그로 인해 무의식의 장막 뒤에 뭉수리 있어야 할 여성의 신체에 관한 신비감이 백일하 저잣거리에 까발려져 사라진 허무한 현 세태에 대한 자조가 깊다. 각설하고…, 그래서 나는 삼국지의 동탁이 총애했다는 초선이 같은 경성경국의 미색이 다가와도 아주 젊은 여자는 피할 것인가? 아무래도 그럴 것 같다.

　엊그제는 산타클라라 한인타운 안에 자그마한 리테일 샵을 구하는 고객을 도와주고 나서 같은 몰 안의 '오복'이란 순대국밥 집에서 모처럼 얼큰한 순댓국을 이른 저녁으로 들었었다. 두고 온 고국의 향토 미각에 대한 소중이 해소되는 기쁨을 느낄 수 있었다. 오복이라면 장수, 부자, 건강, 다손, 치아의 복 아닌가. 남자들에게는 특히 빠질 수 없는 여복도 오복 어느 한 가지에 결코 빠질 수 없는 중요한 복 중의 복이라는 것에는 누구나 고개를 끄덕일 수밖에 없다.

사랑이 흐르는 실리콘 밸리

2021-11-06 (토)

땡똥. '몸은 좀 어때?' H 선배가 SFO에서 사돈이 될 집을 방문하기 위해 덴버행 유나이티드 항공에 탑승하기 직전 보낸 문자다. 엊저녁의 내 모습을 보고 염려하는 선배의 문자를 읽고 있자니, 만추의 아침 햇살을 받은 내 가슴의 냉골 구들장엔 따스한 온기가 퍼져 나간다.

'77년 UC 데이비스에서 함께 유학 생활을 하다 방금 문자를 보내준 H 선배는 생업을 위해 학업을 중단하고 산호세로 내려왔고, 미래 인연을 맺게 될 다른 집의 예비 사돈은 박사학위까지 마친 뒤 산호세로 내려와 다시 만나게 되었는데 이전부터 이 두 집은 올망졸망 아들딸들을 한데 어울려 키우던 이민 1세대 이웃사촌들이었다고 한다. 그 집이 대형 와인 가게를 인수해 20여 년 전 콜로라도로 이주한 뒤로 강산이 두 번 변할 동안 연락이 끊어졌었다가, 산호세에 볼일이 있어 오랜만에 내려온 예비 사돈이 선배가 운영하던 스테이크 레스토랑으로 어느 날 떠억 하니 들어서시더란다. 이십여 년 만의, 그분의 작심한 그 발길이 두 집을 이웃사촌에서 사돈 집안으로 엮어주게 될 줄 누가 알았겠는가. 초·중등학교를 같이 다니며 몇 살 위의 동네 오빠였던 준수한 사윗감은 아버지를 도와 사업수완을 발휘하며 건실하게 와인 비즈니스를 하고 있지만, 마흔이 다 되도록 혼처를 못 구하고 노총각으로 나이들어 가는 것을 가슴 졸여 지켜만 보던 예비 사돈 부부는 문득 선배네 집의 이뻤던 두 딸의 안부가 궁금해지셨다는 거다.

여우(?) 같은 작은딸은 일찌감치 제 짝을 찾아 이 비싼 실리콘밸리에 부모의 도움으로 멋진 단독주택도 구입해 알콩달콩 신혼의 단꿈에 빠져 사는 데 반해, 수년째 뉴욕에서 직장 생활을 하며 서른 후반이 되도록 혼자 사는 큰딸을 생각할 때마다 사춘기 딸을 임오군란 시대 고리타분 조선관군 방식으로 하도 억누르며 키워 의기소침하게 자라게 한 데 대한 죄책감과 안쓰러운 마음이 교차하여 선배는 한숨만 푹푹 쉬며 반성하며 가슴을 치면서 살아왔다고 했다.

그런데 이렇게 9회 말 역전과 같은 결혼 드라마를 쓰게 됐다며 얼마나 좋아하던지, 듣던 나도 덩달아 신이 났다. 그렇게 아름답다는데 나도 언젠가는 콜로라도에 꼭 한번 가보고 싶다는 생각은 더욱 굳어졌다.

1년 임기의 TDY(Temporary Duty)로 오산 미 공군기지 내 전술 정보단으로 파견됐다가 같은 기지 내의 한국 공군 작전사령부 신참 정보장교(소위)로 배속된 나와 절친이 됐던 브루스 대위가 귀국해 근무한다던, 미 공군 교육 사령부가 있는 덴버의 라우리 공군기지(Lowry AFB), 그리고 공군 사관학교가 있는 콜로라도 스프링스도 가보고 싶다. 얼마나 아름다우면 한 세대 전 '애니즈 송' 등 불후의 컨트리 포크송을 수십 곡 부른 싱어도 자신의 이름을 '존 덴버'라고 지었겠는가. 페이스북을 아무리 뒤져도 브루스 대위의 종적을 도무지 찾을 수가 없는데, 나도 선배의 예비 사돈 분처럼 직접 기지로 찾아가면 그의 소식을 듣기는 아마 어렵지 않을 것이다.

이곳 샌프란시스코 베이지역 대학 동창회의 원로로 나의 왕팬이신 선배님에게 이야기했다가 "그렇게 몰랐냐"며 밉지 않은 타박도 받았지만(쩝..), 내가 제대 후 직장 초년병으로 박박 기며 머릿속엔 어떡하면 인정받아 미국지점에 발령받아 보나, 하는 생각에 실무 교본을 들고 파던 '87년 여름, 팀 스피릿 한미 합동 군사훈련 참가를 위해 보름간 한국을 다시 찾아온 브루스 대위를 서울에서 만났을 때였다. 교회라고는 12살 초딩 5학년 때 삶은 계란을 나눠 준다는 말에 솔깃해 큰 북을 치며 교회당을 가득 메운 사람들이 "천사의 음성 들린다~" 찬송가를 우렁차게 합창하던 돈암동 전도관에 친구 따라 딱 한 번 갔던 것이 전부로, 교회에 대해서는 일자무식했던 내게 그가 세계에서 제일 큰 교회를 구경시켜 달라고 하니 어디를 말하는지 도통 알 도리가 없었다. 두 달 전 타계하신 (고) 조용기 목사님이 창립한 여의도 순복음교회를 몰랐다니 도대체가 말이 안 되는 일이었다. 신문에서 그런 보도를 잘 안 해준 탓이라고 핑계를 대며 모면하고 싶지만 소용없는 일이다.

좀 있으니, 이번에는 어제 칠순을 맞아 자택에서 몇 명만 모인 가운데 조촐하게 축하 디너를 함께 했던 L 선배도 전화를 주셨다. '아니, 멧돼지 같은 등치의 김 회장(동창회)이' 그렇게 몸이 아파하던 걸 보니 걱정이 많이 됐다는 것이다. 이대 목동 병원 수간호사로 근무하던 바쁜 중에도 세계 유수의 미국 메인 프레임 컴퓨터 회사의 한국 지사장으로 펄펄 날던 선배님을 잘 내조해 오던 형수님을 유방암으로 잃고 짝 잃은 외기러기로 쓸쓸히 사신 지 어느새 10년, 아들은 한국에서, 딸은 뉴저지에 근무하느라 꽃다발만 보낼 수밖에 없어 가족은 아무도 없이 칠순을 맞은 것이다. 축하 분위기로 흥겨워야 할 식탁에서 나는 식은땀이 줄줄 나고 몸에서 열이 펄펄 나 견딜 수가 없었다.

큰 딜의 추진이 막바지 타결 단계에 이르러 며칠간 극도로 신경을 집중한 탓도 있었고…, 선배의 칠순을 축하하느라 거푸 원샷을 때리느라 정신이 혼미해진 데다 몸에 걸친 90% 폴리에스터 혼방 와이셔츠는 주름이 잘 안 가 좋지만, 통풍이 안 돼 몸에서 얼마나 열이 나던지… 정말 이러다 죽나 싶은 위기감에 웃통을 다 벗고 집 밖에서 찬 바람을 한참 쐬어야 했다. 간신히 귀가해 몸 안의 내용물을 모두 비워내고 더운물 샤워 후 푸욱 자고 일어났더니, 선배들의 염려 덕분인지 거짓말처럼 회복이 된 나는 이렇게 톡톡… 자판을 누르고 있다. 그 중의 제일은 단연 사랑이라.

삼삼오오 토랜스

2021-12-11 (토)

뭉그적거리며 늦잠을 자느라 체육관에 40분이나 늦게 도착했다. 할 수 없다 수영은 제낄 수밖에… 그러나 핫텁에 몸을 담그고 스팀 룸에 들어가 땀을 빼는 것은 결코 빼먹을 수 없다. 몸무게가 슬금슬금, 흥부가 박을 타는 것도 아니고, 도로 늘어나니 걱정이다. 마음이 편해서 그런가? 아니다. 아무래도 요즘 다시 맛을 들인 한국 음식 때문이다. 매운 라면, CJ 제당의 야채 덮밥, 떡, 쌀과자 등… 탄수화물 폭탄을 추수감사절 연휴 내내 여행하며 맘껏 즐긴 탓이다. 삼성 이병철 회장의 장자 집안이지만 오늘날 한국을 먹여 살리다시피 하는 삼성그룹의 적통을 3남인 (고) 이건희 회장에게 넘기고 일찌감치 식품과 영화 사업 쪽으로 주력사업의 방향을 전환해 미국 시장에서 맹위를 떨치고 있는 CJ 그룹을 생각하면 필부에 불과한 나지만 큰 응원의 손뼉을 쳐주고 싶다.

올해도 불과 보름 정도 남은 시점에 돌아보니 지갑도 이 정도면 두둑하고…, 한 해를 큰 걱정 없이 마무리할 수 있게 됐으면 들떠서 아무한테나 시답잖은 말도 걸고 '동지섣달 꽃 본 듯이, 날 좀 보소' 콧노래라도 흥얼거려야 옳을 텐데, 왜 이리 푸욱 가라앉았나 모른다. 변덕인지, 도대체가 감사를 모르는 건지? '아따, 따거워…' 파우더 룸에서 알코올 성분의 애프터 셰이브 로션을 얼굴에 팍팍 바르고 거울을 비춰보니 100킬로에 육박하는 거한이 떡 버티고 서있다. 7~8분 만에 간편하게 염색이 된대서 이름도 그렇게 지은 한국 염색약이 정말 좋긴 한데 머리카락이 어느새 회색으로 변하는 걸 보니 착색 지속 기간은 좀 짧은가 보다. 풀사이드 K 스쿼트 20회, 푸시업 20회로 단련된, 스판덱스 천의 하얀 반팔 운동복을 입은 거울 속의 남자는 뜯어질 듯 긴장감이 감도는 팽팽한 상체를 가슴 양편의 작은 두 꼭지와 함께 선명하게 드러내고 있었다.

쇼핑객들이 들떠서 오가는 백화점 거리에서 들어야 홀리데이 분위기가 물씬 나는 크리스마스 캐럴인데 이게 웬일. '오미크론'이란 듣도 보도 못한 그리스 숫자의 코로나19 변이 바이러스가 창궐해 또다시 많은 나라가 국경을 폐쇄한다는 소식에 가려져 연말 분위기는 완전히 빛이 바랬다. 나도 돌아가신 부모님 대신해 한평생을 지지고 볶으며 가족애를 나누며 정겹게 살아온 한국의 두 누이를 초대해 캘리포니아와 라스베이거스 등을 구경시켜 드리려 했던 계획을 한 달 정도 뒤로 미룰 수밖에 없었다. 사랑하는 동기간, 친지들을 매년 불러 즐겁게 지낼 수 있다면 그보다 좋은 일이 어디 있으랴마는, 삶은 우리에게 그것이 말처럼 쉽지 않다는 걸 가르쳐 주었다. 지나온 세월 한 가족으로 태어나 애환을 함께 했거나, 사회에서 우연한 기회에 소중하게 연결돼 인생의 큰 의미를 나누게 된 귀한 인연들께 감사의 인사를 전하는 것은 참 아름다운 일이다. 내가 새로운 사업을 추가한다고 했을 때 제 일착으로 비즈니스를 주려고 연락해 주신 분들, 한국일보에 게재된 내 수필을 읽고 진솔한 감상을 카톡이나 문자로 보내주신 독자님들, 그리고 자신의 인생과 관련한 내밀한 속사정을 공유해 준 분들 등등… 가만히 세어 보니 한두 분이 아니다.

지난 추수감사절 연휴에는 팬데믹에 찌든 1년여 만에 모처럼 LA로 무작정 차를 몰았다. 같은 내비게이션의 안내를 받을 수밖에 없는 수많은 귀성 차량이 간선도로를 벗어난 이면 도로까지 꼬리에 꼬리를 물고 꽉 들어차 산호세 남쪽 길로이에서 5번 인터스테잇 프리웨이까지 연결해 주는 104마일의 152번 파체코 패스 산복도로를 지나는 데에만도 3시간이 족히 걸렸다. 지겹다기보다는 2002년 1월 한국을 떠나 처음 2달을 살았던 미국의 첫 고향 LA를 향하는 귀성 운전길에 나는 아이처럼 살짝 설레기까지 했다.

도착한 다음 날 모처럼 시간이 서로 맞은 지인분과 점심을 함께 한 나는 이게 웬일? 작은머느리가 될 아가를 생전 처음 만나 아들과 저녁을 함께 하는 정말 귀한 시간을 가질 수 있었다. 미국에서 태어난 한인 가정의 딸이지만, 완벽한 한국어를 구사하는 참한 규수였다. 새옹지마가 새 씨 할아버지 이야기인지, 중국 변방의 말 키우던 영감의 전화위복 이야기인지 사자성어까지는 깊이 모르면 어떤가. 미국서 사는데. 데이팅 앱을 통해 만나 사랑을 키워왔고 한 달 전에는 한인타운의 새 아파트에서 함께 살기 시작했다는데, 너무너무 잘된 일이다. 제짝을 못 찾아 한숨만 푹푹 쉬는 수많은 외로운 영혼들과 그 가족들을 생각할 때 이보다 더 반가운 일이 어디 있을까. 2019년 완공됐다는 호텔 풍의 모던한 한인타운의 아파트는 잘 갖춰진 시설과 인테리어를 뽐내고 있었다. 내년이면 집도 사고 결혼도 하겠다니 비로소 인생의 큰 물줄기를 제대로 찾아가고 있다는 안도감을 느끼게 되었다.

  둘 다 상대를 나와 CPA 자격증을 갖고 준수한 회사에서 근무하고 있으니, 앞으로 행복하게 마음을 맞춰 살 일만 남았다. 그리고 또 추수감사절 연휴에 불쑥 내려와 가족과 함께 지내는 지인들을 불러내 놀아 달라고 조르는 만행(?)을 저지를 수는 없는 것이다. 인생이 만나고 싶은, 하고 싶은 일을 다 이루며 살 수 있는 것도 아니고. 그리피스 팍과 남가주 최고봉 마운트 볼디를 바라보는 전망 좋은 교외에서 가진 이틀에 걸친 솔로 하이킹으로 나는 모처럼 만의 남가주 여행 중 건강도 함께 다질 수 있었다.

이렇게 도둑(?) 나들이를 하고 말없이 샌프란시스코로 돌아오면서 가졌던 저간의 마음의 짐도 덜고 서로 간의 안부도 확인할 겸 이번에는 작심하고 필승 공군 제78기 사관후보생 동기 전우 2명을 불러내 토랜스의 '삼삼오오'라는 한국식 선술집에서 만나 오랜 회포도 풀었다. 제대 후 35년 만에 처음, LA서 20년 전에 만났던 두 친구다. 어찌나 빠른 세월인지 벗겨진 머리나 늘어난 주름살로 쏜 화살이 시공을 헤치고 날아온 흔적이 모두에게 뚝뚝 묻어났다.

  올 한 해 팬데믹 난리통 속에 자신을 잘 건사해 낸 모든 독자님께 올해의 마지막 주말 수필로 저무는 한 해 세모의 인사를 정중하게 올린다.

제8장

하프문 베이의 도베르만

보고픈 작은엄마
2022-01-22 (토)

　'대신동 작은엄마는 얼마 전 위암 때문에 위를 절제한 뒤로 미음만 간신히 들고 계시고, 그 위 괴정 작은엄마도 범어사 부설 노인 유치원에 다니고 계시는데 건강이 여의치 않으신 모양이야. 두 분 다 구십 세이시니. 그래서 돈을 보내 드렸어.'
　어린 시절, 자주 뵙지는 못했지만 어쩌다 뵙게 되면 그렇게 따스할 수 없는 자애로운 미소로 우리를 대해 주시던 작은엄마들을 마지막으로 뵌 지가 벌써 몇십 년째인지 모른다. 한국 살 때도 작은 집들의 소식은 간간이 바람결에 들려올 뿐이었고, 내가 미국으로 이민 온 지도 어언 이십 년, 어쩌다 한국엘 가더라도 짧은 체류 기간 일일이 찾아뵙고 합당한 예를 갖춰 인사를 드린다는 것은 말처럼 쉽지 않았다. 막내 넷째 숙모는 아직 팔순이 안되신 데다, 경남 상고 야구선수 출신의 장대한 기골의 삼촌이 80 초반의 연세에도 아직 건재하시니 위의 두 작은엄마보다는 아직 덜 쓸쓸하실 것이다. 새해를 맞아 어릴 적 작은엄마들에 대한 좋은 기억들이 모락모락 피어올라 김해 사는 큰 누이에게 맛있는 식사라도 대접해 드리라며 오십만 원을 보냈더니, 누이가 카톡 전화로 전해준 이야기이다.

종손부인 여섯 살 위의 우리 엄마를 항상 '형님, 형님' 하며 공경하던, 집안의 셋째 서열인 대신동 작은엄마에 대한 확실한 기억은 지금으로부터 48년 전인 1975년, 내가 고등학교에 입학하기 전 겨울방학 때로 거슬러 올라간다. 지금처럼 동장군이 맹위를 떨치던 한국의 추운 1월의 어느 날이었다. 작은집의 장남인 수환형이 서부전선 최일선인 연천군 백의리에서, 육사 8기의 선두 주자로 명성이 자자했고 육사 동기인 고 노태우 대통령의 영부인이 된 김옥숙 여사의 오빠로도 유명한 김복동 사단장 휘하의 예하 부대에서 신병 생활을 할 때, 작은엄마와 함께 면회하러 갔던 특별한 날의 기억이다.

내 또래의 사촌들과 함께 부산에서 통일호 특급열차를 타고 시루떡 한 시루와 이것저것 맛있는 음식을 바리바리 준비해 오셔서는 돈암동 우리집에서 하루를 주무신 다음 날 아침, 불광동 시외버스 터미널로 가 시외버스를 타고 면회를 하러 갔던 것이다. 지금이야 자유로가 시원하게 뚫려 문산 임진각까지 서울에서 1시간이면 달려갈 수 있지만, 당시엔 1호선 지하철만 겨우 개통됐을 때라 돈암동에서 불광동 시외버스 터미널까지 가는데 만도 최소한 1시간에다 연천 전곡 금촌 파주 봉일천 등 일선 지역을 오가는 시외버스를 문산에서 또 갈아타고 어찌어찌 가느라 지금 기억으로는 서너 시간은 족히 걸려서 부대에 닿았던 느낌이다.

 방앗간에서 막 쪄내자마자 경부선을 타고 오느라 하루가 지났지만, 아직도 온기가 남아있는 시루떡과 약과, 잡채, 귤, 삶은 계란, 통닭 등속을 넣어온 보따리를 작은엄마가 위병소 옆 PX 건물의 한편에 마련된 면회실의 탁자 위에 풀자, 자대 배치받아 6개월 정도 지나 검게 탄 얼굴로 군기가 바짝 들어있던 김수환 일병의 얼굴엔 함박웃음이 터졌다. 이내 목이 멜 때마다 칠성사이다를 벌컥벌컥 마시며 시루떡부터 허겁지겁 맛있게 먹는 형을 따라 나도 간만에 특식을 먹는 재미가 얼마나 쏠쏠했는지 모른다.

 군에 보낸 지 6개월 만에 일선의 면회소에서 큰아들을 해후해 바라보는 40대 초반의, 부산의 명문 여고 중의 하나인 N 여고의 응원단장 출신의 활달한 미인이어서 우리에게도 큰 자랑이었던 작은엄마의 시선엔 짠한 마음이 한가득 묻어난다. 부산 유력 일간지인 국제 신보의 법조 출입 기자였던 작은아버지 덕에 유복하게 자라, 부산 최고의 명문인 K 중을 다녀 역시 온 집안의 자랑이었던 형은 대입 재수를 위해 큰집인 돈암동 우리집에서 1년여 지내며 종로의 대입학원에 다녔기 때문에, 사촌인 우리들과 정도 많이 들었는데 어느 날 갑자기 입대하였다.

　올려놓은 보리차 주전자에서 김이 모락모락 나던, 면회객들로 북적거리던 난롯가 옆 테이블에서 작은엄마가 힘들지 않냐고 측은한 표정으로 물으니, 부대에서 얼마나 고생을 했는지 타작마당 시골 머슴처럼 검게 탄 김 일병의 흥미진진한 군대 이야기보따리가 약간의 과장을 담아 좔좔 풀어졌다. 형의 병영 무용담이 어느 대목에 이르렀을 때, 나는 '뭐야, 불과 3~4년 후면 나도?' 하는 생각에 몸서리치게 되었다. 지금도 생생한 그 내용은 이랬다. 병영의 청소 상태를 점검하던 고참들의 신병들에 대한 얼차려가 얼마나 지독했던지, 누군가 막사 주변에 급한 볼일을 본 흔적을 발견하고는 '좋은 말 할 때 자수하라'며 닦달을 하더란다. 시퍼런 서슬에 겁을 먹고 아무도 나오지 않자 급기야 그 고참병은 역겨운 그걸 야전삽으로 파서는 물이 가득 찬 드럼통에 휘휘 젓더니 모두 한 바가지씩 마시라고 해서 마셨다는 거다. 오마이 갓. 요행인지 나는 그런 막장 한국군 드라마를 겪지 않고 군 생활을 마칠 수 있었으니, 천지신명께 감사할 따름이다.

　작은어머님들, 접니다. 며칠 후면 설날이네요. 부디 오래오래 사시기 바랍니다. 임인년 새해 복들 많이 받으세요!

샌프란시스코에 핀 에델바이스
2022-02-26 (토)

'삐릭삐릭, 히요, 호호, 호이오…촉촉촉'

오마이 가앗…. 세상에 이렇게 아름다울 수가 있나. 자정이 지난 야심한 밤에 귀갓길 대문 앞 잎이 무성한 이름 모를 가로수의 나뭇가지 속에서 새 한 마리가 카메라 플래시로 요리조리 비추어 봐도 좀체 모습을 드러내지도 날아갈 생각도 안 하며 10여 분을 계속 울어댄다. 카나리아인지 꾀꼬리인지…. 평생 꼭 한번 들어보고 싶은 '은쟁반에 옥구슬 구르는' 소리도 이렇게 아름다울 수는 없을 것이다. 필시 10년 전 돌아가신 어머니가 축하하러 새가 되어 날아오신 것일지도 모른다는 환상에 잠시 빠진다.

서울에서 정말 열과 성을 다해 나의 멋진 책이 세상에 선보일 수 있도록 애써준 출판사에서는 오늘 저녁 조금 전 마친 '문학의 밤' 콘셉트의 출판기념회에서 사용한 배너, 순서지까지 정말 프로페셔널하게 만들어주었다. 한국의 출판 실력을 한마디로 말한다면? '오-썸 Awesome'이다. 한국의 첨단산업과 문화와 궤를 같이하는 어마어마한 실력이다. 최소의 인원으로 최고의 작품을 만들어내는 실력, 바로 한국의 반도체, 차량, 조선산업의 실력이요 K-Pop의 실력이다. 주고받는 이메일, 카톡의 한 문장 한 단어에도 얼마나 열과 성을 다해 진지하게 프로젝트에 임하는지 절로 고개를 끄덕이게 된다. 이민 와 살던 미국 생활 20년 동안 잠시 잊고 살아야 했던 한국인들의 바로 그 근성, '하면 된다, 안 되면 되게 하라'의 치열함과 맹렬함의 소산이었다.

 아직도 실감이 나지 않는다. 내 이름 뒤에 '작가'라는 호칭이 붙었다는 것이! 돌아보니 문예창작과에 다니던 5살 터울 막냇동생의 영향도 적지 않았음을 고백한다. 동생은 군사정권 시절 거문도에서 의문사로 발견된 가냘픈 체구의 전임 총학생회장의 죽음의 진실을 파헤치겠다고 시작한 일이 산업체 위장 취업이 연루된 반정부 활동의 길로 빠진 뒤, 졸업 후에는 참여연대에서 연대사업국장 일도 수년간 하느라 전공인 문학에 신경을 쓸 수가 없었는지 작가가 되는 길에서는 거리가 있는 삶을 살아왔다. 문학을 전공한 동생 덕분에 나는 그가 들고 다니던 '껍데기는 가라'의 민족시인 '신동엽 평전', 김원일 작가 등 잘 모르던 문인들의 작품을 잠깐씩 훔쳐 읽으며 문학적 소양을 키워올 수 있었다.

 40대 초반까지 금융인으로 살다가 이민 와 지금껏 살아오면서, '작가'가 된다는 것은 난공불락이고 오르지 못할 머나먼 쏭바강의 일로 여기며 살아왔다. 내가 쓰는 글이 미주 한국일보와 같은 리딩 페이퍼에 게재되고, 많은 독자가 공감할 수 있다면 참 좋겠다는 생각으로 매월 기고한 글이 어느새 6년여 기간이 흘러, 제목과 같은 책을 발간할 수 있었다니 이것이 꿈인지 생시인지. 그간 신문사에 보낸 70여 편의 수필을 나는 토씨까지도 거의 외우다시피 하지만, 어쩌다 신문에 나오는 글을 보는 독자들이 그걸 다 기억할 수는 없는 것이다.

 구슬이 서 말이라도 꿰어야 보배라… 저간의 작품들을 이렇게 책으로 모아서 내고 보니 또 다른 깊은 애착이 생긴다. 페이스북 같은 SNS에 띄우기 쉽게 신문을 스캔한 파일은 빠지지 않고 차곡차곡 모아놨기 때문에 따로 원고를 보내야 하는 수고는 걱정 안 해도 될 거 같았다. 우선 한국의 주요 출판사를 검색해서 출판 의향을 타진했으나, 한군데에서도 관심을 두는 곳이 없어 다소 실망하던 중이었다. 그런데 충남 논산의, 이름도 특이한 쎈뽈여고 출신의 페이스북 친구가 남편의 해외지사 발령으로 시작한 싱가포르에서의 해외 생활 경험과 지구촌 방방곡곡 특히, 동·서남, 중앙아시아, 중동, 이집트 등의 놀라울 정도로 해박한 지식을 바탕으로 책을 출간했다는 소식을 들었다. '지구별 가슴에 품다'란 책을 미국에서 귀화한 푸른 눈의 경희대 국제학부 이만열 교수와 공저로 최근 발간했길래, 출판사 소개를 부탁했더니 일이 이리 일사천리로 진행될 줄이야 누가 알았겠는가. 작년 말 이 일을 시작할 때 마침 오랜 기간 공들인 딜도 마무리가 잘 돼 출판에 드는 기본비용(?)도 흔쾌히 충당할 수 있었기에 가능한 일이었다. 설레고 바쁜 연말연시 홀리데이 시즌을 나는 본업을 하는 중에서도 짬짬이 밤늦게까지 원고를 교정보고 출판사 측과 디자인 의견을 교환하며 지내느라 피곤한 가운데에서도 의미 있는 시간을 정말 행복하게 보낼 수 있었다.

  책이 탄생하기까지 책의 디자인에 관한 영감은 물론 귀한 지면을 할애해 주신 한국일보 관계자분들과 팬데믹의 우려를 뚫고 기어코 참가해 서로에 대한 깊은 신뢰와 연대감을 보여주신 참석자들, 그리고 가슴이 뭉클한 축사를 해 주신 베이지역 커뮤니티의 리더분들과 첼로 연주로 행사의 격을 올려주신 칼럼니스트이자 첼리스트님, 참신한 이미지로 멋지게 사회를 맡아준 동창회 수석 부회장님, 그리고 커뮤니티 행사를 위해 기탄없이 사용을 허락해 주시고 많은 편의를 제공해 주신 제칠일 안식일 예수 재림교 마운틴 뷰 교회에 나는 커다란 마음의 빚을 졌다.

은하철도 999
2022-04-02 (토)

'새파란 수평선 흰 구름 흐르는~'

내가 취학하기 전 해인 '65년, 가수 박재란 님이 번안곡으로 발표했다는 노래다. 이 노래를 자라면서 콧노래로 흥얼거릴 때 거긴 아마 천국처럼 아득한 곳이라 평생 가볼 수 없을 거야 하며 지레 포기했었다. 어린 내게 상상 속의 낙원이었을 뿐인 하와이를 찬미하는 하와이 동요 '진주조개잡이(Pearly Shells)'는 내게 지상 최고로 아름다운 노래 중의 한 곡으로 남아 있다.

와이키키 백사장이 우릴 유혹하는 멋진 휴가철이 곧 다가오는데, 근 30년 전 한국서 은행 다닐 때 두 달간 뉴욕 연수를 마치고 귀로에 들렀던 그곳엘 이젠 다시 한번 가봐도 되지 않을까. 좋은 이들과 멋진 관계 속에 돈도 열심히 벌고 부지런히 여행도 다니며 버킷 리스트를 하나씩 지워 나가며 살고 싶다. 아직 젊음과 몸이 받쳐줄 때.

아 유 버티컬(Are you vertical)? 즉, 건강하게 잘 직립해 걸어 다닐 수 있느냐? 하는 미국인들의 안부 인사이다. 몸이 아파 와병, 다시 말해 몸져눕는 순간 '버티컬'이 아닌 '호리존틀'(Horizontal) 라이프가 시작되어 이 노래의 도입부에 나오는 수평선이란 아름다운 단어는 순식간에 몸져누운 상태를 의미하는 무거운 표현이 되고 만다.

어제는 2년 전, 수필집을 발간했다고 연락이 와 2권을 구입한 적이 있는 뉴욕의 페친에게, 나도 책을 냈다고 알려주려 그분의 담벼락엘 들렀다. 닥터인 남편과 함께 그저 행복하게 사는 데 부족함이 없는 분으로만 알았는데, 지금 2년 전 완치된 줄 알았던 유방암이 온몸에 전이돼 중환자실에서 검사를 받고 있으며, 남은 기간 하나씩 순서를 정해서 삶을 정리를 해야 한다는 거 아닌가. 그만 숙연해 진 나는 '기적의 쾌유'를 빈다는 짧은 인사만 남기고 와야 했다.

사람들이 애써 외면하는 주제는? 바로 죽음이다. 지구촌 사람들이 COVID-19로 인한 임박한 죽음의 공포에서 벗어나 드디어 이전의 일상으로 돌아갈 수 있다며 한숨 돌릴 채비를 하는 이때, 한반도 면적의 3배로 4,800만의 인구를 가진 결코 작은 나라가 아닌 우크라이나는 지금 이게 무슨 날벼락인가. 알통을 과시하고 싶어 안달 난 푸틴의 러시아가 저지른 침공으로 개전 한 달째인 요즘 그곳은 연일 사람들이 죽어 나가고 나라는 폐허가 되어가고 있다. 푸틴이 이렇게 많은 이웃 나라의 선량한 사람들을 죽이고 삼백만 명에 가까운 난민을 이웃 나라로 피신하도록 만든 것은 인류에 대한 용납할 수 없는 전쟁범죄다. 우크라이나가 먼저 자극했으니 자업자득이라고 말하는 소수 얼빠진 자들을 제외하고, 정신이 제대로 박힌 사람들은 한결같이 그를 악마라 욕하며 저주하고 있다.

독일의 히틀러도, 일본 제국주의의 전쟁광들도 과대망상에 사로잡혀 7~80여 년 전 그렇게 많은 비난에도 아랑곳없이 되지도 않을 광란의 전쟁놀음 끝에 스스로 관자놀이에 총을 쏴 장작 불구덩이에 쓰러졌거나 전범 재판에 회부돼 교수형을 당해 비참하게 세상을 떠나지 않았나. 생각해 보라. 겨울에도 난방이 잘돼 반팔로 소파에 뒹굴면서 황해도 (사리원) 출신의 어느덧 83세인 인텔리 풍모의 김동건 아나운서가 근 40년째 진행하는 '가요무대'를 보고 있는 아파트 거실에 난데없이 돌멩이가 떨어져도 화들짝 놀랄 판인데, 하물며 포탄이 떨어져 폭발하는 그 악몽과 아수라의 참상을. 그것은 도저히 사람이 살 수가 없는 생지옥인 것이다. 과거의 역사를 아전인수로 어찌 해석해 합리화하든 간에, 자국민들의 안전과 번영을 위해 도움이 되는 최적의 선택을 하며 살아갈 이웃 나라의 독자적 자기 운명 결정권, 즉 주권을 무단히 유린하며 쳐들어가 강제로 자기 뜻대로 좌지우지하려는 푸틴과 러시아의 처사는 동네 깡패 짓과 다름없다. 푸틴이 제거

되든, 이미 손상될 대로 손상된 그가 조속히 철군을 결정하든, 이제는 동유럽 약속의 땅 우크라이나에 항구적 평화가 조속히 찾아오기를 간절히 소망한다.

어제는 또 비교적 가벼운 병이었던 아버지를 집에서 간병할 길이 없어 광주의 요양병원에 입원시켰다가, 코로나 사태로 근 2년간 제대로 된 면회도 못 하다가, 그나마 어렵게 마련된 면회 자리에서도 입회를 고집하는 병원 관계자들의 눈치가 보여 고충 토로도 제대로 못 하던 아버지를 저세상으로 떠나보낸 또 다른 페친의 피울음 맺힌 포스팅도 읽게 되었다. 한국의 형편으로 절대 적지 않은 월 100만의 입원비에도 불구하고 (가족들이 보기에) 형편없이 부당하고 거친 대우를 받아야 하는 처지를 한탄하며, 그렇게 집으로 데려가 달라고 애원하던 아버지를 끝내 모셔 오지 못하고 천국으로 보낼 수밖에 없었던 그분의 한 맺힌 글을 읽으며 나는 또 한 번 가슴이 저렸다.

죽을 때까지 사랑하는 이들과 아름다운 관계 속에 살다 인간답고 존엄하게 죽는 것은 이제 인생의 마지막 남은 과제라는 느낌이다. 셀피를 찍는 것을 바닷가 산책과 함께 거의 유일한 취미로 알고 사는 나는, 어제 페북에 올렸던 사진을 보면서 의미심장하게 입꼬리를 올려본다. 몸무게는 요요 현상인지 도로 늘어 220파운드이지만… 결코 뱃살이 있다고 할 수 없는 아직은 보기 좋은 당당한 체구다. 과연 나는 어떻게 살다 누구의 품 안에서 눈물의 뽀뽀를 받으며, 아니면 자다가 평온하게 세상을 떠나게 될까? 화장장 불구덩이에 넣어지면 뜨거워서 도로 깨어나는 것은 아닐까. 어느 날 홀연히 은하철도 999를 타고 태양계 밖의 천국 별로 떠나갈 때 나는 이 땅에 무슨 회한을 남기게 될까.

아, 그랜드 캐니언!
2022-05-07 (토)

'오호라~ 고 녀석, 국사 공부도 아주 잘했구먼…. 기특해.'

초등학교 교사로 정년퇴직하시고 이젠 구순으로 진해에 사시는 고모님이 작은누이 집의 아들인 조카 영재가 어린 시절 보여준 기백(?)이 가상해서 하신 말씀이라고 한다.

평생 처음으로 우리 삼 남매는 내가 모는 차를 타고 샌프란시스코에서 엘에이, 라스베이거스, 그랜드 캐니언, 데스 밸리를 돌아오는 2천 마일 미국 여행을 함께 하는 중이었다. 69세, 66세로 김해와 양산에 사는 두 누이를 초대해 미국 구경을 시켜준다는 내 필생의 프로젝트를 실행에 옮기고 있다. 이렇게 11박 12일의 가족 여행을 하면서 나는 누이들의 입을 통해, 내 머릿속 저 구석 낙엽 속에 숨어 있던 잊었던 기억의 조각들을 다시 찾아낼 수 있었다. 그건 무엇과도 바꿀 수 없는, 짜릿하도록 소중한 것들이었다.

작은누이가 부부싸움 할 때 일부러 모진 말을 하느라고 '근본도 없는 집안인 주제에~!' 라는, 말도 안 되는 소릴 입버릇처럼 하면서 자형을 자주 닦아 세우곤 했더니, 어느날 당시 초딩 5학년이었던 조카가 제 아버지를 편들어 준다면서 했다는 말이 걸작이었다. "신라를 말아먹은 경순왕의 셋째 아들 은설공의 후손인 경산 김가인 주제에 뭐가 잘났다고?" 했다는 것이다.

멕시코 엔세나다 크루즈를 마치고 귀항한 선상에서 맞난 브렉퍼스트로 든든히 배를 채운 우리는 이윽고 배에서 내렸다. 춥고 배고팠던 6~70년대 빈한한 돈암동 산동네 생활을 함께 용케도 잘 버텨내고 함께 6~70대로 접어들어 이곳 미국에서 의기투합한 우리 삼 남매는 곧장 숙소인 라스베이거스 엠지엠 파크호텔로 향했다. 5시간의 운전 길에 지루함도 깰 겸, 청소년기에 나와 늘 티격태격하며 앙숙이었던 3살 터울의 누이를 살살 놀리느라 착실하게 잘 자란 조카들이 왈가닥 누이에게서 태어났다는 것은 '기적'이라고 밖에는 달리 적당한 말이 없다고 했더니, 누이가 킥킥하면서 전해준 말이었다. 엄마가 살아 계셔서 같이 오셨다면 얼마나 좋을까 했더니, 6살 위의 큰 누이는 살아 계시면 96세인데 여행하실 기력이나 있으셨겠나 한다.

나는 아직 기력이 남아있을 엄마도 한차에 타고 여행하는 상상을 해 본 것이었다. 문득 26년 전인 1996년 부산역 인근의 범일동 조방(조선방직) 앞 호텔의 스카이라운지에서 엄마의 칠순 잔치를 하던 날이 떠올랐다. 단단히 운전대를 잡고 백미러를 가끔 보면서 조수석에 앉은, 이제는 그때의 엄마 나이가 된 큰 누나를 훔쳐봤더니, 꿈속에서 뵌 지도 7~8년이나 지나 거의 잊혀 가던 엄마가 거기 앉아 있는 듯했다. 맞다. 이제 보니 큰누나는 엄마를 닮았구나.

아버지의 사업 실패 후 부산 동대신동 부촌에 살던 사모님이 돈암동 산동네로 이사 온 후 급전직하로 궁색한 생활전선에 내몰려, 남대문 도깨비시장에서 미제물품들을 떼어다 팔기도 했던 엄마는 항상 조신한 편이었다. 그런데 저리도 활달한 큰누이는 대체 누구를 닮았을까. 크. 라스베이거스로 향하는 도중 우리는 다이아몬드 바의 한남체인에 들렀다. 누이들에게 교포들이 이용하는 마켓도 구경 시켜주고 푸드코트 안에서 짜장면도 사 먹고 또 아이스박스에 얼음도 채운 뒤 또 그렇게 즐거운 여행길 드라이브를 계속한 우리는 저녁 무렵 라스베이거스의 호텔을 좀 지나 애리조나주에 있는 웅장한 후버댐에 도착하였다.

대공황기 스탠퍼드대를 졸업한 엔지니어 출신의 공화당 후버대통령이 뉴딜정책의 일환으로 1931년부터 5년간의 대 역사로 건설됐다는 댐은 엄청난 저수량을 자랑하는 규모도 규모지만, 도저히 90년 전 토목 공사라고는 믿기지 않을 만큼 현대적인 느낌을 주었다. 제2차 세계대전이 종전되기 약 10년 전에 완공됐다는 댐을 바라보니, 역사는 전설이 아니라 눈앞에 엄연히 존재하는 현실이라는 느낌이 강하게 든다. 이 댐이 완공된 5년 뒤 일본 제국주의가 하와이 진주만을 기습 폭격을 했을 것이고, 또 13년 뒤 1949년에는 중국 국민당의 장개석 정권이 모택동에게 패퇴해 눈물의 보따리를 싸서 대만으로 피신해야 했을 것이다.

저녁 시간이고 또 아직 본격 휴가철이 아니어선지 쓸쓸한 댐 위를 걸으며 사진을 몇 장 찍었을 뿐인데 웬 강풍이 그리 부는지 얼굴이 얼얼해졌다. 우리는 라스베이거스에 다시 돌아와 메인 스트립 선상의 한국식당에서 얼큰한 동태찌개 전골과 막걸리로 저녁 식사를 맛나게 한 뒤 호텔에 체크인하고는 그대로 곯아떨어졌다.

다음날은 드디어 버킷리스트 목록 깨기의 제1호 목적지인 그랜드 캐니언으로 향했다. 장거리 운전에 젬병인 나에게는 근 다섯 시간, 왕복 열 시간의 만만치 않은 여정이었다. 본격 캐니언을 둘러보기 전 우리는 피크닉 구역에서 전날 한남체인에서 사 온 삼겹살을 구워 소주 파티를 하고 신라면과 커피도 끓여 먹으며 어릴 적 이야기를 나누었다. 신흥사 입구 쌀집 길 건너 언덕의 바위에 앉아 손님들이 나갈 때까지 하염없이 기다리다가 이윽고 들어가 경철이 아버지에게 외상 쌀을 부탁해야 했던 엄마 이야기를 누나가 할 때에는 모두 한숨을 푸욱 쉬었다.

사진으로만 보던 그랜드 캐니언은 정말 압권이었다. '장인을 찾아서'라는 개그 코너에서 재치 있는 입담을 뽐내던 호남 출신의 개그맨이 유행시킨 말 그대로, '안 가봤으면 얘기를 말아~'야 한다. 대체 누가 발견했을까, 이 웅장하고 깊은 계곡을…. 시간적인 여유가 더 있었다면 캐니언 구역 안의 호텔에 머무르면서 트레킹도 하며 위대한 절경을 충분히 만끽했을 텐데 라스베이거스에 예약해 놓은 쇼 시간에 맞춰 돌아와야 했다. 아쉽다기보다는 다음을 위해 남겨놓은 여백이라고 생각하기로 했다.

  누이들은 평생 처음 해보는 카지노에 흠뻑 빠져 들었다. 아침 식사 시간에도 잠깐 땡기고(?) 오겠다고 할 정도였다. 은근히 기대했던 잭팟의 행운은 비껴간 대신 데스 밸리로 향하던 길의 개스 스테이션에서 산 스크래치 복권 중 하나가 500불에 당첨되었다. 하늘도 난생처음 미국에 온 누이들을 잘 대접하라는 배려를 해주는 듯했다.

  사랑하는 나의 누이들, 건강히 오래오래들 사소.

하프문 베이의 도베르만
2023-05-12 (금)

　화창한 일요일 아침, 햇살에 눈을 찔린 나는 돌아 누우며 스마트 폰을 열어본다. 오늘은 어디서 하루를 보낼까. 어젯밤에는 초딩 동창 밴드에서 미국 이민 햇수가 35년째로 나보다 10여 년 오래인 친구가 한 말이 귀에 거슬려 화를 내고 나니, 내내 맘이 무겁다. '왜 화를 내냐?'라며 옆에서 거드는 다른 친구는 말리는 시누처럼 더 얄미웠고…. 이거 좀 보라며 자랑삼아 딱히 내놓을 것도 없는 외로운 이민 생활. 부처님처럼 가운데 토막을 인자하게 잘 간수하며 평온하게 살기가 쉬운 일이 아닌가 보다.

　사연인즉슨, 그가 무슨 말끝에 말하자면 "미국 생활이 짧아 뭘 잘 모른다~" 뭐 이런 류의 말을 했는데, 뭣 때문에 요즘 심지가 짧아졌는지 '아니 이것 봐라, 너 지금 뭐라 그랬지?' 하며 나의 방어기제가 갑자기 거세게 폭발했다. 에이, 좀 참을 걸. 이날 여태껏 날 보고 뭘 잘 모른다고 말하는 사람이 아주 없진 않았지만, 참 오랜만에 들어보는 희한한 소리였다. 하긴 내가 뭘 그리 많이 알며 사는 것도 아닌 건 사실이다. 나는 대체 뭐가 그리 고까웠을까?

샌프란시스코 다운타운에서 중국 인삼을 고려인삼이라 속여 팔며 거세게 상투를 서로 잡고 상권 싸움질을 하던 조선인 인삼 행상들을 잘 타일러 말리며 계몽하시던 백여 년 전의 민족의 큰 어른 도산 안창호 선생 같은 인물이 된다는 것은 정말 말처럼 쉬운 일이 아니라는 것을 다시금 깨닫는다.

가만히 한숨을 돌린 나는 어젯밤 일을 곰곰이 다시 생각해 보았다.

그는 초딩 때 기도 세고 에우제비우처럼 축구도 아주 잘했으면서도 우쭐해 심약한 아이들을 괴롭히지도 않은 의리 있는 친구로 기억에 남아있었다. 나는 마음 한구석에서 그가 어떻게 자라 어디서 잘살고 있는지 은근히 궁금하기까지 했던 것이다. 그런데 작년 말 자기도 미국 산다며 밴드에 가입하면서 오십 년 만에 처음으로 다시 반갑게 소통하게 된 그 친구는 사실 진짜 우스갯소리로, 어색한 분위기를 부드럽게 해보려 농담으로 어젯밤 그렇게 말했던 것이었다.

세상에 나는 그것도 모르고…. 그 친구도 한국을 떠나 오래 살다 보니 딱딱한 문자가 전달하는 뉘앙스가 어떨 것인지 감을 못 잡고 어색한 농담을 어울리지 않는 방식으로 하는 바람에 빚어진 촌극이었다. 테네시 지성아, 마음 좁은 내가 오해해서 정말 미안하구나.

그런데, 살다 보면 진짜 버튼을 누르는 사람들도 있는 것은 사실이다. 연전에는 이런 일도 있었다. 햇볕이 흐드러진 어느 봄날이었다. 외지인에게는 잘 알려지지 않은 인적 드문 호젓한 하프 문 베이의 해변을 걷던 중이었다. 물가를 따라가다 고개를 들어 보니 태평양 해안 절벽 위로 오르는 너무나 아름다운 꽃 계단 길이 보이길래 나도 모르게 홀려버린 나는 사유지(No Trespassing)라는 팻말도 애써 못 본 체하고 '설마 선량하게 살아온 내게 무슨 일이야 있으려고.' 하며 흥얼거리면서 춤추는 노란 나비 한 마리를 따라 계단을 천천히 올라갔다. 이윽고 절벽 위에는 시야가 확 트인 넓은 풀밭이 눈앞에 펼쳐졌고 시원한 바닷바람을 맞으며 더욱 기분이 좋아졌던 바로 그때였다.

어디서 나타났는지 갑자기 사나운 도베르만 한 마리가 무서운 기세로 내게 달려들었다. 불청객들을 감시하느라 잠복해 있던 심술 맞게 생긴 땅 주인 영감쟁이가 잡고 있던 사나운 개를 확 풀어 내게 달려들게 한 것이다. 헉..! 나는 식겁한 가운데에서도 당황하지 않고 수 초간 정면으로 노려보며 당수도 모션과 강렬한 눈빛으로 개를 제압하였다. 이윽고 나타난 그 어처구니없는 영감은 나더러 오던 길을 되돌아가든지 통행료 $5 불을 내고 지나가든지 양자 선택하라는 것이었다. 이미 한참을 온 길을 맥없이 순한 양처럼 돌아갈 수는 없었다. '에이 이런 고약한 영감탱이 같으니라고.' 나는 심술이 덕지덕지 붙은 그와 따지며 먼 길을 되돌아가는 대신 순순히 통행료를 내고 한참을 걸어 캘리포니아 1번 하이웨이까지 무사히 빠져나올 수 있었다. 그날의 심난했던 기분은 인생을 통틀어 몇 번째로 꼽을 만큼 불쾌한 기억으로 지금껏 나는 신 입맛을 다시게 된다.

건조기에서 가져온 빨래를 차곡차곡 개어 일주일분의 입성 준비를 마친 나는 햇살이 온 세상에 가득한 밝은 길을 나서 언제나 다정히 맞아주는 쇼얼라인 바닷가 트레일로 향한다.

영원한 것은 없나니

2022-06-11 (토)

매월 5일경이면 발간되는 모국 대학 총동창회 회보가 9일인데도 아직 소식이 없길래 서울 사무국의 최 국장에게 문의했더니, 며칠 늦었지만 곧 나올 예정이라는 답장을 받았다. 나는 지난 4년간 샌프란시스코 베이지역 동창회장으로 봉사하면서 매월 동창회보를 받으면 지역의 선후배들에게 이메일과 카톡으로 전달하는 일을 해왔던 터이다.

우리가 이역만리 이곳 미국 땅에서 꿋꿋하게 뿌리내리고 잘 적응해 살아갈 수 있도록 지식과 인의예지 품성으로 우릴 가르치고 키워준 고마운 모교였기에 학교가 국내외적으로 명성을 얻으면서 조금씩 발전해 나가는 소식을 접하는 것은 참 즐겁고 흐뭇한 일인 것이다. 때로는 지역 동문이 귀찮을(?) 정도로 자주 소식도 전하고, 발전 기금을 마련한다며 펀드 레이징도 매년 해서 일부는 떼어 본교에도 장학금 등의 명목으로 보내기도 하는 등

나는 바쁜 일과 중에도 우야든동 짬을 내어 최선을 다해 4년간의 연임 임기를 비교적 대과 없이 잘 마칠 수 있었다.

그리고 16년 후배로 이곳 실리콘 밸리에서 IT 컨설팅 일을 하는 유능한 후배에게 지난 3월 바통을 물려줄 수 있었던 것은 참으로 다행한 일이었다. 성공적인 세대교체가 이루어진 만큼 그동안 다소 아쉬웠던 젊은 동문의 참여가 활발해질 것을 상상해 보니 입가에 미소가 번진다. 그동안 나의 커뮤니케이션 방식에 익숙했던 선배들은 다소 서운한 표정도 지으시지만 어쩌겠는가, 때가 되면 내려놓아야 하는 것을. 이 세상에 영원한 것은 없나니.

까톡! 최 국장이 금세 또 뭔가를 보내왔기에 열어보니 낯익은 거리의, 그러나 슬픈 사진이다. 향년 95세⋯. '88년부터 무려 35년간 전국노래자랑의 사회를 맡아 지난달 최고령 TV 음악 경연 프로그램 진행자로 기네스북에 등재되기도 한 국민 MC 송해 선생님이 어제 돌아가셔서, 종로구 낙원동 당신의 흉상이 있는 길에 설치된 빈소에 그가 직접 조문하고 찍은 사진이다. 선생님의 마지막 가는 길을 하늘도 슬퍼하는지 비가 뿌리는 가운데 수많은 사람이 빈소를 찾아 그의 죽음을 애도하고 있다.

숫자로만 보면 95세이니 천수를 누렸다고 해도 이상할 게 없지만, 이리 황망히 가실 줄은 아무도 몰랐을 것이다. 불과 열흘 전 건강 이상으로 입원했다는 보도가 나왔을 때만 해도 누적된 피로가 회복되면 곧 퇴원하시겠거니 했었다. 아무리 고령이라도 훌훌 털고 병상에서 일어나 다시 한번 마이크를 잡고 우리를 즐겁게 해주시거나, 방송은 더 못 하시더라도 최소한 후임자 선정을 위해 방송국과 협의는 이어 가실 거라고….

참으로 허망한 것이 인생이다. 우리도 언제 어떻게 홀연히 가게 될지 모르는 일인데, 마치 영원히 죽지 않을 사람인 것처럼 아등바등 살고 있는 것은 아닐지 생각해 본다. 나는 사는 날까지 주위의 좋은 사람들과 흉금을 털어놓고 이야기하며 보듬어 주고, 옆에 있어도 그리워하며 그렇게 아름답게 살다가 가고 싶다.

구봉서, 배삼룡 등 당대 최고의 희극인과 함께하는 친근한 조연이었지만, 61세의 나이로 '88년 전국노래자랑 MC를 맡기 전까지 그가 살아오면서 겪은 말 못 할 생활고, 그리고 외아들마저 교통사고로 먼저 보낸 슬픔 등으로 점철돼 웃어도 웃는 게 아니었을 선생님의 인생을 생각해 보면, 그는 촉촉한 푸른 이끼가 등걸을 빼곡 뒤덮고 있는 크릭사이드의 한 그루 삼나무였다. 내가 여자 탤런트 전인화나 격투기 선수 추성훈의 부인인 야노 시호의 왕팬이라고 말하는 것이 하등 이상할 것이 없었으면서도, 어쩌다 누이들로부터 10여 년 전 돌아가신 어머니가 생전 1살 연하인 송해 선생님의 수십 년 왕팬이었다는 사실을 무슨 비밀이라도 되는 것처럼 들을 때마다 나는 새삼스러웠다. 송해 선생님은 평생을 하루같이 도곡동 자택을 나서 걸어서 버스와 지하철로 갈아타고 낙원동 사무실로 출근하며 단골 해장국집에서 60여 년간 2,000원짜리 국밥을 드셨다고 한다. 떡집, 악기 상가, 그리고 줄리엣 역의 올리비아 핫세가 로미오 역의 레오나드 위팅과 키스하던 장면에서 '꼴깍' 침 넘어가는 소리를 들킬세라 숨죽이고 영화 보던 19살 적의 나를 추억 속에서 되찾을 수 있는 헐리우드 극장도 있어, 서울 갈 때마다 들르곤 하던 낙원동 그 길에서 다행히 나는 3년 전에 그 해장국을 먹어볼 수도, 인근의 거리에 선 선생님의 흉상도 직접 볼 수가 있었다.

"전~국, 노래자랑! 딩동댕동댕" 이제는 더 이상 당신의 구수한 목소리를 들을 수 없게 된 우리는 말할 수 없이 슬프다. 당신이 우리에게 선물해 준 커다란 즐거움을 이젠 누가 대신할지…. 태평양에 가로막혀 직접 조문할 수 없는 나는 마음속으로나마 선생님의 영전에 엎드려 명복을 빈다. 선생님 천국에서 평안히 쉬세요. 오랜 세월 당신과 함께할 수 있어서 우리는 너무 행복했습니다.

실리콘 밸리 동포사회의 거인들

2022-07-23 (토)

　실리콘 밸리의 문화예술계에는 큰 별과 같은 분들이 많이 계신다. 연전에는 1966년 '에뜨랑제여 그대의 고향은'이라는 장편소설을 발표해 공전의 히트를 기록하였을 뿐 아니라 1985년 KBS 라디오에서 '한국의 소설 30편'에 선정돼 특별기획 '소설극장'으로도 전파를 타 많은 한국인의 사랑을 받은 소설가 신예선 선생님과의 인연을 소개한 적이 있었다.

　오늘 소개하고자 하는 또 한 분은 소설가이자 극작가, 영화인 그리고 '박은주 새싹문학회'와 '실리콘 밸리 라이더스 그룹'의 설립자 겸 회장, 신사임당 사모회 회장 등 팔순 중반의 연세에도 열정적으로 활동하시는 박은주 선생님이시다.

　선생님을 뵈면 넘지 못할 사차원의 벽, 즉 넘사벽의 거인이라는 느낌을 지울 수 없다. 뭇 이민자들의 심금을 울린 자전적 소설 '고백'(1995) 등 5~6권의 수준 높은 저서를 내셨는데, 이 책들이 보통 감동을 주는 평범한 책들이 아니다.

책을 읽다 보면 선생님의 파란만장한 일생을 자연히 알게 된다. 태평양전쟁에서 전사한 일본 해군 조종사 아버지와 조선인 모친 사이에 태어난 일본계로, 종전 후 모친을 따라 조선으로 돌아와 유년 시절을 보내며 '쪽바리'라며 친구들에게 피맺히게 놀림 당하며 자란 도입부의 이야기는 마치 고 박경리 선생님의 대하소설 '토지'의 도입부에서 하동 최참판댁 뒷산 바람 부는 자정의 대숲에서 숨죽여 흐느끼는 대목과 비슷하다.

형인 우관선사가 있는 지리산 연곡사에서 휴양차 지내던 정읍 출신의 동학 접주 김개주가 불공드리러 온 하동 최참판댁 윤 씨 부인을 겁탈해 비밀리에 혼외자로 태어난 후, 어머니를 어머니라 부를 수 없는 집에 하인으로 잠입해 살던 구천이(김환)가 이부 형인 최참판댁 당주 최치수의 부인(형수)인 별당 아씨와의 이루어질 수 없는 사랑에 절규하는 대목을 읽으며 스무 살의 내가 받았던 그날의 충격처럼 범상치 않다.

6년 걸쳐 한국일보에 애면글면 연재한 수필을 모아 고작 1권의 수필집을 내고서도 나는 이리 우쭐한데, 여러 권의 소설을 쓰시고 교민들에 대한 계몽운동에도 그렇게 열심인 이분들은 현실에 안주하지 않는, 대체 차원이 다른 분들로 정말 깊이 존경하지 않을 수 없는 것이다.

수일 전 박 선생님의 남편이 항암 투병 끝에 타계하셨다는 소식을 인터넷 바람결에 전해 듣고 위로의 말씀을 드리고자 찾아

뵈었더니, 선생님의 작품이 담긴 신간 서적을 선물해 주서서 감사히 받아왔다. 이분들은 정말 거인들이다.

나는 좀 더 원대한 행보를 취하지 못해 지금껏 반성하는 일이 하나 있다. 바로 일생을 통해 취미라 할 만큼 즐기고 살았던 달리기. 하프 마라톤부터 시작해 풀코스를 뛰어야지 했던 것이 결국 풀코스를 한 번도 달리지 못하고 무릎에 이상이 온 것이다.

삼십 대 초반인 1992년경인지 모 일간지 하프마라톤, 설악 하프 마라톤 등에 참가하며 총 6회의 하프 마라톤을 완주했지만, 이후 풀코스는 이런저런 인생의 핑계로 결국 한 번도 뛰어보지 못한 것이다. 굳이 억지로 갖다 붙인다면 1993년에 있었던 불암, 수락산 양대산에 걸쳐 진행된 대회가 25km였지만, 험준한 산악에서 이뤄진 데다 4시간 55분을 기록해 5시간 이내라는 제한을 뚫고 완주했던 대회를 풀코스 마라톤에 비길 수 있을지 모르겠다. 그때 마지막 산등성이를 오르락내리락하면서 기진맥진한 나는 거의 임사체험(?)을 했다고 할 정도로 혹독한 피로감에 절었다. 간신히 결승선을 통과하면서 산길 위에 널브러진 그 순간이라니…. 대회를 마치고 한숨 돌리러 찾은 중계동의 사우나에서 나는 왼쪽 엄지발톱이 빠진 것을 발견했다.

나는 이렇게 평생을 두고 '처음부터 풀코스에 도전할 걸…'하며 후회하며 살고 있다. '소년이여 야망을 가져라(Boys be Ambitious)!'라는 경구는 오늘도 느슨해진 나를 이렇게 다잡아준다.

밴쿠버… 달리기
2022-09-03 (토)

헉. 아니야, 이럴 수는 없어….

생애 처음 타는 밴쿠버행 비행기를 타러 2시간 전 도착하겠다며 넉넉한 시간을 두고 사무실을 떠나기 직전, 캘리포니아 주정부 부동산국으로 보내는 중요한 서류에 사인을 해줘야 할 일이 돌발했다. UPS에 들러 처리해 보내고 샌프란시스코 공항에 도착하니 이게 웬일, 공항 외곽에 있는 롱텀 파킹에서 전용 트레인을 타고 20분을 더 가야 국제선 1터미널이라는 거 아닌가.

허겁지겁 당도하고 보니 이륙시간이 불과 30분밖에 안 남았는데 체크인하려고 트렁크를 끌면서 아무리 허둥거리며 둘러봐도 항공사 데스크를 찾을 길이 없었다. 간신히 저 구석의 불 꺼진 데스크를 찾아 직원을 만나 하소연했더니, 이미 체크인을 마감하고 접수창구는 철수했다는 것이다.

헉… 지난 5월 멕시코 크루즈에서 만나 좋은 시간을 함께했던 동문과 밴쿠버 지역 동문을 볼 수 있다며 몇 달을 설렘 속에 기다려왔던 나는 마치 연극의 마지막 장이 끝나고 불이 꺼진 객석에 덩그러니 앉은 듯, 온몸에 힘이 빠지며 낭패감에 블랙아웃에 빠지고 말았다.

아, 이게 뭐냐…. 마침, 나와 같은 상황에 처한 젊은 인도인 친구가 친절하게도 3시간 후에 출발하는 에어캐나다의 비행기표 구입하는 일을 낙심 중인 날 대신해 자기 일처럼 도와주어 우리는 간신히 자정 무렵에 밴쿠버에 도착할 수 있었다.

얼마 전까지 밴쿠버 지역 동문회장을 4년간 역임하고 물러났다는 홍 선배가 그 늦은 시간까지 날 기다리고 있었다. 홍 선배는 나와 대학, 전공, 공군 장교, 한국외환은행 본점 근무까지, 게다가 나중에 알게 됐지만 20년 전 내가 샌프란시스코로 이민 온 직후, 밴쿠버에 먼저 정착해 사시던 형수님을 따라 이민 오기 직전 미주행 비자를 기다리며 남산 시립도서관에서 세계 명작 전집을 읽으면서 구내매점에서 싸구려 우동이나 카레라이스로 점심을 때우며 소일했던 경험까지 무려 5가지가 겹치는 막역한 선배다.

나는 밴쿠버를 마치 미국의 한 도시인 것처럼 친근하게 생각했었음이 틀림없다. 하지만 엄연히 국제선을 타야 갈 수 있는 이웃 나라였다. 비록 새벽에 도착한 2박3일의 짧은 일정이었지만, 나는 밴쿠버의 아름다운 사람들, 멋진 풍광에 한마디로 깊이 매료되었다. 한국처럼 총기 휴대가 금지돼 사회는 매우 평화로웠고

의료비와 고교까지의 교육비가 무료인 복지국가 캐나다인데, 밴쿠버는 또 어찌 그리 아름다운지…. 미운 정 고운 정을 함께 나누며 살 사람 없이 이역만리 미국 땅에 살면서 나를 진정 만나고 싶어 하고 기다려주는 사람들이 있는 곳으로 여행하는 그 설렘이라니….

5월의 크루즈 동행 이후 삼 개월 만에 다시 만난 댈러스의 CC 후배들은 밴쿠버의 이웃 국경도시인 시애틀에서 직장 생활을 하는 프린스턴대 미식축구 선수(오펜시브 센터) 출신의 아들 하늘이를 데리고 왔는데, 내가 도착한 당일 저녁 시애틀의 미국 이웃들에게 김치 담그는 법을 시연하기로 되어 있어 코퀴틀람 라이온스 팍에 있은 야유회 한나절만 함께 하고는 떨어지지 않는 발길을 돌려 떠나야 했다.

사랑하는 동문들과 헤어지는 아쉬움에 그들의 눈가는 이내 촉촉해졌다. 미국 각지에서 온 우리를 위해 기꺼이 무거운 짐 나르기를 마다치 않으며 파티 준비를 하고 바비큐와 파전을 굽고 기쁨 속에 관광지로 안내해 보여주는 일을 마다치 않는 밴쿠버 선후배님들의 따스한 환대를 보면서 나는 이 세상 가장 아름다운 사람들이 사는, 가장 멋진 곳은 바로 밴쿠버라는 생각이 들었다. 기꺼이 소매를 걷고 함께 일하며 정다운 정을 나누며 살아가는 밴쿠버. 도대체 얼마나 천국이냐면…. 지금 당장 가서 살고 싶을 정도로.

한글날에 한글을 생각하며
2022-10-08 (토)

시월이 되면 고국에서는 국군의 날(1일)로 시작해 개천절(3일)이 있고, 9일이면 성군 세종대왕께서 집현전 학자들을 모아 연구시킨 끝에 세계 문명사에 길이 빛나는 한글을 창제한 지 576돌이 되는 한글날(9일)이 있다.

지금으로부터 47년 전인 1975년, 나는 동대문 야구장 앞에 있는 고등학교에 진학하면서 몇 가지 신선한 충격과 감동을 받았다. 그중 하나는 바로 1년 위 선배들이 쉬는 시간에 각 반을 돌면서 각자 속한 특별활동반을 소개하면서 우리 신입생들의 가입을 권유하러 다니던 일이다. 상업학교답게 주산반, 부기반은 물론 원예반, 문예반, 밴드부 등의 다양한 특활반의 선배들이 쉬는 시간마다 들어와서는 저마다 자신들의 반으로 가입하라며 열심히 광고하는 내용을 흥미 있게 들었다.

놀랐던 것은 불과 1년 위일 뿐인데 도대체 어찌도 그리 어른스럽게 교탁에서 근사하게 발표를 잘할 수 있나 하던 것이었다. 그 중에서도 '우리말 지켜 쓰기 운동' 반에서 온 어떤 선배가 한 발표는 한글날이 올 때마다 뚜렷한 기억으로 반추하게 된다. 근 반세기 전의 일이니 그 선배의 말을 조목조목 기억하지는 못하지만, 그가 세종대왕이 창제한 아름다운 우리 한글이 당시 물밀듯이 밀려오는 외래어에 위축되지 않도록 우리는 가능한 외국어를 배격하고 소중한 우리말을 잘 보존하고 지켜 써야 하지 않겠느냐며 열변을 토할 때 솔직히 나는 놀란 가슴을 진정하기 어려웠다. 정말 대단했다.

그로부터 거의 오십 년이나 지난 지금 생각해 보니, 언어란 해당 문물이 시작된 곳에서 비롯된 사물의 전달체계라, 비록 외래어일 망정 그러한 문물을 수입하는 입장일 때는 우리가 그걸 억지로 한글로 만들어 보급하는 일이 얼마나 어렵고 낭비적인 일일까 생각해 보게 된다. '인터넷, 팹리스, 시스템 반도체, 스마트폰, 전기차, 스페이스X 로켓, 아스테로이드 우주선 충돌 실험' 등등 밀려오는 신문명의 쓰나미 속에 이제는 그 모든 것을 한글로만 전용해 표시하겠다고 날밤을 새우려 했다가는 숨 가쁘게 발전하는 문물을 따라잡기도 전에 탈진하고 말 것이다. 오히려 김치나 K-Pop, 오징어게임과 같은 K-드라마처럼 우리의 우수한 문물을 세계로 퍼뜨림으로써 자연스레 외국에서도 따라 쓰게 하는 방향으로 한국 문화의 세계화를 위해 노력하는 것이 더 의미가 있는 일이 아닐까 싶다.

　한글이 우수한 글이라는 것은 인도네시아 어느 오지 마을에서 한글을 공식 표기 알파벳으로 사용하기로 했다는 수년 전의 보도를 굳이 상기하지 않더라도 단순한 자기만족의 차원을 넘어 국내외적으로도 상당한 설득력이 있는 객관적 사실로 무한한 자부심을 느끼게 된다.

　그런데 한글이 그렇게 우수한 글이라지만 과연 개선해야 할 점이 전혀 없는 무오한 글 체계인가 하는 점에 대해서는 의문이 생기기도 한다. 우선 한글로 표기할 수 없는 외국어가 많이 있다는 점에 대해서는 오픈마인드로 접근해 볼 필요가 있다. 가령 한글로는 영어의 th 나 f, r 등을 표기할 방법이 없다는 것이다. 바늘 가는데 항상 따라다니는 '실'을 말하는 thread는 과연 쓰레드인가, 뜨레드인가? 아니다, 그 중간의 발음이다. 우리가 밥을 지어 먹는 쌀(Rice)은 미국인들에게 종종 우스갯거리가 되는 머릿니 라이스(lice)가 아니라 '롸이스'라고 쓰고 발음하는 것이 더 설득력이 있다. 밤하늘에 빛나는 별 Star는 '스타'가 아니라 끝부분의 혀를 말아줘 굴리는 발음으로 '스타아'라 해야 보다 정확하지 않은가. 동그라미 그리려다 무심코 그리는 '얼굴' face는 페이스도 훼이스도 아닌 역시 그 중간 발음인 것이다.

　물론 외래어 표기에 관한 제안일 뿐이지만 이렇게 몇 가지만 간단히 개선해도 한글이 표기할 수 없는 한계는 크게 줄일 수 있고, 반대로 한글의 소통성은 훨씬 확장할 수 있다. 576돌 한글날을 앞두고 조국을 떠나 태평양 건너 샌프란시스코에서 이렇게 가만히 제안해 본다.

영단어	잘못된 표기(×)	개선 제안(○)
thread 실	쓰레드, 뜨레드	쓰레드
rice 쌀	라이스(lice 머릿니)	롸이스
face 얼굴	페이스, 훼이스	훼이스
star 별	스타	스타

제9장

맨발의 이사도라

라스베이거스의 조선다람쥐
2022-11-26 (토)

'우물쭈물하다 내 이럴 줄 알았다'. 아일랜드의 저명한 극작가 조지 버나드 쇼의 묘비명으로 인구에 회자되던 말 그대로였다. 지난 8월, 이번 행사가 예고됐을 때 준비성 있게 미리미리 끊어 놓았으면 좋았을걸, 그놈의 '혹시 몰라' 병이 도져 미적거리다 불과 이틀 전에야 부랴부랴 산호세발 금요일 황금시간대 표를 샀더니 거진 얼마 전 새로 취항한 항공사 편으로 한국 가는 비행기값을 치러야 했다.

날짐승은커녕, 길짐승도 곤충 한 마리 구경 못하고 오직 쭉쭉 뻗은 오엽송과 가문비나무로 빽빽한 산길을 2시간여 올라 드디어 해발 2,625m 성당 바위(Cathedral Rock)에 이르렀다. 거의 백두산 높이 아닌가. 저 멀리 서쪽으로 손에 닿을 듯 보이는 마운트 찰스턴 픽은 4시간을 더 올라가야 한다는데 놀라지 마시라. 높이가 물경 약 1만 2,000피트, 일본의 최고봉 후지산에 불과

150m 차로 필적할 만한 고봉이라 한다. 라스베이거스에 이렇게 높은 산이 있다니 새삼 놀라울 뿐이다.

2,000미터 높이까지 차로 올라온 뒤 걷기 시작한 왕복 3마일의 등반일 뿐이었지만, 곰곰 생각해 보니 나는 어느새 생애 최고의 높이까지 올라온 것이었다. 18세 대학 신입생 때, 초딩 동창 불알친구 2명과 설악산 대청봉(1,708m)에 단 한 번 올라가 봤을 뿐, 해발 1,947미터의 한라산 백록담도, 1,915미터의 지리산 천왕봉도 못 가본 숙맥이었던 나는 호스트인 최 선배가 일행들을 위해 자상하게 미리 준비해 준 등산지팡이를 짚고 이런저런 정담을 나누며 오손도손 산길을 오른 끝에 이윽고 정상에 이를 수 있었다.

사막 한가운데 생명체라고 본 것은 메뚜기 한 마리, 작은 새앙쥐 두 마리 그리고 강인한 생명력을 과시하며 군데군데 서 있는 난쟁이 관목뿐이었던 척박한 붉은 기암의 '불타는 계곡'(Valley of Fire) 주립공원 하이킹에 나서 누천년에 걸친 풍화작용으로 코끼리 형상으로 빚어진 엘리펀트 락과 30m 높이의 절벽 위에 그려진 인디언 암각화(페트로글리프 Petroglyph) 등을 구경할 수 있었다. 시공을 뛰어넘어 눈앞에 펼쳐진 수천 년 전 이곳에 살았던 이들의 문명의 흔적에 짜릿한 전율을 느꼈다.

소로록… 까마득한 산 아래 전경과 저 멀리 뿌연 황사가 내려앉은 듯 수 마일에 걸친 긴 활주로 모양의 데저트 밸리를 내려다

보며, 서울대 산악부 시절 원더우먼이라고 불릴 정도로 산을 잘 타셨다는 최 선배의 형수님이 나눠준 에너지 바를 한 입 우걱 베어 물었을 때였다.

절벽 아래 돌 틈에서 뭔가 기어 올라오는 느낌이 들어 쳐다보니 세상에…. 영판 누가 밀수해 풀어놓은 조선 다람쥐 새끼 같다. 먹던 것을 조금 나눠줬더니 얼른 입에 물고는 뽀로로 다시 사라진다. 새끼처럼 보이지만 다 자란 성체로 '칩멍크(Chipmunk)'라는 다람쥐의 일종이라고 한다. 기억 속의 고향 다람쥐와 비교해 보니 붉은 털로 뒤덮인 몸집은 크기가 반밖에 안 되는데, 얼굴은 물론이요 목에서부터 꼬리까지 이어지는 서너 개의 검은 줄과 귀여운 표정이 거의 똑같다. 유일한 차이라면 물음표 형태로 하늘을 향한 한국 다람쥐의 꼬리와 달리 앙증맞은 이 친구는 꼬리가 지면에 닿을 듯 수평이라는 점뿐이다.

산행 후 들른 라스베이거스의 대표적인 카지노 윈(Wynn) 호텔에서는 앉은 자리에서 불과 20분 만에 400달러를 따고 과감히 자리에서 일어난 블랙잭의 고수 여성 동문이, 참가자 7명에게 호텔 뷔페를 사며 깊은 인상을 심어주었다. 라스베이거스에 사흘 있어 보니 정말 좋은 곳이다. 난 왜 이리 가는 곳마다 전부 마음을 빼앗겨 이렇게 눌러앉아 살고 싶어질까. 필시 세상 물정 잘 모르는 촌놈이기 때문일 것이다.

폭우 속에 찾아온 토끼

2023-01-28 (토)

'크루즈에서 찍은 게 아니고~'

창 너머 새파란 수평선 흰 구름 흐르는 바다 위에 유람선이 두둥실 떠 있는 사진을 단톡방에 올린 오렌지카운티 부동산 업계의 큰손인 여성 동문의 답톡이다. 꼭 멕시코 엔세나다 크루즈에서 찍은 거 같다고 했다. 비 갠 하늘이 하도 푸르러 21마일의 '비치 블러바드'를 주욱 남으로 내달려 도착한 헌팅턴 비치의 고즈넉한 카페에서 찍은 사진이라고 했다.

폭우는 이곳 샌프란시스코 베이지역만 온 게 아니었나 보다. 아닌 게 아니라 1861-62년 겨울 대홍수 이후 캘리포니아에 찾아온 162년 만의 최악의 겨울 폭우가 가까스로 그치고 나니, 어느새 물이 다 빠졌는지 배수구에 얼기설기 걸쳐진 나뭇가지가 아니면 언제 비가 왔었나 할 정도로 거리는 뽀송뽀송하다.

작년 말에는 엄중한 팬데믹 현실에서 유난히 많은 비까지 내리며 또 한 해가 가는 감정에 보통 북받치는 게 아니었는지, 1월의 하순에 접어들기까지 스스로 세상을 등지거나 온 가족과 함께 또는 강도의 흉탄에 비극적으로 생을 달리한 동포들과 이웃들에 관한 슬픈 보도가 많이 이어져 아직 가슴이 먹먹하다. 생명보다 소중한 것이 어디 있다고…. 아무리 코너에 몰린 낭패감에 사무쳤기로 도움을 청할 생각도 못 하고 그리 허무하게 세상을 등져야 했는지…. 볼펜을 입에 문 나는 4층 사무실 창밖 구름 낀 하늘을 바라보며 잠시 생각에 잠겨본다.

지루했던 겨울 장마도 이렇게 지나가나 한숨 돌리는 순간, 우연의 일치인지 5개월이나 끌었던 커머셜 딜도 클라이언트가 무사히 SBA 론을 펀딩 받아 무사히 마무리할 수 있었다. 이번의 케이스는 1년 순수익이 물경 50만 달러가 넘는 우량한 캐시플로의 자체 비즈니스가 포함된 부동산 딜이었음에도, 론 신청 후 펀딩에 이르기까지의 과정이 고객이나 브로커리지를 담당한 나나 보통의 인내력으로는 견디기 어려웠을 만큼 복잡한 여정이었다. 박사까지는 아니라도 거의 석사 논문을 쓸 정도의 분량이라 할 만큼 수없이 제출해야 했던 자료 또 자료…. 끝까지 인내심을 갖고 잘 팔로업 해준 고객이 감사할 뿐이다.

캘리포니아 주정부가 올해부터 새로운 공휴일로 지정한 계묘년 음력설이 지난주 지났다. 40년 전 우리 집으로 시집와 10여 년 전 형을 먼저 보내고 홀로된 51년생 토끼띠 큰형수가 72세가 되는 해 아닌가.

살아 계시면 97세일 우리 어머니의 띠였던 호랑이해 임인년 2022년은 내 생애 가장 멋진 해 중의 하나였다. 살다 보니 볕 들 날도 있다고, 미주 한국일보에 지난 6년간 게재한 수필을 모아 책으로 발간해 난생처음 슬그머니 저자가 되었는가 하면, 한국에서 두 누이를 초청해 멕시코 크루즈, 라스베이거스, 후버댐, 그랜드 캐니언, 데쓰 밸리, 유니버설 스튜디오, 게티 미술관 등을 모시고 다녔다. 누이들이 마치 소풍 간 초등 여학생들처럼 기뻐하는 모습을 보면서 소중한 가족애를 되새길 수도 있었다.

그뿐인가. 4년 전 무릎에 이상이 왔을 때 수술해야 하나 낙담하며 부득이 중단했던 주말 20킬로 달리기를 꾸준한 자가 재활을 통해 다시 극적으로 재개하면서 악몽을 떨쳐낼 수 있었다. 아울러 평생의 고질이라 그냥 그렇게 살다 죽어야 하나 했던 헤모로이드 출혈성 빈혈도 아침 화장실에서 우연히 찾은 한 박자의 긴 여유를 통해 극적으로 자가 완치의 비결을 알아내기도 한 놀라운 한 해였다.

고백하건대, 가끔 외로움이 찾아올 때는 나도 모르게 긴 한숨을 내쉬기도 했지만, 전체적으로 그 정도면 더 이상 행복할 수 없는, 참기름 고추장에 잘 비벼낸 따끈한 돌솥비빔밥 같은 아주 맛있는 한 해였다. 계묘년 새해에는 우리 앞에 과연 어떤 멋진 일들이 기다리고 있을까?

맨발의 이사도라

2023-05-20 (토)

"이사도라, 오픈카라 추울 텐데 망토를 걸치지 않구…"
"아니야 메리, 네가 준 길고 멋진 이 실크 스카프면 충분해. 안녕! 난 사랑을 나누러 갈게…" 부웅~.

근 백 년 전인 1927년 9월의 어느 날 밤, 남프랑스 니스의 해안도로에서 그 마지막 말을 남기고 출발한 이사도라는 잠시 후 불과 50세의 나이로 허망하게 우리 곁을 홀연히 떠났다. 목에 두른 스카프가 바람에 날리며 자동차 뒷바퀴에 끼이면서 차에서 내동댕이쳐져 그녀는 그렇게 어이없는 죽음을 맞이한 것이었다.

나는 우리 집에 전축을 처음 들여온 날의 환희를 아직도 가슴 떨리게 기억한다. 고딩 때인 1976년경이었다. 당시 최고급이던 천일사의 별표 전축 같은 비싼 브랜드는 집안 형편에 꿈도 꿀 수 없었다. 청계천 세운상가로 12살 위의 큰형님을 따라가서 비록 조립품이었지만 깎고 또 깎아 사서 조심조심 안고 버스를 타고

와 집에 들여놓았는데, 그날은 돌이켜 볼 때 내 생애 최고로 기쁜 날 중의 하루였다.

사장님이 보너스로 끼워주신 도시락만 한 크기의 8트랙 '폴 모리아' 악단의 경음악 테이프를 카트리지에 조심조심 밀어 넣으니, 세상에 생전 처음 들어보는 기가 막힌 스테레오 사운드로 'Love is Blue', '눈물의 토카타', '엘빔보(El Bimbo)'가 연주되더니 이윽고 도저히 잊으려야 잊을 수 없는 이 곡, 맨발의 이사도라가 내 가슴을 촉촉이 적시며 흘러나왔다. 스윗 식스틴 청소년 시절, 그 곡은 심야 청소년 라디오 방송의 인기 성우 김세원 님이 진행하던 '밤의 플랫폼' 시그널 뮤직이기도 하였다.

아. 그게 바로 현대무용의 창시자인 이 이사도라를 말하는 거였구나. 오죽하면 조선 현대무용의 효시라 하는 숙명 여학고 출신 전설의 월북 무용가로 지금은 평양 애국렬사릉에 안장됐다는 고 최승희(1911-1969, 향년 58세)를 조선의 이사도라 덩컨이라 부르며 오늘날까지 인구에 회자해 왔을까. 불현듯 제목으로만 알던 구슬픈 서정의 멜로디가 바로 이사도라 덩컨의 일생을 기리는 것이라는 것을 이제야 알아차렸으니 이런 형광등이 또 어딨을까.

이사도라 덩컨은 이제 매우 구체적으로 내게 다가온다. 우선 그녀가 내가 이민 와 21년째 살고 있는 이곳 샌프란시스코 출신(1877년생)이라는 것이다. 금융가였던 아버지와 어머니가 이혼하면서 하이틴 시절 베이브리지를 건너 오클랜드로 이사가 바느질

하는 엄마를 돕는 틈틈이 동네의 소녀들에게 춤을 가르치다, 20세 때 뉴욕으로 건너가 본격 춤을 배우는 한편 자신만의 독창적인 춤을 개발하였다고 한다. 1차 대전을 전후한 뒤숭숭하던 시절에 유럽으로 건너가 베를린, 런던, 모스크바 등에 무용학교를 세워 전통 발레의 틀에 박힌 의상과 모션에서 탈피해 대영박물관의 그리스 평면 양각의 이미지 등에서 영감을 얻은 춤사위를 개발했다. 유명 디자이너 뽀와레가 디자인한 그리스풍 야회복을 입고 맨발로 추는 자신만의 아름다운 춤사위를 개발하면서 전 세계에 명성을 얻기 시작했다고 한다. 오늘날 국제 무용계에 최고로 권위 있는 상이 바로 '이사도라 덩컨' 상인 것은 무척 자연스러운 일이다.

두 번째는 이곳 베이 지역에서 한국 국립무용단 수석 무용수 출신의 한인 무용가로 옹 댄스 컴퍼니(Ong Dance Company)를 이끌며 샌프란시스코 헙스트 극장 등에서 활발한 안무 활동을 해오던 옹경일 안무가가 바로 이 이사도라 덩컨 상을 무려 2번이나 수상했다는 것이다. 4년 전인 2019년, 그녀가 두 번째로 이 상을 받았을 때는 샌프란시스코의 일식집에서 타계하신 N 선배님을 비롯, 그녀를 아끼는 뜻있는 분들이 모여 조촐한 축하 디너도 함께 했었다. 이후 몰아닥친 팬데믹으로 많은 예술가들이 활동에 적지 않은 타격을 받아 요즈음은 그녀의 공연이나 활동 소식이 매우 뜸한 것은 샌프란시스코 문화계를 위해서나, 좋은 공연으로 예술의 갈증을 위로받아 오던 교민 사회를 위해서나 매우 안타까운 노릇이 아닐 수 없다. 팬데믹으로 인한 어려움이 비단 공연 예술계뿐이었으랴 마는, 팬의 한사람으로서 옹경일 무용가의 조속한 무대 복귀를 바란다.

이웅평 대위와의 짧았던 만남

2023-09-02 (토)

애애애앵~

"국민 여러분, 실제 공습경보를 발령합니다. 이 시각 현재 인천 방면 서해안으로 북한의 전투기가 공습 중입니다. 이 상황은 실제상황입니다! 신속히 안전한 방공대피소로 이동하시기 바랍니다."

40년 전인 1983년 2월25일 오전의 긴박했던 상황을 지금도 생생히 기억한다. 6·25전쟁 후 최초로 남한 전역을 공포로 몰아넣은 최초의 실제 공습경보가 울렸다. 나는 불과 18일 후 제78기 사관후보생으로 공군교육사령부로 입소를 앞두고 있었다.

초중고생 때 한국전쟁의 참상에 대해 배울 때마다 살인적인 겨울 추위의 장진호에서, 백마고지에서, 그리고 다부동 낙동강 전선에서 처절한 전투에 내몰려 인민군과 중공군의 총탄에 맞아 피어보지도 못한 청춘의 꽃봉오리를 흩뿌리며 전사해야 했던 불쌍한 선배들을 생각하면서 몸서리를 치곤 했는데, 이제 드디어 우리 차례가 온 것인가? 하며 나도 모르게 입술을 지그시 깨물었다.

그로부터 약 2년 후 나는 오산 미7 공군 공군작전사령부에서 정보장교로 복무하던 중, 오산으로 파견 나온 공군본부의 75기 선배 서경환 대위에게 헌칠한(?) 키로 운 좋게 눈에 띄었다. 본부에서 함께 제대할 그분의 동기 박성현 대위의 후임으로 천거돼 당시 대방동 공군본부의 주한 외국 무관단 연락 장교로 운 좋게 전속하게 된 것이다. 논산훈련소에서 훈련받고 육군 보병으로 전방에서 복무하겠거니 했던 예상과 달리, 카펫이 깔려있고 에어컨과 가죽 소파가 설치된 멋진 사무실에서 외국 무관들을 맞으며 군복무를 이어가게 된 것이다.

제대를 6개월 앞둔 86년 2월의 어느 날, 사무실 소파에서 직속상관으로 존경하는 장영길 실장(중령)님과 소파에 앉아 이야기를 나누고 있을 때였다. 눈매가 부리부리한 어디선가 눈에 익은 크고 건장한 소령 한 분이 우리 사무실로 쑤욱 들어오는 것이 아닌가. 바로 내가 입대하기 직전 남한 전역을 긴장의 도가니로 몰아넣으며 미그 19기를 조종해 귀순한 이웅평 대위였다.

수원 제10전투비행단으로 유도 착륙해 귀순한 그는 83년 당시 무려 15억 원이라는 사상 최대의 귀순 보로금을 받은 뒤 한국공군의 정보장교로 특기를 부여받고 공군대학의 정책연구관으로 복무 중이었다. 공군대학 교수의 따님과 결혼해 신대방동의 공군아파트에서 거주하면서 신혼생활을 즐기던 중이었는데, 공군본부에 볼일이 있어 올 때마다 우리 무관 연락실에 종종 들르곤 했다는 것이다. 그것은 장영길 실장님이 이웅평 대위에게 귀순 이후 심문관 겸 남한 생활 적응을 위한 멘토의 역할을 하였기 때문이었다.

그런데 그와 반갑게 인사하며 이야기를 나누고 있을 때, 정말 소설과도 같이 또다시 전국에 실제 공습경보가 울렸다. 이번에는 선양에서 이륙한 중국공군의 J-6 폭격기가 전라북도 익산의 논에 귀순하며 불시착하느라 벌어진 소동이었다. 이웅평 대위는 참모총장실로 즉시 호출되면서 나에게 "김 중위님, 우리 집에 가서 조종복을 좀 가져와 줄 수 있겠습니까?"하고 부탁했다. 나는 즉시 차를 몰고 찾아가 이 대위의 부인을 만나 상황을 설명하고는 조종복을 받아와 전해주자, 이 대위는 옷을 갈아입고는 참모총장실로 서둘러 올라갔다. 그것이 그와는 마지막 조우였지만 나는 눈매가 부리부리하고 사람 좋아 보이던 그의 당당했던 생전의 모습을 지금도 생생히 기억한다.

북한에서 두 아이를 둔 기혼자였다는 이웅평 대위. 남한에서 파격적인 대우를 받으며 행복하게 살기에 부족함이 없었는데 미그기를 몰고 귀순한 평탄치 않았던 삶으로 인한 스트레스였는지 양주를 폭음하던 끝에 2002년 불과 48세의 나이에 국군수도통

합병원에서 간경화로 사망했다고 한다. 그가 분단 시대의 희생양이요 풍운아로 인생을 살다 타계한 지도 어언 21년. 이곳 샌프란시스코에서 고 이웅평 대위의 명복을 빈다.

해피 홀리데이, 치앙마이!

2023-12-30 (토)

코끼리 아저씨는 코가 손이래~

추수감사절 연휴를 이용해 생전 처음으로 2주간 태국과 타이완을 다녀왔다. 이 세상에서 제일 온순한 동물이 코끼리라더니, 세상에! 내가 코끼리를 어루만지고 바나나를 입에 넣어주고 시냇가에 데려가 목욕까지 시켜주게 될 줄 어찌 알았으랴.

'툭툭'이라는 소형픽업 트럭의 적재함에 철제지붕만 씌워 승객들을 합승으로 태우고 근거리는 1달러, 좀 먼 거리도 3달러 정도를 받는 치앙마이의 대중교통수단을 타고 도착한 곳은 파타라 코끼리 농장이다. '순풍'(코 들어 올리고 입 벌려), '디디'(-얼굴을 다독이며- 아주 잘했어!) 같은 간단한 코끼리 언어를 배운 우리가 바나나를 한 개씩 떼어 입에 넣어주니 받아먹는 코끼리도 너무 행복해한다. 앞으로 내밀면 코를 내밀어 잘도 받아먹고는 더 달라며 긴 코로 내 손을 훑는다.

코끼리는 아주 온순한 데다 숲에 지천으로 널려있는 온갖 나무가 그들의 식량이라 사료 값 걱정할 필요가 없다. 사육사들과 함께 다섯 마리를 몰고 목욕시킬 작은 강가로 가는 동안 코끼리들이 잠시 길을 벗어나나 싶더니 코를 들어 올려 잔 나뭇가지를 '우두둑' 분질러서는 그대로 입으로 가져가 먹는다. 코끼리는 하루에 약 150kg의 식물을 먹어 치우고 야생에서는 평균 60년, 사육장에서는 80년을 살 수 있고 거대한 성체가 되면 몸무게가 약 5톤이나 되지만 인간과 잘 교감하는 아주 경이로운 동물이다.

이윽고 작은 강에 도착해 코끼리들이 신난다며 물속에 마구 드러눕자, 우리는 저절로 거품이 나는 나무껍질로 쓱쓱 목욕을 시켜주었다. 앗 차거! 사육사가 구령을 내리자, 코끼리들은 코로 물을 잔뜩 빨아들여서는 우리에게 물세례를 퍼붓는 장난꾸러기들인데 마치 샌디에이고 씨월드에서 범고래에게 물보라 세례를 맞는 관객들처럼 우리는 즐거운 비명을 질러대었다.

태국 북부 내륙의 치앙마이는 인구 120여만 명으로 태국에서 두 번째로 큰 도시이다. 치앙마이는 탁신 친나왓 전 총리의 고향으로도 유명하다. 비록 지금은 재임 중 부패 혐의로 영어의 몸이지만, 경찰 출신으로 모바일 통신사 등을 창업해 태국 제일가는 부호의 대열에 진입했고, 52세 때인 2001년 총선에서 압승해 5년간 집권하는 동안 태국 헌정사에 처음으로 임기를 '거의' 다 채운 기록을 세우면서 태국을 한 단계 업그레이드시킨 유능한 총리로 인정받는다.

  4박5일 한 곳만 짧게 방문한 것으로 태국 전체를 말하는 것은 무리가 있겠지만, 우선 태국은 사람들이 매우 온화하고 정결하다. 참선과 보시를 중요시하는 뿌리 깊은 불교문화의 영향일 것으로 짐작되는데, 길거리 어디서도 인상을 쓰며 언성을 높이는 경우를 본 적이 없다. 사회 전체가 차분하다. 또한 길거리, 시장 어디를 가도 잔 쓰레기 하나 없이 깨끗하다.

  1인당 국민소득이 한국보다는 많이 낮다고는 해도 쌀농사 삼모작이 가능한 열대지방이라서 그런지 누구 하나 배곯을 걱정이 없어 팟타이, 똠얌꿍 같은 맛난 대중 음식을 백화점 푸드 코트에서는 2달러에, 재래시장에서는 1달러에 사 먹을 수 있을 정도로 물가가 싸다. 2베드 룸 준수한 콘도미니엄이 단돈 4만 달러에 불과하다. 푸드 코드 옆자리에서 똠얌꿍을 즐기던 내 또래의 미국과 유럽 출신 은퇴자들로부터 너무너무 만족한다는 찬사를 들을 수 있었다.

  태국서는 물건을 살 때 흥정하다 안 살 것처럼 돌아서면 더 싸게 살 수 있지만, 26살 건장한 총각이 정성껏 치대며 해주는 2시간짜리 타이 마사지 가격이 겨우 20달러인 곳에서 뭘 얼마나 더 싸게 사겠다고 흥정하겠는가. 나는 5일간 거의 매일 2시간짜리 마사지를 원 없이 받으며, 마사지에 대한 일생의 갈증과 여독을 맘껏 풀 수 있었다.

태국의 언어는 매우 부드럽다. 마치 불어처럼 부드럽게 귀에 들어온다. 알파벳 또한 코끼리 떼가 지나가는 모양인 듯 동글동글 아름다운데 코끼리 농장에서 참가자들의 이름을 빨리 읽겠다며 팔뚝에 태국어로 각자의 이름을 적어주는데 그걸 보며 내 이름을 부르는 사육사의 발음이 매우 정확한 걸 보면 태국어도 나름 상당한 과학적 기반이 있는 언어임이 틀림없다.

치앙마이 마을 깊이 위치한 작은 부티크 호텔은 아주 맛난 태국식 브렉퍼스트로 여행자들의 입맛을 돋워주었고 키치넷이 있는 정갈한 객실, 거의 공짜로 돌릴 수 있는 세탁기와 건조기가 있어 매우 흡족하였고 종업원들은 한결같이 친절하고 감사할 줄 알되 기품이 있었다. 오 마이 타일랜드, 해피 홀리데이즈!

씨스뿜빠!
2024-03-16 (토)

씨스뿜빠!

이게 무슨 소리인지 아는 사람이 얼마나 되겠는가. 하지만 어렴풋이라도 들어본 사람들은 무척 많을 것이다.

이 소리는 하버드와 미국 최우수 대학교 자리를 놓고 엎치락뒤치락하는 뉴저지의 명문 프린스턴 대학교에서 19세기 중후반 경기 응원 구호로 부르던 함성이었다고 한다. '씨스 SIS'는 폭죽이 날아가는 소리이고 '뿜 BOOM'은 폭죽이 터지는 소리요, 그걸 보고 고무된 사람들의 와~ 하는 함성인 '빠 BAR'를 합친 단어라 하는데 순우리말로 하면 '피융, 쾅, 우와~'하는 소리가 되겠다.

자, 이제 연결해 보자. '우리 배재학당, 배재학당 노래합시다, 노래하고 노래하고 다시 합시다' 이 노래는 아무래도 훨씬 더 많은 사람이 기억할 것이다. 그것은 1883년 설립된 원산학사에 이어 3년 뒤인 1886년 프린스턴 대학을 나온 감리교 선교사 아펜

젤러 목사가 중구 정동에 설립한 우리나라의 사상 두 번째 근대식 중등 교육기관인 배재학당의 교가이다. 아펜젤러 목사가 자신의 모교 응원 구호를 차용해 배재학당 교가의 후렴구로 붙인 '씨스뿜빠'는 나같이 잘 모르는 사람이 들어도 무언가 박진감이 넘치는 신나는 소리인 것이 틀림없다.

배재학당은 10여 년 전 고인이 되신 나보다 열 살이나 많은 둘째 형님이 내가 초등학교에 입학하기도 전에 다닌 학교였는데, 세상 물정을 알 리가 없는 유년기에도 나는 형님이 카키색 멋진 교복을 다려입고 학교에 가던 것과 무슨 자리였는지는 모르지만 '우리 배재학당 배재학당 노래합시다'를 친구들과 열심히 부르던 기억이 난다.

우리 집안의 가족사를 회고해볼 때도 배재학당은 잊을 수 없는 에피소드로 전해져온다. 일본서 국민학교 교사로 일하시다 24세 때인 1945년 해방을 맞아 귀국선을 타고 부산에 도착한 아버님은 영어가 되는 소수의 한국인 중의 한 사람으로, 미군정으로부터 군수물자 운수사업을 맡아 한 20년간 큰 부자로 사셨다. 하지만 사업과는 어울리지 않는 선비처럼 온화한 성격 탓에 결국 사업에 실패한 뒤 부모님은 서울의 변두리인 돈암동 산동네 초라한 초가집으로 이사를 오게 되었다고 한다.

이때 감수성이 예민한 사춘기 배재고 신입생이었던 둘째 형은 극심한 가정환경의 변화에서 오는 충격을 견디지 못하고 무단가출을 감행해 부산 보수동의 2층 양옥집 부잣집 딸이었던 동갑내기 여자 친구를 만나러 부산으로 내려가 버렸다. 자칫 퇴학당할 뻔한 위기를 38세의 어머니가 갓난 막냇동생을 포대기로 업고 롤케이크 하나를 들고 학교를 방문해 손이 발이 되도록 빌어 간신히 퇴학을 면할 수 있었다고 한다.

당시 형님의 파피러브 상대였던 보수동 자매 분들은 기가 막힌 우연인지 이곳 오클랜드로 이민 와 살고 계시는 오랜 한국일보 독자들이었는데, 연전에 게재된 나의 에세이를 보고는 연락을 해 오셔서 타계한 형 대신 반갑게 나와 해후했던 놀라운 기적 같은 일이 일어났던 것이다.

배재학당은 오늘날 번영된 자유 대한민국을 키워낸 굵직한 큰 인물들을 많이 배출했다. 우선 요즘 한국 영화계에 초미의 관심사로 떠오른 다큐멘터리 영화 '건국 전쟁'의 주인공인 우남 이승만 초대 대통령이 있다. 또 한 명의 굵직한 배재 출신 인사로는 한국 현대 외교사의 지축을 뒤흔든 대사건, 1976년 코리아게이트의 주인공 박동선 씨가 있다. 조지타운 대학교를 졸업한 사업가로 41세의 뉴욕 한남체인의 회장이었던 그는 당시 박정희 대통령을 돕기 위해 미국 유력 정치인들에게 뇌물을 공여하고 회유 공작을 펼친 혐의로 미국 하원 윤리위원회의 서면 조사를 받는 등 한미 외교사에 지울 수 없는 큰 파장을 불러일으킨 한국 현대사의 핵심 인물 중의 한 사람이었다. 벌써 50년 가까운 세월이 흘렀지만, 아직 88세로 생존해 계시다고 한다. 아무쪼록 나라를 위한 그분의 헌신과 고초를 생각하면서 만수무강을 빌어드린다. 씨스뿜빠, 배재학당 노래합시다!

공군 학사장교 78기 임관 40주년에 부쳐

- Life of the SKY 공군학사장교회 패밀리 매거진
공익법인 지정 기념호 - 2024년 3월

김덕환(78기 정보장교/샌프란시스코)

설마 죽기야 하겠어? 하면서 아직 쌀쌀한 3월 중순 초봄의 날씨 속에 긴장하면서 입소했던 40년 전 대전시 동구 탄방동 공군교육사령부 제78기 사관후보생 내무반 앞 연병장에는 358명의 후보생이 군복으로 갈아입고 집결했다. 어제 입소해 체력 측정과 최종 신체검사를 통해 입교가 확정된 우리들이었다. 입소 첫날부터 아니나 다를까, 내무반 옆 공터에서 극히 짧은 시간 안에 전투화를 닦으라는 명령이 내려진 후 어설프게 침을 퉤퉤 발라가며 열심히 닦는 중인데 겨우 3분이나 지났을까 '동작 봐라!' 하면서 마구 날아오는 구대장들의 의도적인 군홧발 세례를 받고 우리는 벌써 군기가 바짝 들었던 터였다.

선임 구대장이었던 당시 백승욱 중위님(공사 29기)으로 기억하는데 목소리가 제일 큰 사람을 입교식에서 선서할 사람으로 지명하겠다며 저쪽에서부터 앞줄에 선 동기들을 무작위로 지명해

가며 '필승!'이라는 구호를 가장 큰 목소리로 외쳐 보라며 한명 한명 시키면서 점점 다가오는데 피가 마를 지경이었다. 아, 이거 재수 없게 걸리는 거 아냐 하며 불안하게 서 있는데, 무슨 머피의 법칙인지 피해 가고 싶던 그 일은 기어코 내게 닥치고 만 것이었다. 너 해 봐. "피일 쏭!" 그것 참 하필이면 그날따라 목소리가 유난히 우렁차게 나오니, '와~' 하면서 드디어 자신은 수건돌리기에서 열외가 됐다는 듯 동기생들로부터 안도의 박수가 터져 나오고 나는 당첨이 되고 만 것이었다. 학창 시절 동안 앞에서 나가 표창장 한번 제대로 받아본 적이 없는 나에게는 입교식에서 선서 준비는 정말 끔찍한 일이었다. 어리바리하다 긴장해 정신 줄을 놓고 화이트 아웃이 돼 외웠던 선서 구절이 생각이 안 나면 이거 어떻게 되는 거냐 말이다. 그렇게 일생일대의 떨림과 긴장 속에 무사히 선서를 마치고 우리는 6개월간의 지루한 군사훈련을 시작하였다.

  우리 인생에 가장 중요하고도 멋질 뿐 아니라 자부심 가득한 공군 장교라는 청자로 빚어지던 6개월의 기간을 어찌 잊을 수 있으랴. 돌이켜 보면 가장 힘들었던 훈련은 뭐니 뭐니 해도 화생방 가스실 실습이었고, 두 번째라면 연병장을 누워서 좌로 굴러 우로 굴러서 저쪽 끝까지 가야 했던 각개전투 훈련이었다. 두 과목 모두 속이 뒤집어지며 바로 직전에 먹었던 점심 짬밥을 전부 게워 내야 했다.

워낙 먹성이 좋았던 나였지만, 고된 훈련 뒤에 줄 서서 받아먹던 짬밥은 어찌 그리 맛있던지, 어묵 된장국에 김치, 가자미조림 한 마리 그리고 서울우유 한 통이었지만 이 세상 어디에서도 맛볼 수 없는 진미라 나는 정말 밥 한 톨 남기지 않고 싹싹 먹고서도 아쉬운 입맛을 다시다 보니, 얻게 된 별명은 다소 무안하지만 '싹스리'였다. 동기 중에는 그 삼엄한(?) 감시의 대열 속에서도 쫄지 않고 대담하게 더블츄라이를 마치 미식축구 터치다운 하듯이 대범하게 해 내던 친구들이 있었으니 나는 얼마나 내심 부러웠는지 모른다. 돌이켜 보면 6개월의 훈련기간은 고통과 즐거움 그리고 환희로 점철된 정말 아름다운 기간이었다. 이날 여태껏 인생을 살아오면서 나는 (물론 그날의 고통이 뼈에 사무쳐 이후 조심하며 살아온 덕이겠지만) 너무너무 힘들었던 것은 위에 말한 두 가지 군사 훈련 말고도 어이없게도 먹는 것과 관련된 것이었다. 어쩔 수 없다 나는 묵돌이이니까. 빡센 2달의 초기 군사 훈련이 끝나자, 드디어 우리에겐 처음으로 간식이라며 건빵이 지급됐는데 너무너무 기다려 오던 첫 간식이라 허겁지겁 먹은 나는 그만 덜컥 체하고 말았다. 야외 교장으로 이동하는 대열에서 도저히 걸을 수가 없을 정도로 급체에 걸린 나는 하늘이 노래지며 곧 죽을 거 같았다. 지금처럼 응급차가 바로 달려오는 시스템이 있는 것도 아니었고 나는 꼭 5분 후 곧 죽을 사람처럼 식은땀을 뻘뻘 흘리며 대열에서 빠져나올 수밖에 없었는데, 이거 어쩌나 하면서 수소문하다 보니 마침 건너편 막사에서 훈련받던 하후, 하사관 후보생 중의 한 명이 침을 놓을 줄 아는 친구가 있었다. 그가 다가와 비상용으로 갖고 다니던 침을 놓아주는데 이거야 지옥과 천당이 종이 한 장 차이라, 침 두 방을 손등에 맞자마자 급체가 사르르 풀리는데 그 안도감에서는 오는 쾌감은 정말 이 세상 그 무엇과도 바꿀 수가 없는 환희였다. 지금도 나는 그 이름 모를 하사관 후보생을 내 인생에서 생명의 은인으로 진정으로 고마워하고 있다. 지금은 어디에서 무얼 하고 있는지, 한의사가 됐는지 민간요법으로 가까운 사람들을 도우며 살고 있는지 알 길이 없지만, 나는 그 친구의 행복을 진심으로 빌어본다. 정말 고마웠어요.

아프리카의 사자는 머문 흔적을 남기지 않는다며 우리 장교후보생들은 휴식 시간에도 앉지 못하고 땡볕에서 10분간 꼿꼿이 서서 견디던 일, 박종환 감독의 한국 청소년 축구가 세계 4강에 진출하는 기적을 연병장 스피커를 통해 흘러나오는 중계방송을 통해 들으며 길길이 기뻐하던 일도 잊을 수 없는 순간 중의 하나였다. 또한 어쩌다 주어진 나무 그늘 밑에서 앉아서 쉬던 휴식 시간에 멋들어지게 '참새와 허수아비'라는 노래를 우리에게 불러준 신진용 후보생은 역시 그때 보여준 무게감 있는 처신으로, 이후 삼성에서 인정받으며 오래 근무하다 퇴직 후 중견 기업을 운영하고 있다니 그보다 더 반가운 일은 없을 것이다. 누가 내게 내 일생의 가장 명예롭고 멋진 순간이 언제였는지 물어본다면 나는 주저 없이 바로 필승공군에서 복무하던 42개월의 기간이라고 자신 있게 말할 수 있다. 처음 배속받은 오산 작전사령부 정보부 목표처에서 북한 타격 목표를 관리하는 임무를 바로 위층의 작전부 선배 파일럿 장교들과 협의 하면서 멋지게 감당했던 일이라든지, 1983년 10월 버마 아웅산 사태 때 간발의 차로 폭사를 모면하고 급거 귀국한 고 전두환 대통령이 하달한 특별 지시를 받들어 모종의 임무를 수행하기 위해 미군 조종사들과 함께 당시 최첨단 F-16 비행대를 운용하던 미군 K-8 군산 전투비행장을 방문했던 일, 그리고 전역하던 75기 박성현 대위님의 뒤를 이어 공군본부 무관연락실로 전속돼 주한 외국 대사관들의 여러 무관과 연락하는 일을 담당했던 일 등은 오늘 육십 대 초반이 된 지금까지도 내게 깊은 자긍심으로 남아있다.

21년째 샌프란시스코로 이민 와 살고 있는 동안 이곳을 들러 반갑게 해후한 친구들도, 한편으론 서로 몰라서 못 만난 친구들도 있었다. 그리고 애면글면 이민 생활을 이어가느라 동기들의 자제분들이 이곳에 정착할 때 내 일처럼 발 벗고 나서서 도와주지 못해 미안한 경우도 있었는데, 그로 인해 다소 서운했다면 벌써 이해해 주었을 것으로 생각한다. 한편, 도저히 그렇게 일찍 세상을 뜰 것 같지 않은 쾌활하고 재기 발랄했던 친구들이 벌써 8명이나 타계한 것을 생각하면, 아무리 인명은 재천이라지만 숙연해지지 않을 수 없다. 또한 뜻하지 않게 찾아온 병마를 잘 극복하고 있는 친구들을 보면 새 희망이 불끈 솟기도 하는 그런 요즈음이다. 10년 뒤 맞게 될 대망의 임관 50주년 기념행사에서는 사랑하는 전우들 모두 건강한 모습으로 이번처럼 대방동 공군회관에서 반갑게 재회할 수 있게 되길 간절히 빌어본다. 필승!

(캘리포니아 주정부 공인 부동산 브로커/ 팔로알토 갤럭시 부동산 대표/
갤럭시 부동산 학교 대표/ 미주 한국일보 본사 칼럼니스트)

포트 리 아리랑

2024-05-16 (수)

꿍야.. 여기는 월요일 새벽의 라스베이거스 공항 대합실이다. 바닥의 냉기로 편하게 자기는 글렀다. 부스스 눈 비비며 일어난 나는 산호세행 5:45 출발 스피릿 항공 첫 비행기에 탑승하기 위해 주섬주섬 보딩패스를 챙긴다. 플로리다 올랜도에서 갈아탄 비행기가 밤 10:45 라스베이거스에 도착하니 당연히 연결편이 없어 공항에서 밤을 지새운 것이다. 한적한 대합실에서 새벽 2시 반까지는 어찌어찌 트렁크에 한발을 걸쳐놓고 명상하는 듯 점잖게 버텨 보았으나 딱 거기까지. 밀려오는 피로에 더 이상 견딜 수 없어진 나는 다른 이들처럼 사람들 시선이 안 닿는 의자 뒤 카펫 바닥에 누워 잠을 청해 본 것이었다. 나이가 들며 굳어졌는지 팔베개는 왜 그리 불편하고 캐리 온 트렁크는 또 왜 그리 높아 베고 누운 목이 아프던지…. 한참을 끙끙거리다 포기하고 일어난 것이다.

뉴저지 팰팍에서 열린 2박3일 일정의 북미주 연합 동창회 행사 엘 참가하고 돌아오는 길이다. 한국에서 은행에 재직 중이던 1995년, 마스터카드 본사에서 진행된 45일간의 OJT, 온더잡 트레이닝 연수를 위해 서른 중반의 나이로 난생처음 미국의 심장부 맨해튼을 경험한 이후 근 29년 만의 뉴욕 & 뉴저지 재방문인 것이다. 뉴저지에 사는 초딩 동창생과 저녁이라도 같이 하려고 직항편이 많을 JFK공항을 택하는 대신, 친구가 픽업하기 편할 뉴어크행 항공권을 끊었더니 산호세발 새벽 첫 비행기를 탔음에도 불구 LAX에서 사람들을 모은 비행기가 디트로이트를 한 번 더 경유하고 뉴어크에 도착하니 어느새 저녁 8시였다. 뉴욕의 교민들이 과거엔 퀸즈의 플러싱에 많이 모여 살았다면, 요즈음은 맨해튼에서 죠지 워싱턴 브리지를 바로 건넌 곳에 있는 뉴저지 포트 리 시의 팰팍(팰리세이즈 팍)에 대규모 한인타운을 이루고 산다고 하도 많이 들어와 적잖이 궁금했던 터이다. 친구와 간판이 제일 멋져 보이는 한국식당엘 들어가 여독에 지친 속을 부대고기 전골로 풀어주었다. 파전을 술안주로 하려고 막걸리를 한 통 시켰더니 세상에 술을 팔지 않는다는 것이다. '이 큰 식당에 막걸리가 없다니?' 하며 눈을 휘둥그레 뜨니 오히려 그걸 바라보는 식당 여주인의 눈이 더 휘둥그레진다(아니 이 사람아, 뭘 그리 놀라나?) 가벼운 술을 파는 라이센스도 더 이상 발급이 안 돼 누군가에게 사야만 하는데 비용이 자그마치 30만 불 가까이나 들어간다는 거다. 캘리포니아의 커머셜 브로커 생활을 20년 가까이 해오고 있는 내게는 도무지 어리둥절한 일이었다. 웬만한 식당은 주정부 주류 통제국, 소위 ABC에 1천 불 미만의 비용으로 신청만 하면 받을 수 있는 캘리포니아와 뉴저지는 달라도 너~무 다른 것이다. 길 건너 편의점에서 손님이 직접 술을 사 가지고 와서 마시는 것은 무방하다니, 로마에 가면 로마의 법을 따르라는 것은 바로 이런 경우를 두고 하는 말인가 보다.

다음날인 금요일 오후 시작될 인근 힐튼 호텔에서의 동창회 공식 행사 체크인을 위해 아쉬움을 뒤로하고 팰팍의 험블한 숙소에 들어 잠을 청했다. 내사는 서부와 3시간의 시차 탓인지, 아니면 근 30년 만에 다시 찾아온 맨해튼과 오랜만에 만날 동문들 생각에 살짝 들떴는지 가슴만 벌렁거리고 좀처럼 잠은 오지 않는다. 돌도 씹어먹던 기세로 어디든 눕기만 하면 3분 내 곯아떨어지던 젊은 날의 기세 좋던 덕환이는 어디로 가고, 잠 못 이룬 채 이리 천장만 하염없이 바라보며 양 한 마리, 양 두 마리…를 끝없이 세고 있는 초로의 여행객만 남았는지…. 나는 팰팍에서 오랫동안 잃어버린 나를 발견하고는 혼자 흠칫 놀란다.

멀리 밴쿠버와 토론토에서, 또 시애틀과 클리블랜드에서, DC에서, 캘리포니아에서 불원천리 먼 길을 날아온 선후배 동문은 무겁지 않은 의제로 회의를 마친 후 선택에 따라 골프나 도시 투어에 나섰다. 성 패트릭 성당과 팬데믹 기간 중 완공돼 새로 개장하였다는 101층 마천루 '서밋 원 밴더빌트' 유리 전망대 등이 있는 화려한 맨해튼 5번가 관광을 함께한 우리 일행은 고국을 떠나 이역만리 북미주 각지에 정착해 살아가는 애환을 서로 나누며 명륜동과 수원 율전 캠퍼스에서 미래를 위해 향학열을 불태우던 그 시절을 회상하면서 서로 손을 맞잡고 격려하며 훈훈한 선후배의 정을 나누었다.

동문들의 스토리를 통해 알게 된 뉴욕지역 교민사회의 특징으로는 80년대 중반 미국의 약사 부족 사태로 해외에서 약사들을 대거 초빙했을 때 도미한 약학대학 출신들이 많다는 것이다. 그분들이 성공적으로 뿌리를 내려 자리를 잡으시기까지 어느덧 멋진 은발을 날리는 원로 동문들이 되셔 말 없는 후원을 아끼지 않으며, 모임의 든든한 버팀목이 되어 주고 계시다니 참으로 감사한 일이다. 또한, 아무래도 미국, 아니 세계의 수도라 할 만한 대처라 열성적인 동문들의 숫자도 많고 결속력도 강해 뭘 하나를 해도 아주 멋지게, 시쳇말로 간지나게 행사 진행을 재미있게 잘 해내더라는 것이다. 좋은 이들을 만나 설렘 속에 교유하며 즐거운 가운데, 어느덧 나흘을 보내 나는 돌아와 책상에 앉아 장탄식을 한다. 50년 전 돈암동 살 때의 절친 이웃사촌 월남전 참전용사 성진이 형님을 찾아보지 못한 것, 그리고 근 5년째 소식이 끊어진 또 한 명의 초딩 동창 서울공대 출신의 머리 좋은 영수를 만나보지 못하고 온 것이다. 영수야, 잘 지내고 있겠지?

에필로그

⋮

이번에 미국 아마존과 한국에서 동시에 새 책을 출간하게 됨으로써 내 인생의 새로운 지평이 열리게 된 것을 뭇 독자분들과 함께 기뻐하고 싶다.

3년 전 한국에서 '샌프란시스코에 핀 에델바이스'라는 제목으로 책을 발간한 이후, 아마존 등의 플랫폼으로 재출간해 글로벌 시장을 대상으로 내 책을 알리고 싶다는 생각을 늘 해온 것은 어찌 보면 당연한 일이었다. 책이 처음 발간된 이후 새로이 미주 한국일보와 공군학사장교회 패밀리 매거진 Life of the SKY 지에 기고한 글 등 15개의 에피소드를 추가해 이번에 샌프란시스코 '롬바르드 꽃길의 수국'이라는 아름다운 새 제목으로 출간하게 된 것은 그 무엇과도 비할 수 없을 만큼 행복감을 내게 안겨 주었다.

이 책이 출간되기까지 프로페셔널한 편집, 디자인, 포맷팅 등의 작업을 잘 진행하며 많은 수고를 해준 김회란 본부장과 김현아 팀장 그리고 안유경 디자이너 등 북랩의 임직원에게도 깊은 고마움을 표하고 싶다. 그동안 내 수필을 사랑해 준 많은 독자분께도 깊은 감사를 드리며, 앞으로도 건강히 살아가면서 아름다운 사람들과 교감하고 살면서 느낄 때마다 좋은 글들을 계속 써가고 싶다는 바람을 가져본다.

내가 살아오는 동안 나도 훌륭한 작가님들처럼 좋은 글을 쓰고 싶다는 생각을 갖게끔 매일 일기를 쓰시며 꾸준히 무언가를 기록하는 진지한 모습으로 내게 말 없는 길잡이가 되어주신, 45년 전 돌아가신 내 아버님 고 김만조님, 내가 문학이 무언지 귀동냥할 수 있도록 좋은 책들을 항상 내 주변에 놓아준, 중앙대에서 문예창작을 전공한 바로 아래 막냇동생 성희, 또한 내가 잘 기억해 내지 못하는 어린 시절의 아름다운 이야기를 놀라울 정도의 상세한 기억력으로 친절하게 내게 알려준 두 누이, 그리고 나와 함께 어우렁더우렁 살아가면서 무한한 아름다운 이야기들을 거미줄처럼 엮어내 준 주변의 모든 좋은 분들에게도 깊은 감사와 고마움을 표하고 싶다.